上海市社会科学界联合会
上海科学社会主义学会

出品

社会主义发展史研究 系列丛书

解超 主编

社会主义
何以能复兴

邱卫东 著

上海人民出版社

总序

　　"社会主义发展史研究系列丛书"是在 2020 年全党全国深入学习党史、新中国史、改革开放史、社会主义发展史的背景下，由上海市社会科学界联合会、上海科学社会主义学会精心组织，上海科社界的专家学者撰写的一套理论读物。作为这套丛书编写的组织成员，在丛书即将出版之际，我想结合编写这套丛书的初衷，谈一下自己的几点理解和认识。

　　1516 年，英国思想家托马斯·莫尔《乌托邦》一书的问世，标志着空想社会主义的诞生及近现代意义上社会主义的开端。这一由少数先哲推出的社会思潮，一经产生便在欧洲社会引起广泛关注和持续激荡。经过300 余年的蝉蜕蛇解，到 19 世纪中叶以后，随着资本主义生产方式在西欧特别是在英国的全面兴起，之前已经经历了无数困难、曲折和失败的社会主义运动，逐渐从空想转变成科学。1848 年马克思、恩格斯《共产党宣言》的发表，标志着科学社会主义的诞生。此后的 170 多年时间里，这种旨在探寻人类新文明类型的科学理论日益同各国工人运动相结合、同各国具体实践和文化相结合，不断转化为影响现实世界的物质力量，积聚成席卷全球且延续至今的现实运动。

总的来看，社会主义 500 年的历史进程，先后经历了如下几大特征鲜明的阶段：（1）从 1516 年《乌托邦》的问世到 19 世纪中叶，空想社会主义在 300 余年的成长发展中以其对资本主义批判和未来社会设想的重要成果为科学社会主义的诞生提供了丰富的滋养。（2）从 1848 年《共产党宣言》发表、科学社会主义诞生到 19 世纪末 20 世纪初科学社会主义与民主社会主义的分野，主要资本主义国家的工人运动及社会主义实践探索在艰难中奋然前行，不断丰富和发展了科学社会主义理论。（3）从 1917 年十月革命胜利、第一个社会主义国家苏俄的诞生到 20 世纪 80 年代末 90 年代初苏东剧变、世界社会主义运动遭遇严重挫折。其间，社会主义经历了从运动到制度实践及一国实践到多国实践的飞跃。各社会主义国家围绕社会主义建设进行了艰辛探索。既有凯歌行进的乐章，也有坎坷受挫的悲怆。（4）从 20 世纪八九十年代苏东剧变、世界社会主义运动陷入低潮，到 21 世纪初，科学社会主义在中国重新焕发出强大的生机活力。这一真理与挑战始终同在、理想与矛盾始终并存、普遍与特殊始终相依的社会主义 500 年，可谓是风雨苍黄、沧海桑田的 500 年；也是栉风沐雨、砥砺前行的 500 年。这样的 500 年，不仅为我们全面系统地思考世界社会主义过去、现在和未来提供了极为丰富的素材；也为我们在百年未有之大变局和中华民族伟大复兴的战略全局下深入推进新时代中国特色主义，提供了极为重要的思想理论资源。

回望百年历程，中国共产党不断探寻文明发展的更好形态，不断开辟实现国家强盛的现代化新路，不断拓展科学社会主义的内涵外延。新时代中国特色社会主义是最新实践形态的、扎根中华土壤的、遵循历史发展规律的、践行基本原则的科学社会主义。从理论逻辑来看，其始终坚守科学社会主义的基本原则，始终探索基本原则与中华文化、中华实践相结合的理论创新。从历史逻辑来看，我们党努力践行科学社会主义的基本原则，不断拓展科学社会主义的内涵外延，作出了众多原创性贡献，创造了崭新形态的新时代的科学社会主义。这个新形态的科学社会主义是对党执政规律的深化，是对当今世界如何建设社会主义规律的揭示，是对建设更美好人类社会道路的探索，富有真理性的光芒，成为 21 世纪的科学社会主义。它明确宣示了新时代的中国道路、中国制度不是别的其他"主义"的翻版，也不是其他什么"道路"的再版，它不是舶来品，而是绽放着真理光芒、富有科学气息、表达人民意愿的新时代的科学社会主义。新时代中国特色社会主义以其丰硕的理论与实践成就实现了对科学社会主义的创新与发展。

　　新时代中国特色社会主义是对中国社会主义发展历史方位的准确定位，拓展了科学社会主义关于社会主义发展阶段的理论。如何科学把握社会主义社会的发展阶段，如何准确认识社会主义社会的历史发展方位，是科学社会主义需要回应的重大理论问题，是社会主义实践展开的根本依据。马克思曾预言共产主义社会有一个从低级到高级不断成熟、完善的过程，要经历"第一阶段"和"高级阶段"这两个不同的发展阶段。列宁对这一理论进行了细化，并把"第一阶段"明确称为社会主义阶段。此后，在各社会主义国家实践中都对社会主义如何进行阶段定位做过诸多探索，其间有可贵的收获，也有理论的严重误判与实践的重大挫折，包括我们党曾经犯过的超越社会发展阶段的错误。我国在改革开放以后深刻总结历史经验教训，原创性地提出了社会主义初级阶段理论，明确了初级阶段的战略目标，准确定位了我国所处的历史方位。党的十九大上，习近平总书记深刻把握历史发展的规律，科学研判"中国特色社会主义进入了新时代"，这是对初级阶段历史发展方位的科学定位和准确把握，是对社会主义发展规律的深刻把握，拓展了社会主义发展阶段理论，揭示中国特色社会主义迈入了新的发展阶段。2021年1月，习近平总书记在总结百年历史、展望现代化建设未来之时，进一步研判我国已经步入"一个新发展阶段"，这个发展阶段是以往历史发展阶段的延续和飞跃，是以往历史实践积累的最终成果，是实现新目标、新征程的发展阶段。

新时代中国特色社会主义擘画了中国式现代化的结构特征、本质要求和发展路径，实现了社会主义现代化理论的历史性创新，成为人类现代化理论的重要成果。经典作家曾对以资本至上为运行逻辑的资本主义生产方式进行严厉批判，斥责其非人道性以及由其而产生的自身无法解决的贫富分化、生态灾难、强权政治等问题，但对社会主义国家特别是经济文化落后国家建立社会主义制度以后如何进行现代化建设，如何实现对资本主义现代化的超越，没有具体的论述。中国式现代化打破了西方现代化的模式"垄断"，构筑起社会主义进行现代化建设的中国话语体系。中国式现代化的本质要求即：坚持中国共产党领导，坚持中国特色社会主义，实现高质量发展，发展全过程人民民主，丰富人民精神世界，实现全体人民共同富裕，促进人与自然和谐共生，推动构建人类命运共同体，创造人类文明新形态。中国式现代化是人类文明新形态的现代化而非资本主义文明的翻版，是共同富裕的现代化而非资本剥削的现代化，是美丽中国建设的现代化而非生态破坏的现代化，是蕴含丰富价值含量和道义力量的现代化而非奉行资本至上逻辑的现代化，是美美与共心怀世界的现代化而非霸权主义的现代化。中国式现代化实现了对资本主义现代化建设理论和实践的革命性超越，开辟了世界现代化建设的人类文明新形态。

新时代中国特色社会主义深化对共产党执政规律的认识，找出一条跳出历史周期率，确保党长期执政的新答案，实现了对科学社会主义关于无产阶级政党执政理论的创新发展。取得革命政权后如何进行国家治理，如何保持党长期执政是马克思、恩格斯没有遇到过的问题，也是苏联没有能够解决的问题。我们党深刻总结历史教训，结合中国实践，首次揭示党的领导与社会主义本质的逻辑关系，明确党的领导是"中国特色社会主义最本质的特征"，昭示了党在社会主义建设中的角色地位，将党与社会主义建设的关系提升到新的战略高度。对于如何实现党执政的持久性、长期性，我们党提出"自我革命"作为永葆政党本质、永葆革命本色、永葆长期执政的新答案。早在1945年，毛泽东在回应"窑洞之问"时就在探索如何跳出"人亡政息"的历史周期率问题，寻找党长期执政的科学密码，提出人民民主的答案。习近平总书记在深刻总结社会主义建设经验和科学把握党执政规律的基础上，提出党长期执政的第二个答案，要求以壮士断腕的勇气，不断净化党内生态，确保党不变质；要求扎紧制度的牢笼，发挥制度优势，确保党不变色；要求思想教育的常态化，补足精神之"钙"，确保党不变味。这意味着我们党对自我革命和社会革命关系的深刻把握，意味着对建设长期执政的马克思主义政党的认识深化，意味着对共产党执政规律的本质揭示。

新时代中国特色社会主义以人民至上为价值旨归，以人民需要为奋斗宗旨，具有鲜明的人民特质，不断彰显道义性和价值超越性。马克思一生都在为人类的解放而斗争，人的自由全面发展是其终极关怀。他痛斥资本剥削、奴役带来的人间灾难，抨击资本对人的压榨带来人的本质异化，构想建造人民为本的社会。"坚持以人民为中心""把为人民谋幸福作为根本使命"，把"人民需要"作为国家奋斗的目标，是我们党始终坚守的价值底色。因此，可以说中国特色社会主义蕴含丰富的伦理价值内涵，把人民需要作为全部工作的出发点，始终致力于提供人民满意的教育、满足人民美好物质生活需要、构建人民满意的社会保障体系、不断满足人民生态环境需要、打造人民满意的医疗卫生服务体系、实现人的自由全面发展，展示了强大的道义力量，实现对西方发展道路的价值超越，具有价值优越性。同时，与西方虚伪、欺骗的政治美化、政治作秀民主相比，我们的民主是"全过程人民民主"，从选举、管理、决策、协商、监督等全方面实现人民的广泛、真实参与，确保人民主体地位。人民民主实践的真实性、广泛性、超越性、先进性，不断彰显中国特色社会主义的真理性和道义性。

　　科学社会主义的真理性、道义性不仅需要在理论层面实现创新发展，更为根本的是在引领社会发展的实践中展现生命力和鲜活力。马克思深刻揭示鲜活实践是理论创新的根源，实践的深度、广度、力度决定着理论创新的持久性、突破性、超越性。新时代的中国实践内蕴理论的真理性和先进性，外现实践的道义性、创造性，是当代世界的科学社会主义。可以说，当代中国实践是历史上从未有过的规模之大、速度之快、范围之广的社会实践变革，是人类历史上璀璨夺目的、富有中国特色的伟大实践创造。经过百年实践，我们党实现了全面小康这个中华民族的"小康梦"，实现了人类历史上最大规模的脱贫，完成近一亿农村贫困人口全部脱贫的历史伟业，创造了人类脱贫史上举世瞩目的脱贫奇迹；不断进行经济体制改革，突破经济体制弊端，开创社会主义国家经济现代化道路，打破西方"自由主义主导经济现代化"的神话，不断满足人民物质生活需要，推进共同富裕取得实质性进展，创造了经济发展的中国奇迹；以伟大斗争精神持续推动改革攻坚，实现体制机制协调创新、制度体系成熟完善、治理体系和治理能力显著增强；不断汲取人类发展的经验教训，坚持新发展理念，弥合"自然中心主义"和"人类中心主义"的发展弊端，开辟出一条满足人民美好生态需要的现代化道路，实现生态文明建设的历史性变化；不断推进构建人类命运共同体，打破国强必霸的西方现代化发展逻辑，走出一条共享共治、合作共赢的人类文明交流新道路，积极承担大国责任，为建立公平正义的全球治理体系、世界发展格局提供新方案。伟大实践证明，中国特色社会主义既推动了当代科学社会主义的理论创新，也让科学社会主义展现实践的蓬勃力量，不断谱写新时代中国特色社会主义更加绚丽的华章。

500年千锤百炼，乘风破浪，世界社会主义走过了一条披荆斩棘而奋然前行的历程。无论对丰富素材的分析梳理，还是对思想理论的概括总结，都要求当代马克思主义者必须在解释过去、研究当下、预见未来的历史唯物主义视野中，结合社会主义500年历程及其蕴含的经验启示，全面讲好社会主义为什么好、马克思主义为什么行的故事。可以说，这是社会主义能否在21世纪顺利走向复兴的关键所在。实事求是地讲，这些是近年来我和我的同仁们的深切感受，也是我们决定撰写这套丛书的初衷所在。当代马克思主义理论工作者理应勇担使命，积极作为。特别是对当代中国马克思主义者而言，在当下"反思西方理论和话语""构建具有自主性的中国理论"的背景下，我们能否基于社会主义500年的总体进程，结合中国共产党百年奋斗的重大成就和历史经验，真正在理论、历史、实践的内在贯通中，讲清楚下述五个关键性问题，就显得尤为重要：第一，马克思、恩格斯何以开创科学社会主义这种作为人类社会发展新文明类型的理论；第二，科学社会主义一经产生何以蓬勃发展为影响世界进程的重要理论和运动，其原因、动力与机理何在；第三，十月革命如何在特有的民族土壤与时代背景下继承并发展了马克思的社会主义革命理论，使得社会主义在20世纪初的苏俄完成了从理论到制度实践的飞跃；第四，在经历了苏东剧变的巨大波折后，社会主义何以能够在直面矛盾挑战并牢牢抓住历史机遇中走向复兴；第五，旨在克服资本扩张悖论、追求经济社会发展正义进而实现民富国强的社会主义道路，为什么会成为越来越多国家人民的选择。

经过多次的交流研讨，我们最终定下了撰写社会主义发展史的五个维度，也就是我们现在看到的这五部理论作品：《社会主义何以能发生》《社会主义何以能发展》《社会主义何以能实现》《社会主义何以能复兴》《社会主义何以影响世界》。初衷既明，这套丛书想要达到的目的，亦是非常明确的。那就是，通过这一整体、全面、强相关的问题串联式研究，探索并构筑与现实社会主义发展演进相匹配的话语叙述体系，全面增强新时代建设中国特色社会主义的道路、理论、制度和文化自信，为21世纪社会主义的复兴作出理论与学术界的应有贡献。

最后想说的是，目前国内外学者围绕社会主义发展史的研究，已经取得了丰硕成果。对于这些成果，本丛书进行了充分的借鉴、吸收、利用。同时，鉴于社会主义发展史研究的基础性、长期性、整体性和系统性，我们也想通过这套丛书的出版，更好搭建起上海科学社会主义学会与国内外同行的交流平台，并努力使这套丛书为社会主义理论的创新发展作出上海科学社会主义学者应有的贡献。这是我们的初心，也是我们的使命所在！

中共上海市委宣传部副部长徐炯同志一直关心这套丛书的编写。权衡同志和王为松同志先后担任上海市社联党组书记期间，对丛书的编写给予了非常重要的支持。上海市哲社规划办主任李安方同志、上海市社联科研处处长金红和蒋晖、王龙、朱燕同志，以及上海人民出版社的同志对本丛书的编写出版作出了重要贡献，在此谨表示衷心的敬意和感谢！

特别感谢国防大学政治学院孙力教授、华东师范大学郝宇青教授、同济大学徐蓉教授、东华大学黄军甫教授、华东理工大学邱卫东副教授五位上海科社界的专家及其团队在繁重的教学科研工作之余怀揣理论使命与学术情怀，熬更守夜，努力耕耘，按时完成了各自专题的著述，使得丛书得以顺利出版。

丛书主编　解　超

2022 年 11 月

第 01 章
社会主义在世界范围内
实践历程的综合考察

社会主义思想从提出到现在已有 500 多年。在此过程中，以 1848 年《共产党宣言》的发表和 1917 年俄国十月革命的爆发为标志，社会主义实现了从空想到科学、从理论到实践的历史性转变。但正如一种说法必须具有逻辑的、实然的可行性，才具有可信性那样，现实里社会主义的总体进程并未完全如经典作家理论预设那般发生和展开的事实，使得科学社会主义的理论和实践一直遭遇着各种质疑和诘难。其突出表现，就是 1917 年安东尼奥·葛兰西提出俄国十月革命是反《资本论》的革命的质疑尚未平息，弗朗西斯·福山又在苏东剧变中抛出了"历史终结论"，断言马克思的社会主义理论已被证实为不科学；英国"证伪主义"者卡尔·波普尔，则更是根据中国特色社会主义与经典社会主义论断间的明显偏离，直言马克思的社会主义理论已被证伪。近年来，本质上乃是围绕中国特色社会主义到底是否具有合法性的质疑，也在上述基调下以各种不同的面目出现。

但综合来看，在经历了 20 世纪 80—90 年代的苏东剧变之后，虽然世界范围内的社会主义运动陷入了低潮，然而不过短短 20 多年的时间，在经历了新自由主义的狼奔豕突和新帝国主义的战车轰鸣后，试图用资本主义生产方式和所谓的"普世观念"来规范定义人类社会发展的企图，却在历史老人奇异翻转的手中露出原形。在经历了 21 世纪初的恐怖主义、金融危机以及由此导致的系列矛盾危机后，主要资本主义国家开始陷入深深的危机。与此同时，经历了苏东剧变洗礼后的世界社会主义，开始从捍卫生存到积极作为，从应对防守到自主发展。

随着资本逻辑内含的利己主义基因、对抗基因和扩张基因不可持续发展的现实威胁在世界范围内得以日益清晰地彰显，再加之当代中国在世界范围内克服资本扩张悖论、追求经济正义、实现民富国强过程中凸显的智慧和方案得到越发广泛的认可和实践，旨在追求人类新文明类型的科学社会主义，必将在 21 世纪走向伟大复兴。当然，在讲好 21 世纪社会主义走向复兴的故事之前，如何按照"原理的实际运用"必须"随时随地都要以当时的历史条件为转移"① 的基本要求，在理论、历史、实践这三大逻辑相贯通的过程讲清楚社会主义如何从理论走向实践、如何从一国走向多国、如何从曾经的兴盛走向 20 世纪八九十年代的巨大波折，则是需要我们首先予以阐明的问题。

一、社会主义的经典表达及其内在逻辑

以唯物史观和剩余价值理论为基础创立的科学社会主义理论，是指导现代人类社会克服资本扩张悖论进而探寻人类新文明类型的重要思想武

① 《共产党宣言》1872 年德文版序言，载《马克思恩格斯文集》第 2 卷，人民出版社 2009 年版，第 5 页。

器。因此，如何循着经典作家的分析思路来弄清科学社会主义的精神本质，是我们首先要直面的基本问题。

如果循着马克思撰写《经济学哲学手稿》到《政治经济学批判导言》进而《资本论》三卷的思路，我们发现毕生探究资本奥秘的马克思通过对资本主义生产、流通、分配以及资本主义生产总过程的分析，发现以私有制为核心、以追逐剩余价值最大化为根本导向的资本主义制度尽管如$(1+M)^n$那样几何级地促进了整个社会财富的巨量增长和社会程度的质向提升，因而是人类社会发展"新时代"[1]来临的重要标志。综合来看，马克思对这一由资本积累带来的时代进步给予了极高的评价。它使"资产阶级在它的不到一百年的阶级统治中所创造的生产力，比过去一切世代创造的全部生产力还要多，还要大"[2]。"只有资本才掌握历史的进步来为财富服务。"[3] 资本主义社会在超越封建社会、成功使人类摆脱了"地方性发展的限制和对自然的崇拜"[4] 的同时，其以资本逻辑为主要特征的商品经济形态同以往任何一个社会相比，"都更有利于生产力的发展，有利于社会关系的发展、有利于更高级的新形态的各种要素的创造"[5]。这样一来，资本化的主体力量极大地强化了人类征服自然、改造自然的能力，物质丰裕、科技进步、人的自由发展的时代由此正式开启。

但马克思同样也在资本批判的历史唯物主义高度上，看到了这一社会形态内部由"资本积累"与"贫困积累"的矛盾对立而来的内在否定性特

---

[1] 《资本论》第 1 卷，人民出版社 2004 年版，第 198 页。
[2] 《马克思恩格斯选集》第 1 卷，人民出版社 1995 年版，第 277 页。
[3] 《马克思恩格斯全集》第 30 卷，人民出版社 1995 年版，第 293 页。
[4] 同上书，人民出版社 1995 年版，第 390 页。
[5] 《资本论》第 3 卷，人民出版社 2004 年版，第 928 页。

征，主要逻辑地表现为下述三个方面：（1）私有资本在激烈的市场竞争中极力地吸取劳动者的"人的自然力"，并最大限度地将其转化为资本。为此，私有资本必然会在总体上最大程度地压低劳动者的收入，从而必然在资本积累最大化的过程中产生贫困积累。与这种资本积累与贫困积累对立而来的，则是因消费不足而产生过剩性经济危机；（2）资本竞争性地吸取"自然界的自然力"并最大限度地将其转化为资本，这必然会在总体上过度损耗公共与环境资源而导致资源与生态环境的"贫困积累"，由此必然产生生态危机；（3）资本竞争性地吸取社会劳动组织的"社会劳动自然力"，从而使广大劳动者成为资本增殖的工具，由此导致人在生命的社会发展空间上的"贫困积累"（即马尔库塞所谓"单向度的人"）而出现人的发展危机。[①]

　　按照社会发展演进之一般规律的"两个绝不会"理论，即"无论哪一个社会形态，在它所能容纳的全部生产力发挥出来以前，是决不会灭亡的；而新的更高的生产关系，在它的物质存在条件在旧社会的胎胞里成熟以前，是决不会出现的"[②]那样，上述基于"资本积累"而来的高度发达的社会化生产力，必然使得以私有制为基础的资本主义制度产生无法继续容纳生产力进一步发展的趋势，从而产生了向更高形态的社会过渡所须的"物质条件"。此外，则是与上述"资本积累"而来的"物质条件"相对应，在"贫困积累"中生成的、作为扬弃这一社会形态的革命者的"主体

---

① 马克思提出过三种自然力：作为劳动力的"人的自然力""自然界的自然力"和"社会劳动的自然力"。参见《马克思恩格斯文集》第5卷，人民出版社2009年版，第208、702、443、387页。
② 《马克思恩格斯选集》第2卷，人民出版社1995年版，第83页。

条件"，也在"资本主义生产方式日益把大多数居民变为无产者，从而就
造成一种在死亡的威胁下不得不去完成这个变革的力量"的历史背景下不
断生成。

可以说，这种由资本主义生产方式与生俱来的"资本积累"与"贫困
积累"之间的矛盾，使得"资本的垄断成了与这种垄断一起并在这种垄断
之下繁荣起来的生产方式的桎梏。生产资料的集中和劳动的社会化，达到
了同它们的资本主义外壳不能相容的地步。这个外壳就要炸毁了。资本主
义私有制的丧钟就要响了。剥夺者就要被剥夺了"①。具有"历史的、过渡
的性质"②的资本主义社会必然会被更高的人类新文明类型即社会主义和
共产主义所取代。

正是从这个意义上来讲，科学社会主义对我们来说绝不是一种应然的
状况。恰恰相反，有且只有某个国家或地区的由"资本积累"和"贫困积
累"而来的矛盾发展到必须要用社会主义方式来克服化解的时候，这一新
文明类型才会在问题倒逼式的情境下发生。相应的，人们必须通过对以资
本、市场为核心的生产、流通、交换、分配以及社会总生产的整个现代生
产运行规律的总体把握，进而在此基础上"研究必然产生这两个阶级（指
资产阶级和无产阶级——笔者注）及其相互斗争的那种历史的经济的过
程；并在由此造成的经济状况中找出解决冲突的手段"③，才能在"以往发
展的全部财富的范围内"④有效把握如何"利用资本本身来消灭资本"⑤的

①《资本论》第 1 卷，人民出版社 2004 年版，第 874 页。
②《资本论》第 3 卷，人民出版社 2004 年版，第 270 页。
③《马克思恩格斯选集》第 3 卷，人民出版社 1995 年版，第 739 页。
④《1844 年经济学哲学手稿》，人民出版社 2000 年版，第 81 页。
⑤《马克思恩格斯选集》第 3 卷，人民出版社 1995 年版，第 390—391 页。

实现方式。因此，这一旨在克服化解由"资本积累"与"贫困积累"而来的新文明类型，至少内含了下述三大本质关联、内在贯通的基本要求。

首先，在当下这一以交换价值实现为目标的资本社会里，决不能对资本或资本家进行道德上的评判。因为资本交换已经代表了这个社会的原则，而资本家只是资本的人格化体现。

正如马克思在《资本论》第一卷第一版序言所强调的那样："我要在本书研究的，是资本主义生产方式以及和它相适应的生产关系和交换关系。到现在为止，这种生产方式的典型地点是英国。……但是，如果德国读者看到英国工农业工人所处的境况而伪善地耸耸肩膀，或者以德国的情况远不是那样坏而乐观地自我安慰，那我就要大声地对他说：这正是说的阁下的事情！……不过这里涉及的人，只是经济范畴的人格化，是一定的阶级和利益的承担者。……同其他任何观点比起来，我的观点是更不能要个人对这些关系负责的。"①

其次，正如以资本为核心的生产和交往方式决不能单靠主观意志或道德评判就可以产生那样，其历史趋势也决不能因为人们一厢情愿地认为"资本永恒"就能够轻易阻挡。在资本主义的四个界限，即必要劳动是活劳动价值交换的界限、剩余价值是剩余劳动和生产力发展的界限、货币是生产的界限、交换价值生产是使用价值生产的界限的内在规定下，资本积累必将在内在否定性上向更高的人类新文明类型迈进。也就是说，资本主义被社会主义所取代，就像封建社会被资本主义所取代那样。

再次，迈向社会主义的途径和方式，是要根据资本积累和贫困积累的

---

① 《马克思恩格斯文集》第5卷，人民出版社2009年版，第8—10页。

形态演化，或者说是不同阶段不同时期资本积累的形态特征来决定的。因此，从资本主义社会向社会主义社会的演进历程必将是一个依据现实社会生产和再生产的实际而不断变化发展的过程。正所谓变是最大的不变那样，马克思主义者一定要在秉承社会主义原理方法、价值立场和目标导向的过程中，时刻围绕不同区域不同时期变化发展的社会生产与再产生样态，来探索社会主义的具体实现样态，从而在处理好变与不变的过程中深入践行社会主义。

可以说，上述这些科学社会主义精神本质内含的基本要求，既是马克思、恩格斯当年为什么始终注意与同时代同样打着社会主义和共产主义旗号的几种人，即：（1）以英国的欧文派和法国的傅立叶派为代表的空想社会主义体系及其信徒；（2）想用各种万应灵丹和各种补缀办法来消除资本主义社会的弊端但又毫不伤及资本和利润的形形色色的社会庸医；（3）当时还没有很好加工的，只是出于本能的、往往有些粗糙的共产主义 [1] 划清界限的根源所在。同时，也很好解释了在面对那些教义而非方法地理解自己的社会主义思想的系列言行时，马克思为什么会发出类似于"我只知道我自己不是马克思主义者" [2] 的哀叹。甚至从某种程度上来讲，我们还能从中窥探到为什么在《资本论》初稿已大致写出的情况下，马克思直到去世最终也没有完成这一著述的整理和定稿工作：面对晚年阶段资本主义社会生产与再生产不断发生重大变化的社会现实，亟须结合科学社会主义的基本原理来对生动复杂的社会现象进行全面系统的梳理反思，因而势必涉

---

[1] 《马克思恩格斯文集》第 2 卷，人民出版社 2009 年版，第 13—14 页。
[2] 《马克思恩格斯选集》第 4 卷，人民出版社 1995 年版，第 691 页。

及对既有论断的修正完善。因此，"围绕《资本论》持续不断的努力以及伴随期间对理论和现实状况的进一步思考，确实延缓了马克思写作的进程和成果的完整呈现"①。

综合来看，经典作家们曾围绕科学社会主义的精神本质得出过较有代表性的，即西欧社会必然爆发社会主义革命、过渡时期无产阶级专政条件下继续利用资本的论断、"跨越卡夫丁峡谷论"以及列宁的"帝国主义论"。上述在不同历史境遇下作出的论断看似截然不同甚至相互矛盾，实则相互关联、内在贯通，共同构成了科学社会主义初期表达中的核心内容。这也是经典作家们在把握"变与不变"的辩证机理中，坚持守正创新的典型反映。

第一，科学社会主义的最初论断：社会主义革命必将在西欧主要资本主义国家爆发。在资本积累与贫困积累的矛盾对立过程中，资本的垄断确实会成为与这种垄断一起并在这种垄断之下繁荣起来的生产方式的桎梏。生产资料的集中和劳动的社会化，确实会达到同它们的资本主义外壳不能相容的地步。因此，这个资本主义生产关系的外壳必定要被历史前进的车轮突破并炸毁。可以说，自19世纪后半期以来，上述趋势和条件在马克思看来已经变得如此清晰成熟，以至于1873年在德美两国爆发经济危机时，对此充满期待的马克思就认为这是"资产阶级世界革命的不祥之兆"②。就在辞世前的1881年，他还是不无遗憾地坚信新生一代必将"面临着人类未曾经历过的最革命的时期。糟糕的是现在人'老'了，只能预

---

① 聂锦芳：《马克思为什么没有完成〈资本论〉的定稿工作》，《中华读书报》2017年9月6日。
② 《马克思恩格斯全集》第34卷，人民出版社1972年版，第139页。

见，而不能亲眼看见"①。

相应地，基于科学社会主义的分析范式，未来以扬弃资本为特征的人类社会必然逻辑地表现为下述几大特征：（1）以资本为内核的私有制已经被彻底消灭，因为"共产主义是私有财产即人的自我异化的积极扬弃，因而是通过人并且为了人而对人的本质的真正占有"②。（2）这是一个在"自由人的联合体"基础上的自由自觉的社会形态，在这个"建立在个人全面发展和他们共同的、社会的生产能力成为从属于他们的社会财富这一基础上的自由个性"③的社会里，已经扬弃了资本异化属性的社会化的人类和联合起来的劳动者必然将社会财富"置于他们的共同控制之下，而不让它作为一种盲目的力量来统治自己"④。这种基于自由自觉基础上的劳动联合状态，后来逐渐外化为社会主义必将实行公有制的理论来源。（3）实行按劳分配，而非按资分配。在马克思看来，在未来那个已经超越了扬弃了资本弊端的理想社会形态中，当下那种工人得到的"工资不是不是它表面上呈现的那种东西，不是劳动的价值或价格，而只是劳动力的价值或价格的隐蔽形式"⑤的状况将不复存在，取而代之的，则是那种超越了按"等量资本获取等量利润"、并将作为人的本质力量对象化存在的社会财富有效复归于劳动者本身的社会形态。后来所言的社会主义即公有制＋计划经济＋按劳分配的说法，即是从上述表述简化而来。

第二，基于科学社会主义最初论断的域内延伸：过渡时期无产阶级专

---

① 《马克思恩格斯全集》第 35 卷，人民出版社 1971 年版，第 179 页。
② 《马克思恩格斯文集》第 1 卷，人民出版社 2009 年版，第 185 页。
③ 《马克思恩格斯全集》第 30 卷，人民出版社 1995 年版，第 109 页。
④ 《资本论》第 3 卷，人民出版社 2004 年版，第 928 页。
⑤ 《马克思恩格斯文集》第 3 卷，人民出版社 2009 年版，第 440 页。

政条件下继续利用资本的理论。当然，现实社会中资本与社会主义的关系，远远复杂于上述理论中的经典描述，始终处于资本社会实体范围之内的马克思在现实的斗争实践中也敏锐地意识到了这一点，并由此在上述经典社会主义理论之外提出了著名的过渡时期无产阶级专政下的资本与社会主义关系理论。

在于 1849—1850 年所写的《法兰西阶级斗争》中，马克思明确提出，在从资本社会走向更高发展阶段的人类社会的过程中，应该存在着一个资本主义向共产主义阶段的过渡时期，并首次明确提出了"社会主义过渡时期"的概念，在《哥达纲领批判》中，则又进一步指出"这个时期的国家只能是无产阶级的革命专政"[①]。而作为与此阶段相对应的资本与社会主义关系理论，马克思在其思想认知上也发生过巨大的转变。具体而言，就是从刚开始注重强调无产阶级专政下实行阶级斗争的革命过渡论，即"宣布不断革命，就是无产阶级的阶级专政，这种专政是达到消灭一切阶级差别，达到消灭这些差别所由产生的一切生产关系"[②]，逐渐转变为注重无产阶级专政下继续利用和发展资本的理论："工人阶级知道，以自由的联合的劳动条件去代替劳动受奴役的经济条件，只能随着时间的推进而逐步完成……他们知道，目前'资本和地产的自然规律的自发作用'只有经过新条件的漫长发展过程才能被'自由的、联合的劳动的社会经济规律的自发作用'所代替。"[③]因此，处于这一形态之中的无产阶级必须要在思想认识上对资本存在的长期性和必然性做好全面充分的准备，哪怕就是到了共产

① 《马克思恩格斯选集》第 3 卷，人民出版社 1995 年版，第 314 页。
② 《马克思恩格斯选集》第 1 卷，人民出版社 1995 年版，第 462 页。
③ 《马克思恩格斯选集》第 3 卷，人民出版社 1995 年版，第 98—99 页。

主义社会，由于其才"经过长久阵痛刚刚从资本主义社会产生出来"，也仍然会"在经济、道德和精神方面都还带着它脱胎出来的那个旧社会的痕迹"。①

可以说，倘若对照上述社会主义的精神实质来看，这一看似矛盾的转变，恰恰是对马克思关于资本及其铸就的文明乃是无产阶级在革命实践中必须直面的研究对象，有且只有通过对资本社会之内在发展节律的把握，才能有效实现向新文明类型转变的根本要求的最好印证。因此，这一修正、充实和完善，无疑也本质地构成了科学社会主义最初表达的核心内容。

第三，跨越"卡夫丁峡谷"理论：基于科学社会主义最初论断的域外延展。 1881 年，马克思在《给查苏里奇的复信》提出了在看似有悖常理的、即作为尚未经历过商品经济充分发展的东方落后国家俄国，可以不经过资本主义的"卡夫丁峡谷"而直接进入到社会主义的理论。因为此论与马克思基于"两个绝不会"理论而来的社会发展之一般规律之间的巨大差距，其曾遭遇了延续今日的一系列质疑：第二国际的某些权威人物认为这一理论是马克思"对世界革命发展进程的幻想"② 而不值得重视。近年来，国内学界将该理论视为"同情论""机械的建构论"而非科学论断的解读③ 也多有出现。

但是，倘若我们综合研读这一论断得出的前因后果，就会发现这一论

---

① 《马克思恩格斯选集》第 3 卷，人民出版社 1995 年版，第 304—306 页。
② 转引自张奎良：《马克思东方社会理论的再反思》，《求是学刊》2014 年第 5 期。
③ 较有代表性的可集中参见乔丽英：《理解的同情还是理论的建构——从马克思东方社会理论中的方法论变迁与同情论商榷》，《社会主义研究》2014 年第 2 期。

断乃是在马克思坚信西欧无产阶级必将取得胜利的先决条件下而做出的逻辑推论。在马克思看来，对于俄国这样一个初步具备社会主义部分基本特征（应指以土地为生产资料的公有制——笔者注）的国家而言，其不像东印度那样是"外国征服者的猎获物"的独立状态，以及"和资本主义生产同时存在"①的历史环境，无疑为其提供了"不需要经历资本主义的自然孕育"就能一下子建立起"大规模组织起来进行合作劳动的现成的物质条件"②，因此在对西欧无产阶级必将马上取得胜利的强烈预期下，马克思极为坚定地认为，俄国如果继续走它在 1861 年开始的那条瓦解土地公有制进而发展资本主义的道路，势必会使俄国"失去当时历史所能提供给一个民族的最好的机会，而遭受资本主义制度所带来的一切灾难性的波折"③。

正因为如此，在面对俄国民粹派肆意鼓吹"村社是共产主义的基础"，俄国农民是"天生的共产主义者"，"整个欧洲只有用俄国公社的精神才能改造"的荒谬言论时，马克思就像当初回应那些"粗陋的、庸俗的"社会主义者那样，明确指出"对于这种共产主义的黄金国我从来不抱乐观的看法"④。哪怕就是在该理论提出 13 年后的 1894 年，恩格斯仍不忘提醒人们认清该论断的根本性前提：那就是"对俄国的公社的这样一种可能的改造的首创因素只能来自西方的工业无产阶级，而不是来自公社本身。西欧无产阶级对资产阶级的胜利以及与之俱来的以社会管理的生产代替资本主义生产，这就是俄国公社上升到同样的阶段所必需的先决条件"⑤。可以说，

---

① 《马克思恩格斯文集》第 3 卷，人民出版社 2009 年版，第 578—580 页。
② 同上书，第 587 页。
③ 同上书，第 464 页。
④ 《马克思恩格斯全集》第 32 卷，人民出版社 1975 年版，第 421 页。
⑤ 《马克思恩格斯文集》第 4 卷，人民出版社 2009 年版，第 457 页。

这也是马克思在生前未花笔墨赘述俄国在跨越"卡夫丁峡谷"后如何践行社会主义的根本原因。因为它们早已都逻辑地包含在科学社会主义的最初论断中。

由此我们不禁联想到，正如歌德所言的"谬误和水一样，船分开水，水又在船后立即合拢；精神卓越的人物驱散谬误而为他们自己空出了地位，谬误在这些人物之后也很快自然地又合拢了"①那样，经典作家基于资本批判而来的社会主义理论，由于在之后的历史进程中没有结合具体的历史境遇进行与时俱进地发展，相反更多地则是被教义化的运用，直接导致这些经典论断内含的精髓要义被严重地歪曲和误解。因此，在社会主义理论和实践的探索过程中，应务必谨记并时时具备从那种对照经典作家论断并死抠字眼的做法中解放出来的基本自觉。

第四，帝国主义论：基于科学社会主义最初论断而来的重大跨越。自历史的车轮进入 19 世纪末 20 世纪初以来，主要资本主义国家的经济危机并未宣告这一制度的寿终正寝。相反，在 1896 年，随着德美经济危机的化解，种种迹象都在表明资本主义世界正在强劲地复苏。面对资本主义的这一新生，第二国际一时不知何以应对，内部分歧也随之而来。危急关头，列宁在希法亭和布哈林理论工作②的基础上，通过对当时主要资本主义世界社会生产规律的分析，敏锐得出判断当时资本主义世界总体发展特

---

① 转引自［德］叔本华：《作为意志与表象的世界》，石冲白译，商务印书馆 1982 年版，第 567 页。

② 希法亭于 1910 年出版了关于帝国主义理论的著名经济学著作《金融资本——资本主义最新发展的研究》，该书出版后一度被誉为继《资本论》之后最伟大的政治经济学著作；布哈林曾于 1915 年在《共产党人》杂志上发表了关于世界经济与帝国主义的文章，1918 年，《世界经济与帝国主义》正式出版。

征的《帝国主义论》。

众所周知，19 世纪末至 20 世纪初，欧洲各主要资本主义国家并未因自身内部矛盾的不可化解而如之前的预判那样爆发社会主义革命。不仅如此，随着 1896 年资本主义经济危机的结束，各主要资本主义国家反而在社会生产不断集中和对外扩张不断加剧的背景下，出现了经济强劲复苏和国内劳资斗争对立明显改观的局面。面对资本主义世界出现的这些重大变化，第二国际一时无以应对，内部矛盾分歧随之而来：由伯恩施坦为代表的一方认为，马克思所揭示的那种资本主义危机的趋势实质上已经消失；以考茨基为代表的一方则认为，面对资本主义不平衡发展的矛盾危机，帝国主义列强一定会如资本主义垄断组织间的相互妥协那样，通过产生如国际卡特尔那样的国际大联盟即"超帝国主义"来有效化解矛盾危机。可以说，正是在面对上述客观上严重削弱、破坏国际共产主义运动和世界工人运动，且正在"把实质上早已四分五裂的第二国际引向了一个完全错误方向"①的危急关头，列宁在同时期的一系列关于帝国主义问题研究的基础上，得出了关于认知资本主义特征趋势和社会主义开始方式的帝国主义论。

综合列宁这一时期关于帝国主义问题的系列笔记、札记和文章来看，列宁帝国主义论的内在逻辑，就是通过紧紧抓住 20 世纪初资本积累结构的总体态势，敏锐地指出垄断已经代替之前的自由竞争，成为资本主义国家生产领域的主要特征。在此基础上，通过对"金融资本和金融寡头"这

---

① ［英］安东尼·布鲁厄：《马克思主义的帝国主义理论》，陆俊译，重庆出版社 2003 年版，第 119 页。

一垄断的突出代表在世界范围内对本国无产阶级和殖民地半殖民国家实际
支配的现实，进一步得出这一阶段的历史本质，即进入垄断阶段的资本主
义，其本质就是"资本帝国主义"。[1] 在列宁看来，资本帝国主义通过"许
多特别尖锐特别剧烈的矛盾、摩擦和冲突"[2]，使得当时的资本积累格局
就国际向度而言，造成了"极少数最富的国家享有垄断高额利润"，相应
的贫困积累代价，则开始在舰炮政策的掩护下被有过之而无不及地复制拓
展到边缘落后国家；而就资本积累格局的国内向度而言，则是这些国家的
资产阶级利用垄断取得的超额剩余价值，"通过分裂工人、加强工人中间
的机会主义、造成工人运动腐化"[3] 来维系自身的支配性地位。可以说，
资本主义在垄断阶段上充分呈现的资本积累与贫困积累的矛盾对立全方位
多角度渗透蔓延的格局和趋势，使得这种经济上进入垄断且政治上充满寡
头统治色彩的资本帝国主义内含的"寄生性"和"腐朽性"暴露无遗。列
宁由此进一步断言帝国主义乃是资本主义发展的最高和最后阶段，因而也
是"垂死的资本主义"和"无产阶级社会革命的前夜"。

　　列宁将《资本论》中的资本积累模型拓展到整个资本主义世界体系的
上述尝试，无疑对人们认清帝国主义的主要特征、本质内涵、历史地位及
未来走向具有重要作用。与此同时，该理论同样了不起的贡献，还在于列
宁能在充分把握资本主义社会经济和政治发展不平衡特征的基础上，在
《社会主义与战争》《论欧洲联邦口号》中提出"变帝国主义战争为国内战
争"、"社会主义可能首先在少数甚至单独一个资本主义国家内获得胜利"

---

[1][2] 《列宁专题文集（论资本主义）》，人民出版社 2009 年版，第 175 页。
[3] 同上书，第 190—192 页。

的光辉思想。依此认知，列宁进一步提出了俄国是帝国主义链条上最薄弱的环节，因此可以率先发动社会主义革命的重大论断。当然，深谙社会主义内在要求的列宁同样也认识到，俄国若在社会主义革命成功后，其绝不能以目的或终点形态存在；相反，它必须作为桥头堡和星星之火，点燃西方主要资本主义国家的社会主义革命。理由很简单：按照"两个决不会"理论，对于在资本主义世界体系中不平衡发展的矛盾表现得最为集中且尚未经过充分资本积累的俄国而言，其革命成果的最终巩固，必须要在西欧主要资本主义国家爆发社会主义革命的历史性呼应中，才能最终实现。

由此，我们可以逻辑地得出，列宁帝国主义论不仅意味着马克思主义在俄国的重大飞跃，而且也是科学社会主义发展史上的里程碑。据此我们同样也能在逻辑与历史的贯通中深切感受到，在俄国十月革命胜利前后，就国内向度而言，列宁为什么会通过说服、教育等方式力排众议在布尔什维克党内通过《四月提纲》，引导全党在"二月革命"后全力朝着社会主义的方向前行，直至"十月革命"成功。就国际向度而言，则突出地表现为这一时期的列宁非常注重把社会主义革命战火引向西方。为此，他极力提醒各国无产阶级必须要联合起来"使本国政府在战争中失败"、"变帝国主义战争为国内战争"[①]，甚至冒着新生的苏维埃俄国极有可能被西方列强制裁的危险，发动并支持处于通向西欧心脏枢纽位置的德国十一月革命和汉堡、慕尼黑起义。所有这些，都能在列宁帝国主义论的内在逻辑中得到解答。这在本质上契合了斯大林在列宁葬礼悼词中的表述："列宁从来没有把苏维埃共和国看作最终目的。他始终把它看作加强西方和东方各国革

---

① 《列宁选集》第3卷，人民出版社1995年版，第398页。

命运动的必要环节，看作促进全世界劳动者战胜资本的必要环节。列宁知道，不仅从国际的观点来看，而且从保全苏维埃共和国本身的观点来看，只有这样的见解才是正确的……"①

第五，新民主主义革命论：秉承帝国主义论逻辑而来的中国实践。十月革命的一声炮响，使得社会主义实现了从理论到实践的伟大飞跃。其重大历史意义在于，这一为社会主义定向的革命不仅改变了西方资本主义国家强制性地"按照自己的面貌为自己创造出一个世界"②的历史进程，同样也促使广大深受资本扩张之痛的东方落后国家开始对《共产党宣言》中提出、并经列宁在《帝国主义论》中进一步阐发的全世界无产者联合起来推翻资产者的俄国道路开始日益被落后国家的有识之士所关注。也正是在此背景下，中国共产党以及在其领导下的革命运动应运而生。当然，对于一个在当时资本扩张背景下已经沦为半殖民地半封建社会，商品经济尚未经过充分发展，现代工业无产阶级人口只有两百万左右的中国而言，其国情既与处在帝国主义链条上最薄弱环节上的俄国有着显然不同，于俄国、与马克思恩格斯设想的西方主要资本主义国家必然发生社会主义革命的前提条件也有着巨大差异。因此，如何在坚持科学社会主义原理方法的前提下把握国情世情，进而在充分发挥无产阶级先锋队作用的过程中，带领中国人民取得成功取得如俄国那般的社会主义定向的革命胜利，便成了这一历史时期摆在中国共产党人面前的首要问题。

实事求是地讲，在这个问题上，尽管党的早期创始人李大钊等人确实

① 《斯大林选集》上卷，人民出版社 1979 年版，第 172—173 页。
② 《马克思恩格斯选集》第 1 卷，人民出版社 1995 年版，第 276 页。

具备了社会主义的理想"因各地、各时之情形不同，务求其适合者行之，遂发生共性与特性结合的一种新制度（共性是普遍者，特性是随时随地不同者），故中国将来发生时，必与英、德、俄……有异"①的基本自觉，但在早期的实践探索中，我党还是走了不少弯路。其具体表现就是当时在以王明为代表的从苏联学成归国的"28个半布尔什维克"领导下，刚成立之初的中国共产党更多地遵循了经过俄国革命验证的一般性原则，如无产阶级推翻资产阶级、在中心城市爆发革命等，来规范定义自身的革命实践。这种严重脱离国情实际的实践认知，无论是在只重视现代工业无产阶级却忽视占人口绝大多数的农民兄弟、将民族资产阶级排斥在革命阵营之外，抑或是党内的"一次革命论"或"二次革命论"的纷争上，得到了充分体现。这也使得中国革命在屡战屡败中举步维艰。

在此过程中，以毛泽东同志为代表的中国共产党人在革命实践中却不拘泥于既有的论断规范，在总体把握中国共产党领导的这场革命本质上来讲乃是世界范围内无产阶级革命的重要组成部分、其目标和前途必然走向社会在社会主义的前提下，将反对帝国主义作为革命的首要目标，在总体反对封建主义和官僚资本主义的前提下结合不同时期的革命境遇，动态调整与封建势力和官僚资本主义的关系，从而在认清谁是我们的敌人、谁是我们的朋友并辩证处理好敌友问题的过程中，创造性地开拓出来的一条通过无产阶级领导的，联合广大农民、知识分子、民族资产阶级和小资产阶级通过革命斗争来推翻"三座大山"这一具有中国风格特色的新民主主义革命道路，由此实现了马克思主义在中国大地上的伟大飞跃。

---

① 《李大钊全集》第4卷，人民出版社2006年版，第197页。

二、社会主义在世界范围内的现实展开

经典作家关于科学社会主义的一系列经典论断，生动反映了对科学社会主义的"原理的实际运用"决不能刻舟求剑，必须"随时随地都要以当时的历史条件为转移"的内在要求。因此，这些经典论断也本质地构成了科学社会主义理论的核心内容。尽管如此，当代马克思主义者在传承科学社会主义的过程中，仍会遭遇到下述这些绕不过去的困境：自十月革命以来，作为实体意义上存在的社会主义虽然已存在了 100 多年，但现实中的社会主义实践，却并未完全如之前系列经典论断预设那般地发生和展开：

首先，就现实中的社会主义实践进程而言，自列宁在 1917 年十月革命后开创了人类历史上首个实体形态的社会主义以来，虽然在第二次世界大战结束后的一段时间里大有东风压倒西风的态势，但在 20 世纪的后半期，中国遭遇了因十年"文革"而带来的"巨大波折"，苏联和一些东欧国家更是遭遇了颠覆性失败。

其次，就主要资本主义国家的总体现状而言，在列宁逝世后，尽管其经历了"大萧条"和第二次世界大战这样的巨大危机，但各主要资本主义国家却并没有如列宁所设想的"腐朽"和"垂死"而成为"无产阶级社会革命的前夜"。相反，特别是第二次世界大战结束以来，这些国家政治运作稳定，自由民主权利有了法律保障；经济稳步发展，民众生活水平日益提高；工作生活环境不断改善，自由度不断增强，进入福利国家或正在向该目标迈进……反倒成了当代发达资本主义国家的主要景观。以至于 20 世纪八九十年代苏东剧变时，弗朗西斯·福山甚至提出了"历史终结论"。

再次，就两大主要社会制度的相互关系而言，我们发现，在探寻旨在

克服资本悖论为核心旨向的新型社会制度的过程中，两大社会制度间的关系也从马列所要求的那种你死我活的国内阶级对抗进而进行世界范围内暴力斗争的核心表达，逐渐被二战结束后的"和平与发展"进而要"建立以合作共赢为核心的新型国际关系"①（当然也包括与主要发达资本主义国家间的关系——笔者注），打造你中有我、我中有你的"人类命运共同体"的历史潮流所取代。

　　为什么科学社会主义的系列经典论断会与现实进程间会出现这样明显的反差？这是科学社会主义理论本身存在问题，因而必须对其进行解构和重构，还是应该在继续秉承该理论分析方法的基础上，通过对作为实体意义上的科学社会主义诞生前后起"决定性因素"的社会"生产和再生产"②的回溯和分析，在一个更为宏大的背景中探寻上述困境的根源？对此，笔者更倾向于后者。毕竟，建基在唯物史观和剩余价值理论基础上的科学社会主义始终认为，旨在克服资本扩张悖论而来的社会主义绝不是一种应然的状况，其实现方式绝不能单靠主观意志或道德评判就可推动实现；恰恰相反，有且只有某个国家或地区由"资本积累"和"贫困积累"而来的矛盾对立发展到必须要用社会主义方式来克服化解的时候，这一新文明类型才会在问题倒逼式的情境下发生。这要求我们在秉承科学社会主义内含的必须始终坚持无产阶级领导、克服化解资本扩张悖论、以最广大人民为中心、不断走向经济社会正义等基本原则的过程中，全面结合"历史过程中的决定性因素归根到底是现实生活的生产和再生产"③来

①　《习近平总书记系列重要讲话系列读本》，人民出版社2016年版，第260页。
②③　《马克思恩格斯文集》第10卷，人民出版社2009年版，第591页。

找到百年多来科学社会主义实践与既有经典论断预判间发生偏离反差的根源，以此来对科学社会主义在世界历史进程中的现实展开进行全面系统地反思。

第一，科学社会主义的现实展开背景：资本积累与贫困积累在世界范围内发生分离。19 世纪末 20 世纪初以来，为了克服自身内部由作为"资本积累"的矛盾对立面而来的"贫困积累"，各主要资本主义国家不断在问题倒逼式的过程中，日渐通过诸如实施八小时工作制、降低劳动强度、提高工资福利、推行股份制、承认工会组织合法性等举措，来探索矛盾危机的化解之道，并出现了《资本论》第三卷中揭示的那种"外在的缓和与实质性的紧张有之，试图用和平手段处理畸形关系也有之，劳方与资方的边界界定十分模糊更有之"①的复杂现象。相应地，原本为马克思列宁所强调的主要资本主义国家内部资本积累与贫困积累间的极端性对抗，也在上述演变的社会生产与再生产结构内出现了明显变化：

就当时西欧主要资本主义国家而言，自 19 世纪末至 20 世纪初各主要资本主义国家提高工资福利日渐由点到面的普及，作为革命主体的工人阶级也逐渐在从"绝对贫困"到"相对贫困"的转换中，产生了工人阶级贵族化以及阶级意识日渐淡化、改良之声完全压过革命诉求的燎原态势。面对这种蔓延地"特别迅速"因而也是"特别可恶"的"机会主义"，尽管列宁曾在《帝国主义论》中予以痛斥，并坚称两大阶级之间的实质性对立"决不能保证机会主义取得巩固的胜利"②，但上述走向修正和改良主义的

①　张雄：《现代性后果：从主体性哲学到主体性资本》，《哲学研究》2006 年第 10 期。
②　《列宁专题文集（论资本主义）》，人民出版社 2009 年版，第 211 页。

燎原态势并未得到根本性地改观，这也使得列宁"希望欧洲国家快速进行革命的预见只是一种空想"①。

当然，无论是高工资还是高福利，都是需要以付出高昂成本为基本代价的。随着资本全球扩张的不断深入，特别是二战结束以来的70多年时间里，那种为列宁所揭示的发达资本主义国家对边缘落后国家的血腥掠夺和野蛮战争，借助于交通和信息革命的荣光和为世人推崇的自由民主人权等普世价值的"现代化的迷人光环"，在更具文明外观的资本产业链中（包括产业资本、商业资本、金融资本等各种形态的产业链）开始更为有效地将世界的每个角落都紧紧地编织进了资本积累的魔咒，并在类似"两头在内（即将高附加值的研发和销售掌控在自己手中，在确保强大的资本积累能力的前提下来建构福利社会与消费社会）、中间在外（在此过程中，将处于产业链低端的加工制造业及其负载的贫困积累威胁不断转移给边缘落后国家）"②的态势下，千方百计地将众多边缘落后国家局限在类似"三低"（低工资、低福利、低效益）和"三高"（高消耗、高污染、高事故）为典型特征的中低端的发展阶段上。③如此境遇，使得自马克思、列宁逝世以来，整个世界日益清晰地呈现出资本积累日益集中在发达资本主义国家，而与此对应的贫困积累则愈发集中在边缘落后国家的历史趋势。

---

① ［俄］E.普里马科夫：《十月革命的历史是不能改写的》，《俄罗斯研究》2011年第3期。
② 关于资本全球化时代发达资本主义国家与发展中国家形成的"两头在内、中间在外"的空间分布格局以及围绕此的操作论述，可参阅［美］托马斯·弗里德曼：《世界是平的》，东方出版社2006年版。
③ 可以说，拉美国家在经历这种性质的发展后所陷入的"中等收入陷阱"，以及当今世界上一些国家和地区所出现的"低收入陷阱"，乃至包括当前作为世界第二大经济体的中国在全球化时代具有的强烈地防止陷入"中等收入陷阱"的历史忧患，就是这种"贫困积累"威胁实质性存在的最好证明。

上述态势的形成：

　　一方面使得作为资本主义发展最高和最后阶段的帝国主义确实在一定时期内具备了"腐而不朽、垂而不死"的历史条件。发达资本主义国家向边缘落后国家成功转移贫困积累矛盾的巨大优势，使这些国家内部面临的贫困积累威胁大大降低，其对冲自身制度成本的能力由此则大大增强。在劳资矛盾对立一定缓解中修正主义和改良主义的发展态势，以及列宁当初"希望欧洲国家快速进行革命的预见只是一种空想"的历史遭遇，即本质地根源于此。我们也可在此逻辑向度上断言：只要世界范围内还有能够被国际资本拓展开发的空间，只要这些空间还能为发达资本主义国家发现、创造进而占有世界范围内的剩余提供条件，那么，以资本逻辑为核心的当代发达国家的资本主义制度就仍旧还有在世界范围内继续存在和发展下去的历史空间。可以说，二战结束以来主要资本主义国家凭借本国资本、科技、军事和话语权的优势，大肆吮吸边缘落后国家的剩余价值来打造本国和谐发达景观的事实就是最好证明。

　　另一方面，这些态势也有助于我们对当代资本主义文明景观的幻象本质拥有更为深入的把握。在资本全球不对称积累的总体框架下，我们可以清晰地看到，在 20 世纪六七十年代，曾经是资本主义体系外围的诸多拉美国家在融入世界体系的过程中，尽管在生产力发展、技术进步以及产出消费方面取得了前所未有的进步，但由于推动这一进程的发达资本主义国家在经济和军事上占据支配地位并能娴熟地通过贸易、剩余的流动和政治经济及军事行动来影响乃至操控这些不发达国家，这使得拉美国家的民族工业家与其说是充满活力的财富创造者和国际资本强有力的竞争者，倒不如说是帝国主义的小伙伴。"中心与外围之间的裂缝加宽，当中心以牺牲外围为代价而发展时，外围则被迫处于依附状态"①的资本积累格局由此形成。

不仅如此，20世纪80年代末90年代初以来出现的新自由主义全球化，则使得以巨型垄断跨国集团为载体和主体的国际垄断资本更加全面深入地蔓延渗透到世界各地。以至于在这个从来没有像现在这样接近于《资本论》分析模型的世界体系中，我们愈发清晰地发现：一方面，就主要资本主义国家内部而言，财富愈发地呈现出向少数垄断寡头集中的趋势。20世纪50年代提出的库兹涅兹曲线设想已现实地被《21世纪资本论》中的托马斯·皮凯蒂曲线所证伪。由此引发的国内矛盾，则在2011年的伦敦骚乱和占领华尔街运动、2012年的希腊骚乱以及近年来的民粹主义浪潮中得到了充分体现。另一方面，以美国为代表的国际垄断资本在金融、科技、知识产权等领域获取超额剩余价值，娴熟地通过汇率、贸易、政治干预等"没有硝烟的战争"进行危机转嫁，乃至不惜通过制造地区紧张和战争冲突引导全球资本流向来确保自身收益的举动，也变得愈发清晰。这一切都在证明：当代发达资本主义国家既无法在根本上化解本国内部矛盾，更无法为广大边缘落后国家的繁荣可持续发展贡献切实可行的智慧方案。

第二，科学社会主义走向实践的现实依据：社会主义诞生条件在世界范围内发生分离。 按照马克思关于社会发展演进之内在要求的"两个绝不会"理论，我们可以毫不犹豫地认为，在列宁逝世后的历史进程中，当代世界无疑具备了由马克思提出并为列宁所秉承的资本批判意义上的社会主

---

① ［英］安东尼·布鲁厄：《马克思主义的帝国主义理论》，陆俊译，重庆出版社2003年版，第164页。

义诞生条件。但显而易见，在资本全球扩张不断走向深入的态势下，诞生这一社会形态所必需的"物质条件"和革命的"主体条件"的分布样态，却与经典作家的预判间存在巨大差异。

单就发达资本主义国家来说，其国内在生产力高度社会化的条件下所不得不采取的股份制和国家资本主义形式，确实使得这些国家已经具备了社会主义的物质条件，其在某些方面也确实逐渐呈现出新文明类型的特征。但由于这些主要资本主义国家的贫困积累远未达到无以延续的顶点，因此并不具备社会主义诞生的完整条件。这一点正如大卫·哈维所言："如果没有内在于地理扩张、空间重组和不平衡地理发展的多种可能性，资本主义很早以前就不能发挥其政治经济系统的功能了。"①

而对众多边缘落后国家而言，尽管它们在资本全球扩张的态势中整体上处于产业链的中低端，且在强大的国际资本力量的主导和支配下，这些国家和民族在整体地环境、资源及经济社会发展的整体约束下有被不断逼至贫困积累顶点的态势，因此在客观上确实具备了需要克服资本全球扩张悖论、从而进行社会主义革命的迫切诉求。但单从这些落后国家本身来讲，由于其生产力发展以及由此而来的社会化生产远未达到顶点，甚至有些还缺乏马克思主义先进政党的指导，因此也不具备社会主义诞生的完整条件。需要特别指出的是，有无先进的无产阶级政党的领导是一件至关重要的事情。这也解释了为什么同样在受资本逻辑支配的一些地区，其因为"贫困积累"程度而在客观上具备社会主义革命的条件，最后却以类似于恐怖组织等非科学社会主义的极端形式表现出来。

---

① ［美］大卫·哈维：《希望的空间》，南京大学出版社 2005 年版，第 23 页。

可以说，恰恰是现实历史境遇中"资本积累"和"贫困积累"在发达资本主义国家和边缘落后国家内部的分离，以及由此所直接导致的社会主义诞生条件在世界范围内发生分离①的历史事实，形成了社会主义的经典表达在现实中遭遇困境的历史根源。

第三，科学社会主义的实践区域：资本全球不对称积累的现实格局，决定了社会主义革命和实践重心越来越集中在东方落后国家。按照"两个绝不会"理论，随着资本积累和贫困积累在世界范围内的日益分离，现实中拉开社会主义革命序幕的只能而且必然是饱受西方强势资本支配的边缘落后国家。因此，我们必须在科学社会主义分析范式的基础上，结合现实社会生产和再生产的实际，实事求是地认知到：现实中的社会主义必须是在试图克服化解资本主义内在矛盾——在马克思时代，主要彰显为资本主义国家的内部矛盾；列宁时代，则主要彰显为主要资本主义国家的资产阶级与本国无产阶级以及边缘落后国家的劳苦大众间的矛盾对立；而在资本全球扩张不断走向深入的态势下，则最终演变为发达国家与边缘落后国家间的矛盾——的过程中，生成的一种旨在克服化解资本扩张悖论的新型社会制度。有且只有某个国家和民族的内部矛盾发展到一定要用旨在克服化解资本悖论的社会主义制度来解决，而且这一社会内部确实具备了具有高度历史自觉的社会主义革命主体的前提下，真正意义上的社会主义革命才会发生。也正是从这个意义上来讲，我们认为最终选择走社会主义道路的那些东方落后国家，尽管从形式上看，他们确实跨越了资本主义的"卡夫

---

① 关于"社会主义诞生条件分离"的提法及具体论述，参见了鲁品越：《社会主义诞生条件的分离与中国特色社会主义基本特征》，《马克思主义研究》2013年第8期。

丁峡谷",但从资本全球扩张的视角来审视,则无论是何种条件或历史背景下生成的社会主义实践,其在本质上都是整个人类社会都在经历了资本主义的卡夫丁峡谷后而出现的历史性要求,因此不存在对资本主义"卡夫丁峡谷"的根本性跨越。当然,对于通过革命暴力或其他方式走向社会主义道路的国家和民族而言,其如何在与国际垄断资本相共存的世界体系中避免自身陷入贫困积累的境遇,并通过"以人民为本"而非"以资本为本"的物质力量,真正在与国际资本同生共长的世界体系中践行克服资本扩张悖论、追求经济正义进而实现民富国强的本质要求,则越来越成为社会主义政治经济学的核心内容。

第四,东方落后国家在资本主义世界体系中践行科学社会主义面临的两难境遇及其能否成长壮大的关键。对于这些在经济社会发展落后背景下走上社会主义道路的国家而言,建立社会主义制度并不意味着达到了甚至超越了资本主义文明——这本应该是社会主义的题中应有之义。这种与发达资本主义的差距,也使得刚刚在政治上实现了独立的东方落后国家自从一开始就陷入两难境地:一方面,社会主义必须具备高度发达的"物质条件",但关起门来搞建设不仅不会成功,而且只会因不能有效学习借鉴资本文明的优秀成果而带来更大的挫折。这就意味着,走社会主义道路的东方落后国家,其必须秉持开放发展理念进而主动融入为主要为资本主义所主导的世界经济贸易体系。另一方面,倘若这些落后国家只是以弱国姿态在主要资本主义国家主导的世界体系中出场,将极有可能重新陷入国际产业、商业以及金融价值链的被支配地位,从而一如既往地成为主要资本主义国家转嫁内在矛盾的价值洼地。

这也逻辑地决定了这一背景下的科学社会主义实践,必须实现两大悖论式的发展：一方面，既要保护社会主义的经济基础和民族工业的发展，又要把整个社会的剩余劳动最大限度地投入工业化生产中去，快速积累起能与国际垄断资本相抗衡的物质力量，从而为有效抵制资本主义的侵蚀和掌控奠定基础。这不仅意味着我们必须要在相对封闭的条件下搞生产，而且为了增加积累搞社会主义工业化，还必须将广大人民的生活水平限制在一个比较低的水平上。另一方面，又必须最大化和最优化地吸收资本主义创造的文明成果，这恰恰是马克思东方道路思想的现实诉求。这也意味着这些国家必须进入为资本主义所主导的世界市场，实施对外开放战略。但在西强我弱的资本全球积累总体格局中，这势必又会涉及如何处理好合作与斗争、独立自主与牵制支配、自我革命与社会革命、积极影响与反面渗透等错综复杂的因素。可以说，这一过程不仅在形式逻辑上自相矛盾，而且在实践逻辑上也是挑战重重。而如何破解这一矛盾就成为当代社会主义成长壮大的关键，也是科学社会主义原理和当代创新相统一的精华所在。

也正是基于上述认知，我们认为在社会主义实践中，"计划多一点还是市场多一点，（并）不是社会主义与资本主义的本质区别"[1]。甚至还可进一步认为，在现实社会主义特定发展阶段上作为择优备选而存在的计划和市场经济体制，原本就不应该在意识形态、价值导向或内在规定等层面上被单列出来，并本质地与社会主义直接等同或相提并论。因此，在从作为过渡性阶段的社会主义向作为具有常态化发展要求的社会主义转换的过程中，如何结合既有的经验教训，进而在辩证地推移、转换乃至内在否定性过程中寻求与社会主义本质要求更为匹配的实践之道，如在动态平衡中

---

[1] 《邓小平文选》第3卷，人民出版社1993年版，第372页。

处理好政府与资本、计划与市场、资本与劳动、积累与消费等，就成了现实社会主义能否得到顺利推进的决定性所在。

第五，社会主义诞生条件在世界范围内发生分离的背景下，两大主要社会制度的交往特征。在二战结束以来日益凸显的资本全球不对称积累格局以及由此形成的世界体系中，随着主要资本主义国家日益借助产业资本、商业资本乃至金融资本等产业链的分割，来更加"文明"地占有包括社会主义国家在内的诸多发展中国家人民创造的剩余价值，再加之现实中的社会主义为了更好实现本国现代化对发达资本主义国家资本、技术、管理的迫切需要，使得现实世界中确实存在着同时为发达资本主义国家的"资本积累"与社会主义所须的"物质条件"积累共同需要的"和平与发展"的历史可能性。在这一点上，我们不得不承认邓小平同志在 20 世纪80 年代所提出的"和平与发展"是当今世界的主题的判断，是有充分历史依据的。

当然，由于现实中的这种"和平和发展"其从本质上来讲，仍然更多地是服从于发达资本主义国家"资本积累"之内在逻辑的"和平与发展"。因此，一旦服务于上述使命的和平发展出现不利于发达资本主义"资本积累"的均衡限度，那么，势必会出现以发达资本主义国家为主导的诸如"货币战争""金融战争""贸易战争"等系列"没有硝烟的战争"。更有甚者，还会出现一些局部热争。这也是当下世界和平发展与战争冲突相互交织、合作共赢与明争暗夺相互交融，以及由此而来的发展机遇前所未有，但环境危机、金融动荡、贫富分化、信仰危机、恐怖主义等挑战愈加突出的现实根源。斗争离不开联系，交流包含着冲突，日益成为两大主要社会制度交往间的主要样态。

三、社会主义在世界范围内实践及波折

十月革命的一声炮响，使得社会主义实现了从理论到实践的伟大飞跃。但问题在于，为什么这样一种旨在探索克服资本扩张悖论、追求人类新文明类型的实践探索，会在经历了社会主义在世界范围内的广泛兴起后遭遇巨大的挫折。对这一问题的综合反思，无疑要在总体把握东方落后国家在资本主义世界体系中践行科学社会主义面临的两难境遇及其能否成长壮大的关键这一背景下，结合社会主义在世界范围内兴起以来的总体实践去分析与提炼。

总的来看，尽管世界范围内不同国家走上社会主义道路的时间有先有后、践行社会主义的环境也差异不同，但若从宏观整体的角度来看，世界范围内的社会主义实践探索总体经历了从《帝国主义论》转向新经济政策、从新经济政策转向苏联模式、二战结束后以苏联模式为主导和各类型社会主义并存，以及社会主义实践在苏联模式下取得巨大成就后也遭遇了巨大波折这四大阶段。

第一，从《帝国主义论》转向新经济政策。作为一名伟大的马克思主义者，列宁领导的布尔什维克所进行的系列社会主义实践，使得共产党人正式开始了在一个实体意义上的社会主义社会中思考如何进行社会主义发展的历史使命。列宁在这方面的巨大历史功绩，就是在引领一个半东方的落后国家成功实现了社会主义对世界资本主义体系突破的过程中，创造性地将马克思主义发展到了列宁主义阶段，并在随后的革命建设中，进行了卓有成效的历史探索。这其中，列宁在社会主义实践中从《帝国主义论》的逻辑向新经济政策逻辑的根本性转换，则必须引起当代马克思主义理论

工作者的高度关注。

从目前掌握的材料看，由于列宁生前并没有看到马克思的《1857—1858 年经济学手稿》和《法兰西内战》初稿①，因此在马克思、恩格斯辞世后的近半个世纪，包括列宁在内的大部分马克思主义者都没有读到过马克思在上述手稿和初稿中阐明的资本文明与历史极限理论，同时也没有认识到在社会主义过渡时期无产阶级专政条件下，"资本和土地所有权的自然规律"将在新的历史条件下长期起着作用的理论预见。这也直接在理论认识上导致十月革命前的列宁对社会主义的理解，基本上停留在以扬弃资本为逻辑起点的总体认知上，它突出表现在把生产资料的公有制、按劳分配原则、反对资产阶级制度、反对商品经济、反对资本等理解为社会主义的主要内容。

但十月革命后，列宁对社会主义的认识发生了重大变化，用他晚年的话来说："我们不得不承认我们对社会主义的整个看法根本改变了。这种根本的改变表现在：从前我们是把重心放在而且也应该放在政治斗争、革命、夺取政权等等方面，而现在重心改变了，转到和平的'文化'组织工作上去了。"② 总体而言，列宁晚年从《帝国主义论》转向新经济政策的逻辑转换，主要在两个短暂的时期内得到了展现。第一个时期为 1918 年春季到夏季。这是一个短暂而宝贵的和平时期，列宁开始着手思考、研究俄国的社会主义建设问题。综合来看，这一时期的列宁立足俄国尚未经过商品经济充分发展的具体境遇，开始直面资本文明并提出向资本主义学习的思想。

---

① 列宁于 1924 年 1 月去世。但《1857—1858 年经济学手稿》分别于 1939 年和 1941 年用原文分上下册在莫斯科发表，而《法兰西内战》初稿第 1 次发表的时间为 1934 年。
② 《列宁选集》第 4 卷，人民出版社 1995 年版，第 773 页。

早期的列宁曾从经典社会主义理论出发，把社会主义运动理解为反对商品、反对货币。但自然经济占主导地位的俄国与那种由扬弃资本而来的经典社会主义间的巨大差距，使得列宁清醒地看到"俄国无产阶级在政治制度方面，在工人政权的力量方面，比不管什么英国或德国都要先进，但在组织像样的国家资本主义方面，在文明程度方面，再从物质和生产上'实施'社会主义的准备程度方面，却比西欧最落后的国家还要落后。正是由于这种情况，工人们目前有必要对那些最文明、最有才干、最有组织能力、愿意为苏维埃政权服务并且诚心诚意地帮助搞好大的和最大的'国家'生产的资本家实行特殊的'赎买'，这难道还不明白吗？"[①] 毕竟，"没有一定程度的资本主义，我们是什么也办不成的"[②]。针对当时的"左派"共产主义者认为现行的无产阶级政权应当继续剥夺资本，全面打倒资产阶级；列宁则认为"不能以继续向资本进攻这个简单的公式来规定当前的任务"[③]，并明确指出："只有那些懂得不向托拉斯的组织者学习就不能建立或实施社会主义的人，才配称为共产主义者。因为社会主义并不是臆想出来的，而是要靠夺得政权的无产阶级先锋队去掌握和运用托拉斯所造成的东西。我们无产阶级政党，如果不去向资本主义的第一流专家学习组织托拉斯式的即像托拉斯一样的大生产的本领，那便无从获得这种本领。"[④] 遗憾的是，由于1918年国内战争的爆发，苏维埃俄国被迫实行"战时共产主义"政策。列宁对社会主义的理解也发生了从"长期过渡"到"直接过

① 《列宁选集》第3卷，人民出版社1995年版，第531页。
② 《列宁选集》第60卷，人民出版社1995年版，第317页。
③ 《列宁选集》第3卷，人民出版社1995年版，第480页。
④ 同上书，第536页。

渡"的转变。

第二个时期始于 1921 年施行新经济政策这段时间。当时的苏维埃俄国结束了国内外武装干涉和斗争的局面,列宁在冷静地分析过去几年中的系列失败与成功经验后指出:"我们计划(说我们计划欠周的设想也许较确切)用无产阶级国家直接下命令的办法在一个小农国家里按共产主义原则来调整国家的产品生产和分配。现实生活说明我们错了。"① 相应地,列宁在关于社会主义和商品经济、社会主义的工作重心以及两大主要社会制度间关系的认识上,均出现明显变化。

首先,就社会主义与商品经济的关系而言,在新经济政策时期,列宁特别注重强调商品经济对社会主义建设的杠杆作用,并在《关于新经济政策问题的决议草案》中强调:"应当把商品交换提到首要地位,把它作为新经济政策的主要杠杆。如果不在工业和农业之间实行系统的商品交换或产品交换,无产阶级和农民就不可能建立正常的关系,就不可能在从资本主义到社会主义的过渡时期建立十分巩固的经济联盟。"②

其次,就社会主义工作重心而言,列宁在新经济政策实行后,明确提出了通过发展商品经济来建设社会主义的新设想。列宁指出,新经济政策主要采取"改良主义的办法","不摧毁旧的社会经济结构——商业、小经济、小企业、资本主义,而是活跃商业、小企业、资本主义,审慎地逐渐地掌握它们,或者说,做到有可能只在使它们活跃起来的范围内对它们实行国家调节"③。

---

① 《列宁选集》第 4 卷,人民出版社 1995 年版,第 570 页。
② 同上书,第 533 页。
③ 同上书,第 611 页。

再次，在对资本主义与社会主义关系的认识上，进入新经济政策时期后，列宁又重新对二者的关系进行了分析界定。他如此说道："'我们'直到现在还常常爱这样讨论：'资本主义是祸害，社会主义是幸福。'但这种议论是不正确的，因为它忘记了现存的各种社会经济结构的总和，而只从中抽出了两种结构来看。同社会主义相比较，资本主义是祸害。但同中世纪制度、同小生产者、同小生产者涣散性引起的官僚主义比较，资本主义是幸福。"[1] 历史地看，俄国社会主义其实就是生存在中世纪制度、小生产、官僚主义大量存在的国度里。苏维埃俄国只有充分借鉴利用资本主义的技术、资金、先进的管理方式，才能有效克服既已存在的劣根性，才能真正在向社会主义过渡的过程中最终战胜资本主义。

第二，从新经济政策向苏联模式的总体转换。随着 1924 年列宁的逝世，这种被俄国实践证明有效的建设社会主义实践方式，在 1928 年前后逐渐被取消。与此同时，斯大林在列宁逝世后不久成为布尔什维克党的总书记，并开始在苏联的社会主义建设中逐步推广政治上高度集权、经济上高度集中的计划经济体制，即我们通常所讲的"苏联模式"。当时的苏联在农业上推行了集体化方针，工业上则优先发展重工业。应该说，对于尚未经过商品经济充分发展，且在经济上因为不同的意识形态和基本制度而受到西方抵制的苏联而言，当时这种通过政府的行政力量而非市场、货币的力量来主导整个社会资源配置，通过社会主义工业化建设尽快建立起能与强大的国际资本力量相抗衡的社会主义物质力量，无疑具有特殊历史条件下的合理性。

---

[1] 《列宁选集》第 4 卷，人民出版社 1995 年版，第 510 页。

实践已经充分证明，这种建立在公有制基础上的计划经济体制，其对
后进国家自觉模仿发达资本主义国家的产业结构、降低市场化进程中的试
错成本、发挥东方落后国家传统文化中集中力量办大事的优势、尽快建立
起较为独立的现代工业和国防体系进而为迎头赶上资本主义奠定坚实基础
而言确实是极为有效的。不仅如此，上述举措反过来也会进一步夯实了社
会主义经济和政治制度。从资本全球不对称积累的总体格局来看，这种在
社会主义定向中通过政府主导来协调一国内部的资本和劳动、生产与分
配、积累与消费的发展举措，也确实是旨在克服资本扩张悖论、追求经济
正义进而实现民富国强的社会主义本质要求在具体阶段上的具体体现或一
种可行性探索。

到二战前后，苏联的工农业及国防方面取得了十分显著的成就。在工
业方面，经过 1928—1937 年的前两个五年计划，苏联在 1938 年实施第三
个五年计划时的经济总量已经由世界第五、欧洲第四跃升为欧洲第一、世
界第二。除此之外，国民收入翻倍，人民生活水平有了较大幅度的提高，
并最早实行了免费医疗、社会保险、退休金制度等社会主义制度。上述实
践，使得社会主义苏联在面对 1929—1933 年爆发于主要资本主义国家的
经济危机时，充分彰显了社会主义制度的优越性。第二次世界大战爆发
后，苏联成为了成功牵制和抵抗法西斯主义的中坚力量。可以说，这一切
与社会主义苏联在计划经济体制下快速建立起初步完善和独立的工业和国
防体系，并能在较短的时间内集中全国人力物力财力办大事的制度优越性
密切相关。

二战结束后，国际政治形势和阶级力量对比发生巨大变化。在战后势
力范围划分、苏联帮助影响等多重复杂因素影响下，欧亚诸国如南斯拉

夫、阿尔巴尼亚、保加利亚、匈牙利、波兰、捷克斯洛伐克、罗马尼亚、民主德国、朝鲜、越南和蒙古 11 个国家的共产党充分利用这一时期有利的国际条件，通过高举反法西斯旗帜，运用包括武装斗争在内的各种方式进行了系列具有社会主义定向的革命实践。在成功夺取本国政权后，鉴于当时苏联是世界上唯一的社会主义国家，在长期的社会主义建设实践中积累了较为成熟的经验，取得了巨大的成就，这些国家的无产阶级政党又主要参照苏联模式，通过诸如土地改革、没收法西斯和本国反动势力的产业，推动银行、矿山、运输和大工业企业的国有化运动来推动社会变革，并逐步实现了社会主义公有制在国民经济中的主导地位。

　　特别值得一提的，新中国成立后，作为一个脱胎于半殖民地半封建社会的大国，当时的中国客观上处于如毛泽东所描述的这般境地："现在，我国又不富，也不强，还是一个很穷的国家。我国是个大国，但不是富国，也不是强国。""我们的目标是要使我国比现在大为发展，大为富、大为强。"[1] 为了能在最短的时间内实现国家的工业化和现代化，达到对外能抗衡强大的国际资本力量、对内则为广大人民对美好生活的向往追求奠定坚实的基础，中国共产党在 1953 年正式开启了从"新民主主义"模式转向"苏联模式"的历史性转换。通过"一化三改"的社会主义过渡总路线，到社会主义三大改造完成时的 1956 年，国民收入结构中资本主义比重为零，而社会主义公有制经济比重为 92.9%，个体经济所占比重为 7.1%，从而使非公有制经济处于濒临灭绝的地步。[2] 新民主主义社会样态

---

① 《毛泽东文集》第 6 卷，人民出版社 1999 年版，第 495 页。
② 参见胡绳主编：《中国共产党的七十年》，中共党史出版社 1991 年版，第 333 页。

完全被社会主义生产关系所代替,"劳资两利"、"各种经济成分并存"的发展形态正式让位于占绝对主导地位的"全民经济和集体经济"。在此过程中,集中国家经济力量、用行政手段配置资源、参照发达国家已经建立的工业化体系的产业结构,有计划按比例地来建设自己的现代化体系相匹配的"计划经济体制"也逐渐形成发展起来。

实践证明,上述系列财富发展举措及其倚赖的财富发展体制,的确是实现模仿型工业化的一条捷径。而且对中国这样一个后发外生型的大国来讲,确实也是一条快速走向工业化的必由之路。它由当时的中国在世界历史中的地位以及工业化生产力的本质特征所决定。从 1949 年 10 月新中国成立到 1957 年第一个五年计划完成,是中国历史上经济发展和制度变化最快的时期。短短 8 年时间里,随着亿万人民建设新中国的激情被深层次地激发出来,仅用了 3 年时间,就奇迹般地在战争废墟上恢复了国民经济,并在贫穷落后的基础上开始了大规模的经济建设,取得了举世瞩目的成绩;之后的第一个五年计划的胜利完成,则又为中国的工业化奠定了坚实基础,大大缩小了与发达国家发展水平的差距。

第三,二战结束后以苏联模式为主导和亚非拉地区各类型具有社会主义性质的模式并存。亚非拉各国在取得民族解放运动胜利后,都面临现代化道路的选择问题。与发达国家不同,发展中国家在选择现代化道路时,通常不得不面临这样的困境:一方面,发达国家的现代化道路是可供选择的成功模式;另一方面,曾经被殖民的经历对既能加快发展又能保持自身独立性的期盼,再加上本国特色文化传统等国方面的影响,大大加重了这些国家在走向现代化征程中的选择难度。在这种背景中,多元化的现代化道路选择也就成了这些发展中国家的总体面向:有的国家以西方国家为模板，按部就班，在政治上实行民主体制，在经济上坚持以市场为导向，如非洲的喀麦隆。有的国家则宣称走"第三条道路"，在政治上坚持民主体制，在经济上推行国有化和土地改革，如印度、叙利亚等。有的国家则依靠自身资源，寻求现代化的经济支柱，如西亚的石油国。有的国家则试图借鉴苏联模式，采取跨越式发展战略，在政治上实行一党制或一党优先体制，在经济上优先发展重工业，并实行国有化和土地改革。总的来看，在二战结束后到 20 世纪八九十年代美苏争霸的总体格局下，受到冷战氛围、地缘政治、本国文化、道路探索等多重复杂因素的影响，从战后到 20 世纪 70 年代，多数发展中国家具有社会主义性质的探索实践并不顺利，影响局限在本国所在地区，相关政策也不具普遍性，导致成功过渡到社会主义国家的屈指可数。①

　　埃及的"阿拉伯社会主义"道路　　在西方列强对埃及实行经济封锁的岁月里，苏联给予埃及大量经济和技术援助，一方面促进了埃及的经济发展，巩固了纳赛尔政权，另一方面也将自己的势力介入埃及。1961 年 7 月，纳赛尔宣布，埃及选择了"自由、公正和富裕的""阿拉伯社会主义"发展道路。其主要内容包括：其一，大规模推行国有化。1961 年和 1964 年，埃及两次实行大规模的国有化运动，国营企业产值占工业总产值的 90% 左右。其二，进一步实行土地改革与合作化。1961 年和 1969 年两次土地改革消灭了大土地占有制，到 1970 年建立起 5000 多个土改合作社、农业合作社和联合互耕合作社，参加农户达到 90%。其三，经济发展

---

①　这部分内容主要参考了王斯德、钱洪主编：《世界当代史》，高等教育出版社 2008 年版，第 169—177 页。

计划化。从 1957 年到 1970 年，埃及连续实行 3 个五年计划。其四，实行一党制。1962 年起，埃及阿拉伯社会主义社会联盟成为全国唯一的合法政党。其五，推行社会福利政策，制定 7 小时工作制和最低工资标准制，实行职工残废救济金和养老金制，实行累进税制，缩小居民收入差别，推行公费医疗和生活基本品价格补贴。其六，改革教育制度，将外国人办的学校"埃及化"，接管所有宗教界办的学校，推行免费的初中教育。其七，在对外关系上致力于推动阿拉伯、非洲和伊斯兰世界的联合团结，坚决反对帝国主义、殖民主义和种族主义，积极参与发起不结盟运动。在纳赛尔时代，埃及工业发展迅速，从 1957 年到 1967 年间，埃及一共建立了 800 多个工厂，1960—1964 年间的国民经济增长率达到 7%，世界瞩目的阿斯旺高坝工程也在苏联援助下 1970 年完成。然而由于国有化打击面过宽，挫伤了中小资本家的积极性，工业发展不均衡，国营企业经营不善，官僚主义严重，埃以军事对峙造成军费负担沉重，1967 年后，埃及的经济出现停滞现象。1970 年 9 月，纳赛尔病逝。继任总统萨达特从 1971 年 5 月开始推行"纠偏运动"，逐步放弃社会主义政策，逮捕亲苏派，驱逐苏联军事人员，废除《埃苏友好合作条约》，取消苏联在埃及的一切特权，摆脱了苏联的控制。

塞内加尔的"民主社会主义"道路　1960—1980 年间，塞内加尔在非洲社会党国际主席列奥波尔德·桑戈尔领导下选择了"民主社会主义道路"。桑戈尔提出的公式是"民主社会主义 ＝ 生产力 ＋ 社会正义 ＋ 非洲特性"，其实践可概括为"四化"：一是政治民主化，实行执政党主导下的多党制；二是经济公有化，对外资实行民族化来达到国有化，在农村则推行村社化来恢复黑人的村社制度；三是发展计划化，从 1964 年到 1984 年，一共推行了 6 个四年计划；四是对外开放化，保持和发展同包括前宗主国在内的世界各国的相互依赖关系。桑戈尔的民主社会主义经过 20 多年的实践，取得了一定成效，政治上始终保持相对稳定，经济局面也有所改观。

刚果的"科学社会主义"道路　1968 年 7 月 31 日，马里安·恩古瓦比发动政变，夺取政权，成立刚果人民共和国。恩古瓦比认为，"社会主义只有一种，即由马克思、恩格斯奠定基础的科学社会主义"，因而刚果的现代化道路必须走"科学社会主义道路"。从 1969 年开始，恩古瓦比全面推行他的社会主义革命计划：一是实行党政合一体制，建立"巴黎公社式"的人民政权，刚果劳动党是唯一合法政党，党的主席就是国家元首与全国武装统帅；二是掀起国有化浪潮，优先发展国营企业；三是为保持政治一致，从 1975 年 12 月开始开展一场"从根本上说是'文化革命'的彻底化运动"。但刚果的试验最终没有成功，党内派系斗争加剧，国营企业也因经营管理不善而严重亏损，国民经济衰退。1977 年，恩古瓦比遇刺身亡。继任总统萨苏一方面强调继承恩古瓦比的未竟事业，另一方面也开始进行务实的政策调整和经济改革。

圭亚那伯纳姆的合作社会主义　1966 年圭亚那总理福布斯·伯纳姆从本国的合作传统出发，公开提出合作社会主义主张，并于 1970 年改国名为圭亚那合作共和国。合作社会主义理论强调通过合作社制度来建设社会主义，但不接受共产主义国家的方案。合作社所有制是最高级的公有制，其本质是集体民主自治，由社会共同决策、共同执行。围绕这一主张，从 1970 年开始，伯纳姆领导的人大党采取了以下改革措施：首先在政治上，坚持党对国家的绝对领导，党内实行高度集中制，缓和种族矛盾；其次在经济上，推行国有化，大力建设合作制度，扩大合作经济；再次在社会上，建立免费教育和医疗制度，加强住房建设，推行社会福利政策；最后在对外政策上，主张同其他发展中国家合作，倡导加勒比地区一体化。在这些政策影响下，1970—1976 年，圭亚那国民生产发展较快，但是从 70 年代后期开始，合作制的弊端开始显现，福利政策不切实际，民众积极性被压抑，同时受到出口产品价格疲软的影响，圭亚那国民经济在 80 年代陷于困境，领导人开始寻求政策调整。

秘鲁贝拉斯科的军事社会主义　1968 年，秘鲁陆军司令胡安·贝拉斯科·阿尔瓦拉多反动政变，建立军政府，出任总统。他声称，其军事行动是一场革命，目的是建立一个"既非华盛顿、又非莫斯科"的"秘鲁模式"，亦即以革命的人道主义为思想理论基础，建立自治的、民主的、无阶级的社会主义社会。这一模式主要包括三方面改革措施：一是经济国有化，将所有外资公司国有，由国家控制关键的经济部门；二是采取自上而下的征收土地办法，实行渐进和平的土改，再让农民组成合作社企业；三是建立社会所有制企业，其性质实际上是变相的国家资本主义企业。贝拉斯科政府在外交上奉行不结盟政策，调整与美国的关系，发展与社会主义国家的关系。这些改革在一定程度上削弱了外国资本对国民经济的控制，但发展国民经济的效果却并不理想。1975 年，前总理莫拉莱斯发动政变，推翻贝拉斯科政府，军事社会主义道路终结。

第四，世界社会主义运动在苏联模式的困境中遭遇巨大波折。如前所述，通过对列宁逝世后，特别是二战结束以来资本全球积累结构新变化新发展的总体把握，我们已经发现，无论是现实中社会主义的实践区域，还是其在资本全球积累格局下克服资本扩张悖论、追求经济发展正义进而实现民富国强的总体节律，都较之于马克思列宁等经典作家的预判发生了很大的变化。这其中，如何破除在与国际资本同存共长的世界体系中发展自身所面临的悖论式难题，则显得尤为重要。

　　所谓社会主义在实践进程中遭遇的悖论式难题，具而言之，就是在十月革命后因受俄国影响陆续走上社会主义定向的东方落后国家，其在世界体系中践行社会主义本质要求因面临的两难境遇而来的一种特殊发展状态。如前所述，这些国家没有经过商品经济充分发展因而社会生产力落后的尴尬境遇，使得这些走上社会主义道路的东方国家无论是出于发展本国现代化还是发展社会主义所需的高度发达的物质生产力的需要，客观上都要进入这个主要由发达资本主义国家主导的世界体系，并积极地学习已经被资本文明证明了是正确的先进的生产和管理经验。马克思当年关于跨越"卡夫丁峡谷"的东方落后国家在实践要求即内在地包含了这一点，而这又意味着这些东方落后国家必须实施对外开放战略。不仅如此，这种情势下必然出现的既要在国内经济社会发展中充分利用资本，同时又要与国际资本长期共存而必将面临的国内国际资本扩张悖论压力，又必将成为现实社会主义实践发展中必须长期面临的一项内生性难题。另外，对于这些在全球资本不对称积累格局下走上社会主义道路的东方落后国家而言，倘若它们只是以原初那种积贫积弱的身份进入到这个主要资本主义国家主导的世界体系，那势必会因为历史发展阶段所导致的差距而无法有效地践行克服化解国际资本扩张悖论的内在要求，如此一来，重新被强大的国际资本力量控制在贫困积累的噩梦必将重演，社会主义实践本身所要求的克服资本扩张悖论、追求经济社会发展正义也就成了一个难以实现的梦想。因此，这又势必要求这些东方落后国家经历这样一个阶段，即最大限度地利用联合起来的国家资本力量，在相对封闭的条件下尽快地建立起可以与强大的国际资本初步抗衡的物质力量，而这又意味着要实施相对封闭且集中管制的战略。

可以说，上述既要开放融入世界体系，又要封闭苦练内功的状态，其不仅在形式逻辑上是相互矛盾的，而且就实践操作来讲也是困难重重。而东方落后国家如何在社会主义现实展开中所遭遇的上述悖论式难题中找到克服化解的办法，从而在秉承社会主义基本原理方法和基本原则的过程中实现社会主义的辩证式演进发展，就成了现实中的社会主义能否成长壮大的核心关键。

如果依此逻辑而言，当我们再回过头来审视曾经被误解为社会主义和资本主义本质区别的计划和市场这两大关键词时，就不能再简单地依据经典作家的早期文本论断和苏联模式，就市场而谈市场，或者就计划而谈计划。其更为科学的态度，是要看这样的一种社会主义国家在其现实展开的过程中，面对同时存在的自身必须利用资本所带来的发展悖论和国际资本的外在压力，我们在不同阶段在应对资本悖论所带来的问题时采取何种应对化解的举措更为有效。如果在早期阶段更多地需要运用政府的行政力量来配置整个社会的资源更为有效，那就要采用计划经济的手段；如果说采用市场力量比较合理，那就搞社会主义市场经济。在这种格局中，社会主义和资本主义的本质区别就不再是这个国家有没有资本，或是运用计划还是市场来发展资本，而是在利用发展资本的过程中始终坚持"以人民为本"而非"以资本为本"的基本准则。当然，既然资本与社会主义链接是必然的，那么，按照有资本必然有商品，有商品必然有价值规律，有价值规律，剩余价值规律就必然要起作用。因此，在面临社会主义国家国内资本力量和外在的国际资本力量的双重压力下，现实中的社会主义必然在相当长一段时期必定表现为不断克服现存不合理状况的现实运动的过程。相应地，社会主义和资本主义之间的重要区别绝非是资本主义充满矛盾而社会主义就完美无缺，两者的重要区别应该界定在社会主义能不能比资本主义发展得更好更快一点才更为合理。

若依上述关于社会主义在现实展开中遭遇的两难困境再来全面反思世界社会主义运动在苏联模式困境中遭遇的巨大波折，我们就能在社会主义总体实践架构的高度上，相对清晰地看到下述紧密关联的几大问题。首先，各社会主义国家在相对封闭且适合赶超因而也具有过渡性特征的计划经济体制出现问题后，都曾试图通过改革来化解矛盾问题。其次，由于苏联在当时更多地仍以经典意义上的社会主义模式即"公有制＋计划经济＋按劳分配"来规范定义现实的社会主义实践，再加之当时的冷战背景，对苏联来说，其他社会主义国家能不能、愿不愿将自己看成模板或母版，这可能导致苏联与这些国家的关系被有意无意地上升为政治站位是否正确的高度，甚至在某种情况下还会通过党际、国际交往中的横加干涉表现出来。这又使得各国在探索适合本国国情的社会主义道路过程中的自主性和窗口期被大大压缩，错失了很多宝贵的改革和探索机会，并最终在积重难返的矛盾危机中走向了世界社会主义运动的低潮。

以最具代表性的苏联与东欧社会主义国家为例，20世纪40年代后半期，一系列东欧国家建立起了人民民主政权。但在关于选择何种道路建设社会主义的问题上，包括南斯拉夫、波兰、捷克斯洛伐克、保加利亚、匈牙利等国家都曾不同程度地主张依据战后的历史条件，特别是这些国家本身的具体状况来选择一条既有别于斯大林模式，又符合本国国情的社会主义道路。然而，由于面临美苏两极"冷战"的特殊形势以及苏联的引导、帮助与支持等外在压力，东欧大多数国家为了自身的生存与发展都不得不放弃原来的思路。它们纷纷仿照苏联模式建立政治经济发展道路。可以说，东欧国家的社会主义建设方案正是苏联模式的"翻版"。20 世纪 50 年代，随着第三次科技革命的开展，加上苏联模式在苏联内部经济社会发展中日渐凸显的弊病，以及赫鲁晓夫在苏共二十大上对斯大林个人崇拜的揭露与批判所带来的巨大思想解放潮流，使得到 80 年代末为止，东欧国家纷纷开始了系列旨在挣脱苏联模式进而探索适合本国社会主义发展道路的三次重要探索。

20 世纪 40 年代后半期，南斯拉夫最早进行了"自治社会主义"的改革探索，拉开了东欧国家社会主义第一次改革的序幕。在 50 年代苏联改革的带动下，以及爆发于 50 年代中期突出反映了群众对政府不满的"波兹南事件""匈牙利事件"的驱动和警戒下，波兰、匈牙利、民主德国、捷克斯洛伐克、保加利亚等国家也相继打开了改革大门。与苏联改革的方向相仿，这些国家开始在经济上注重对中央指令性计划的限制，回应地方和企业对自主权的要求，在政治上对于消除个人崇拜、个人集权与推进民主和法制建设，起到了很大的促进作用。这次改革，除了南斯拉夫坚持独立自主推进本国的改革外，其他的东欧国家几乎都受到了苏联改革的推动和影响，"不主动、不完整和不彻底"是这些国家改革的主要特点。

20 世纪 60 年代初期，随着东欧国家经济增长持续减弱，斯大林模式弊病凸显并产生一系列社会经济问题，迫切需要加以改革。这些东欧国家在第一次改革中所形成的思想解放作用的推动下，再加上受同期苏联在"计划、利润和奖金"问题中对改进计划工作、发挥市场激励作用、扩大企业经营自主权等讨论所受启发的叠加，使得东欧国家掀起了第二次改革运动。以南斯拉夫和匈牙利为例。南斯拉夫提出继续在自治的基础上推进本国的经济、政治和社会结构改革，国家机关也不例外。不仅强调国家权力的下放，扩大企业的自主权，而且还提出推行市场经济，国家通过经济和法律手段调控经济，明确了企业的商品生产者和独立的市场主体的地位，标志着南斯拉夫开始由工人自治向社会自治的转变。匈牙利不仅在党中央层面成立了经济体制改革委员会，还通过了一系列经济体制改革的决议：在经济上，强调集中计划管理与市场作用相结合，扩大企业自主权；取消下达指令性计划指标的做法，用经济手段实现国民经济计划；引入社会主义企业的竞争机制。在政治上，将联盟政策与"一党制"相结合，重视执政党自身建设，还制订了多个领域的法律法规，保障改革的顺利推进。到20世纪70年代，匈牙利基本建成了计划与市场相结合的新的经济体制。

可以说，东欧国家的第二次改革对于消除苏联模式弊病，激发群众生产和建设社会主义积极性是具有积极意义的。然而，东欧国家的改革虽然反映了本国社会主义建设的实际需要，但无法切实地充分展开。由于担心东欧国家的改革会脱离甚至有损苏联领导下的社会主义阵营，苏联对东欧国家进行了粗暴的干涉，"布拉格之春"事件便是苏联通过武力阻止东欧国家改革的典型案例。由此，东欧国家的第二次改革也被迫中断。然而，高度集中的政治经济体制仍未被彻底突破，这也成为东欧国家经济社会发展的直接障碍。

20世纪70年代中期至80年代末，为了切实化解各类国内政治经济矛盾，进一步激发群众生产积极性，突破苏联模式对经济社会发展的束缚，东欧国家又开始了第三次改革。这一阶段，南斯拉夫不仅确立了以联合劳动为基础的经济体制，还提出了一些具体的改革主张。在政治上主张实行代表团制度，通过建立三级议会制，推动党政分开和简政放权，促进社会民主法制发展。在经济上，在物质生产部门建立了以社会所有制和工人自治为基础的、坚持自愿原则的联合劳动组织；建立自治利益共同体，实行自治社会计划体制的实验，实现市场与计划职能的有机结合。然而，伴随南斯拉夫剧变的发生，改革也被迫中断。匈牙利则正式实行新的经济调节制度，如完善价格机制、建立现代化生产结构等措施，重新调整国家、企业和个人三方的分配比例。在组织方面，努力改组机械的企业组织结构，扩大地方自主权，解散垄断性组织，鼓励中小企业的发展。而后又倡导提高国民经济效益、保持国民经济平衡，加强技术改革；主张加强对税收、价格的改革指导。在政治上，以是否有利于经济改革为依据，注重在民主化原则的指导下推进选举制度、干部制度、机构管理制度等方面的改革。1989 年 6—9 月，匈牙利发生剧变，改革终止。其他如民主德国、罗马尼亚、捷克斯洛伐克、波兰等国虽然也进行了改革，但都在本国剧变中转向了资本主义制度。

在上述东欧社会主义国家进行改革探索的过程中，苏联的改革探索也未间断过。在 20 世纪 50 年代中后期至 80 年代，包括赫鲁晓夫、勃列日涅夫、安德罗波夫、契尔年科在内，都针对苏联模式的弊端进行了改革。总的来看，这些改革都关注了扩大地方和企业自主权，也在一定程度上提高了体制管理效率，调动了人民群众的生产积极性，遏制了社会经济下滑的严重趋势，缓和了社会矛盾，但总体上未能打破苏联固化的模式。特别是，苏联并没有在既始终坚持社会主义价值立场、原理方法和目标导向，又能结合新科技革命带来的资本全球积累格局的新变化新发展的，在两大主要社会制度长期共存的世界体系中实事求是地处理好价值立场与改革发展、普遍原理与各国特色、和平发展与矛盾斗争、计划经济与市场转换间的关系。因此，这些改革依然还是对苏联模式的局部修补和调整，并未从根本上改变高度集中的政治经济体制。这也是自斯大林以后的苏共历代领导人虽然力图对苏联进行一系列改革，但收效甚微的根本原因。在戈尔巴乔夫上台执政后，面对苏联模式积累的矛盾和弊病，苏联最终选择推动意识形态的多元化，将共产党转变为"人道的、民主的社会主义"政党，尝试走向多党制，进而将对社会主义体制的改革变成了对社会主义制度的"改向"中走向资本主义，直接导致苏联解体。①

　　事实上，上述苏联及东欧社会主义国家的系列改革探索，无一例外地都涉及了在资本全球不对称积累格局下，如何克服现实社会主义发展中所遭遇的悖论式难题的问题。而在此过程中，如何处理好计划和市场间的辩证关系，并在此基础上辩证地推动国内和国际、经济基础和上层建筑改革发展，从而在积极有效地促使整个社会在朝着国家治理能力和治理体系现代化的同时坚守社会主义的价值底色，则又构成了为克服这一悖论式难题而进行改革探索的核心所在。但显然，对照这些要求，尽管这一过程中苏联和东欧国家的系列改革探索对于摆脱传统的斯大林体制的束缚，激发人民群众的生产积极性，探索独立自主建设适合本国国情的社会主义积累了宝贵经验。但若再走近细看，我们也能发现这些东欧国家的改革更多的还是着眼于对经济体制的细微调整，即在运用市场、经济、法律等手段调控经济发展的过程存在着为了改变计划经济体制而改变的问题，缺乏一个社

---

① 关于前苏联东欧社会主义国家改革的具体内容，主要参见姜辉：《当代世界社会主义通论》，中国社会科学出版社 2020 年版，第 43—51 页。

会主义定向上的总体性框架。

其具体表现，就是追求行政制度和管理体制上的分权、政治体制上的民主化、党领导体制上的党政分离，但对于真正重要的市场与计划、制度与体制、社会主义模式单一性与多样性之间关系等问题的探索，却缺乏总体性、系统性、深入性的探索。因此，这些改革虽然形式多样，成效各异，但无非是对传统的高度集中政治经济体制细微的调整和纠正，是对苏联模式的小修小补，并未从根本上触动这种体制的症结核心，这也为后来苏东剧变的发生埋下了种子。

当然，这里需要特别指出的是，这些国家在艰难的改革探索过程中放弃了马克思主义的指导、放弃了共产党的领导地位，涣散甚至放弃了党的各级组织，放弃了党对新闻舆论的领导权，放任西方势力的"和平演变"，则是我们在后续的社会主义建设中必须吸取的经验教训。除此以外，长期教条式地对待马克思主义，僵化地对待社会主义建设模式；社会主义民主和法制建设滞后，党内缺乏民主，执政党日益脱离群众；长期忽视经济全面发展和人民物质文化需求；在民族问题上缺乏正确的认识，没有制定正确的民族政策及时化解矛盾问题；对外政策背离社会主义原则，严重损害了党和国家的威信；放松对党员群众的思想理论教育，导致理想信念淡化、是非观念模糊等等诸多问题，也是苏东剧变带给我们的惨痛教训。①正如邓小平同志所感叹的那样："社会主义究竟是什么样子，苏联搞了很多年，也并没有搞清楚。可能列宁的思路比较好，搞了个新经济政策，但

---

① 关于苏东剧变历史教训的观点，主要参见《国际共产主义运动史》，人民出版社 2017 年版，第 358—370 页。

是后来苏联的模式僵化了。"①

　　除了上述这些惨痛的教训，苏东剧变也给整个国际共产主义运动和世界社会主义发展带来严重挫折。一方面，社会主义阵地和势力范围急剧缩减，大批共产党员退党，党内出现分裂和社会民主党化的现象，国际共产主义力量遭受严重削弱，世界社会主义运动也随之转向低潮；另一方面，苏东剧变严重损害了马克思主义和科学社会主义的声誉和形象，不仅严重地动摇了人们对共产主义的思想信念和理论信心，对共产主义的发展造成严重阻碍，而且苏东剧变后，西方国家借助于这一事件大肆炒作，将苏联和东欧国家的失败归结为社会主义的"大崩溃""大失败"，污蔑共产党和共产主义制度，甚至大造历史虚无主义，否定共产党的领袖、否定共产主义历史和十月革命，丑化共产主义，否定共产主义前途，这对于国际共产主义运动的发展造成巨大的影响。

　　由此再来看同一时期中国的社会主义实践探索，同样也是曲折与矛盾同在，艰难与挑战并存。在1956年提前完成社会主义改造后，中国正式建立起了社会主义制度。结合自己在这一过程中的探索实践和苏联暴露的矛盾弊端，我们也开始就如何全面进行社会主义建设进行了认真探索，并以一种非常开放的姿态迎接社会主义建设发展的新课题。《论十大关系》《关于正确处理人民内部的矛盾的问题》以及党的八大路线就表明了这一点。毛泽东同志在1956年明确宣布，"要把国内外一切积极因素调动起来，为社会主义事业服务"，"我们的方针是，一切民族、一切国家的长处都要学，政治、经济、科学、技术、文学、艺术的一切真正好的东西都要

---

① 《邓小平文选》第3卷，人民出版社1993年版，第139页。

学"。"我们一定要努力把党内党外、国内国外的一切积极的因素，直接的、
间接的积极因素，全部调动起来，把我国建设成为一个强大的社会主义国
家。"① "有些人不了解共产党人为什么不但不怕资本主义，反而在一定的
条件下提倡它的发展。我们的回答是这样简单：拿资本主义的某种发展去
代替外国帝国主义和本国封建主义的压迫，不但是一个进步，而且是一个
不可避免的过程。它不但有利于资产阶级，同时也有利无产阶级，或者说
更有利于无产阶级。""我们的资本家是太少了"，而不是"太多了"②。字
里行间的鲜明态度，展现出中国共产党作为执政党对社会主义建设的复杂
性、艰巨性、全局性有着非常清醒的认识。

由此确立的系列主张即"八大路线"，正确分析研判了已经建设社会
主义制度后的新中国存在的主要矛盾以及面临的主要任务："社会主义制
度在我国基本建立起来"，"国内主要矛盾已经不再是工人阶级和资产阶级
的矛盾"，"全国人民的主要任务是集中力量发展社会生产力，实现国家工
业化，逐步满足人民日益增长的物质和文化需求"，"基本任务已经是在新
的生产关系下保护和发展生产力"③。如此，社会主义制度下促进经济社会
发展与有效满足广大人民对美好生活的需求之间的问题，便成为社会主义
建设中的核心问题。1956—1966 年因此也被称为"开始全面建设社会主义
的十年"④。

但正如毛泽东同志所言："解放后，三年恢复时期，对搞建设，我们

---

① 《毛泽东文集》第 8 卷，人民出版社 1999 年版，第 23、41、44 页。
② 《毛泽东选集》第 3 卷，人民出版社 1991 年版，第 133 页。
③ 《中共中央文献选编》，中共中央党校出版社 1994 年版，第 143 页。
④ 同上书，第 144 页。

是懵懵懂懂的。接着第一个五年计划，对建设还是懵懵懂懂的，只能基本上照搬苏联的办法，但总觉得不满意，心情不舒畅"，因此，"在社会主义建设上，我们还有很大的盲目性。社会主义经济，对于我们来说，还有许多未被认识的必然王国"①。党的八大上制定的这样一个既遵循中国社会主义发展客观实际，同时也符合社会发展进步要求的路线方针，随即却又在1957年召开的八届三中全会上发生变化，两大阶级、两条路线即"无产阶级与资产阶级"、"社会主义道路与资本主义道路"之间的斗争又被重新肯定为社会的主要矛盾，并用"鼓足干劲、力争上游、多快好省地建设社会主义"这样"充满激情"的"总路线"代替了原来那种务实的路线。特别是在十年"文革"期间，在"极左"思潮的盛行下，甚至出现了"宁要穷的社会主义，不要富的资本主义；宁要社会主义的草，不要资本主义的苗"等荒谬言论。排斥个体经济、消灭私有经济、以国家计划指令来配置整个社会资源的举措被发挥到极致。在其之外的任何追求个体私人财富的行为动机，都被看成是走资本主义道路的行为。实践再次证明：不顾本国国情特别是不顾生产力水平的限制，人为地超越生产关系搞穷过渡，而且在此过程中不能围绕现实社会主义遭遇的悖论式难题正确处理好计划与市场、封闭与开放的关系，不仅不能发展社会主义，反而会将国民经济推到崩溃的边缘。而这，也恰恰"迫使我们在1978年12月召开的党的十一届三中全会上进行改革"②，并通过对内改革、对外开放走出了一条中国特色社会主义道路。

---

① 《毛泽东文集》第8卷，人民出版社1999年版，第117、300、302页。
② 《邓小平文选》第2卷，人民出版社1994年版，第191页。

第 02 章

当今时代呼唤社会主义
走向复兴的综合审视

20 世纪 80 年代末，以弗朗西斯·福山为代表的西方学者们在东欧剧变、苏联解体的大背景下，抛出了"历史终结论"，宣称资本主义社会形态将构成"人类形态进化的终点"，资本主义是"历史的终结"。果真如此？西方著名学者德里达在其所著的《马克思的幽灵》中，批判"福山们"所歌颂的资本主义"胜利凯歌"是自欺欺人，掩耳盗铃，是为了掩盖资本主义世界的"危急、脆弱、危机四伏，甚至在某些方面处于灾难之中"的现实。在列举了西方资本主义制度在当代世界产生的"十大溃疡"后，德里达指出："这个世界出毛病了，它已经破败不堪"，"这是一个乱了套的年代"，"这个世界病得很厉害，一天不如一天"①。德里达由此得出结论：人类"不能没有马克思，没有对马克思的记忆，没有马克思的遗产，也就没有未来"。②大卫·哈维也在《资本主义社会的 17 个矛盾》中，

---

① ［法］德里达：《马克思的幽灵》，中国人民大学出版社 1999 年版，第 21 页。
② 同上书，第 113 页。

深刻揭示了隐藏在当代资本主义无法根本克服的深层危机。

德里达、大卫·哈维们的判断显然是正确的。在经历了20世纪八九十年代的苏东剧变之后，世界社会主义运动确实陷入了低潮。然而不过短短二十几年的时间，自由主义狼奔豕突、新帝国主义战车曾轰鸣、新冷战主义加紧演变、新霸权主义策划革命，这种大有将自由民主的"普世观念"和生产方式一统天下的狂飙突进，却在历史老人奇异翻转的手中露出原形。在经历了本世纪初的恐怖主义、国际金融危机后以及由此导致的系列矛盾危机后，主要资本主义国家开始陷入深深的危机，"历史终结论"日益走向终结，"自由繁荣"归于萧条，"普世价值"备受冷落，"和平演变"不受待见，"颜色革命"招怒众人。与此同时，经历了苏东剧变洗礼后的世界社会主义，从捍卫生存到积极作为，从应对防守到自主发展。这其中，在经历巨大波折而来的中国特色社会主义更是展现出了强大的生机活力。其他国家和地区的社会主义则各展其长，社会主义理念再被重视，左翼运动此起彼伏。总的来看，尽管资本主义现在仍在许多方面占据优势，但资本主义确实已经因其内在否定性在更广范围和更深层次的凸显，也预示着其将不可阻挡地走向衰落。为此，当代马克思主义者必须在把握国际垄断资本主义生成过程的基础上，揭示新自由主义阶段上国际垄断的矛盾样态和危机本质，阐明新自由主义阶段上世界体系中的各类型国家对复兴社会主义的典型表征，从而揭示出社会主义何以能够在21世纪走向复兴的现实依据。

一、资本主义走向国际垄断及其危机展现

20世纪90年代以来，新自由主义进入高速发展期。如果说在古典自

由主义时期，资本的积累仰赖非资本主义环境的滋养，那么到了新自由主义时期，世界范围内的两极分化，国家之间、城市之间的发展差距，就更加成为资本积累的充分必要条件。在新自由主义铺就的全球生产链中，我们可以清晰地看到这一景观，即高附加值的部分留给发达地区，低附加值的部分转移给不发达地区；清洁、安全的生产留给发达地区，环境污染、血汗工厂等转移给不发达地区。这种生产方式，用"临时契约"取代了"长期制度"，用"弹性积累"取代了福特主义积累体制，挑战了传统的国家主权形式，颠覆了分国界的劳动和环境监管，摧毁了二战后形成的福利制度框架，带来全球劳动分工、生产关系、福利供给、生活方式等的全方位巨变。

可以说，新自由主义的生产发展样态在国内国际向度上的渗透和蔓延，也使得资本积累结构下的垄断和不平衡样态，出现了系列新变化新发展。就国际向度而言，主要资本主义国家通过金融化、大数据、先进交通运输、互联网等技术手段不断重构资本积累的时空，"用时间消灭空间"，让"嫌贫爱富"的资本在全球生产链中迅捷流动，按己所需制造出一个个梯度差异的新市场空间。从主要资本主义国家内部来看，这些国家口口声声拒绝政府干预的新自由主义，事实却与政府权力紧密勾连。无论是在政府大力为金融机构松绑，把国有部门私有化从而将更大弹性引入劳动力市场，从幕后为垄断企业"输血"到危机时的公开"救市"等经济活动方面，还是在新自由主义政府或财团通过出资操控媒体、培养技术官僚、插手文化和意识形态生产来推动建构新自由主义话语体系方面都有体现。

主要资本主义国家在新自由主义阶段上依然具有的垄断特征，以及由此引发的国际国内诸领域不平衡发展，也意味着资本主义已经从凯恩斯主义时期的国家垄断资本主义，进入了以新自由主义模式为代表的国际垄断资本主义阶段。[①] 这里需要指出的是，在此过程中，原华沙条约组织国家纷纷改旗易帜走上资本主义道路和随后而来的苏联解体、冷战结束，以及克林顿政府的"华尔街—国际货币基金组织—美国财政部"的三位一体经济政策对世界经济的主导，似乎更加印证了新自由主义的无往不胜。为此，必须在秉承由《资本论》逻辑而来的列宁帝国主义论基础上，全面审视资本主义走向国际垄断的历程及其看似华美背后的重重危机。

（一）从自由竞争走向私人垄断

众所周知，资本主义发展到今天，经历了从自由竞争—私人垄断—国家垄断—国际垄断的阶段演变。而《帝国主义论》作者列宁生活的 19 世纪末至 20 世纪初，则恰值主要资本主义国家从私人竞争发展到私人垄断的阶段。从生产关系的视域来看，一方面，这一阶段上资本主义生产的明显特征，就是日益出现的各种垄断资本，开始加大资本集聚的规模和不变资本在资本有机构成中的占有比例，劳动创造率不断提升，但资本主义生产的平均利润率却逐步下降；另一方面，垄断资本凭借在金融领域和生产领域内的统治，在一定程度上以价格垄断缓和了平均利润下降的趋势。表面上，资本对价格的垄断保障了资本主义商品生产的利润和盈利空间，实际上却不得不使空前的生产规模面临刚性的垄断价格。社会需求对商品的

---

① 总体而言，类似古典自由主义或新自由主义这样的表达，主要侧重经济学的分析视角来看待资本主义的演变发展。而国家垄断资本主义和国际垄断资本主义这样的表达，则主要是运用列宁帝国主义论的分析框架而来的对资本主义发展阶段的研判。区别于之前的经济学解释而言，这是一种马克思主义政治经济学的表达。

需求是有限的，资本贫困积累中存在的广大劳动者在经济上的贫困积累
（即工人所获得的工资，仅仅被限制在维系劳动力生产所必需的生活资料
的交换价值水平），使得以追求交换价值为目的的资本主义生产出的大量
商品，无法在有限的市场需求中得到消化。加之这一阶段的垄断又削弱了
市场对价格机制的调节作用，这就进一步使得资本主义的商品生产难以被
社会成比例的吸收，最终形成一个伴随资本主义垄断而来的"不变资本增
加—资本有机构成提高—平均利润率趋近于零—价格垄断—商品需求大幅
降低—生产过剩—工人失业—结构性经济危机"的怪圈。

　　于是，我们看到，在新自由主义阶段前的古典自由主义时期，奔走于
世界各地的那种舰炮掩护下的殖民扩张，就自然地成了解决资本积累难题
的方便法门。在此背景下，一个以资本扩张为目的、以暴力殖民为手段、
以国内国际市场为舞台的资本主义世界体系开始确立。各种垄断组织、输
出资本、世界市场成了这种资本积累的发展要素。在列宁看来，主要资本
主义国家通过"许多特别尖锐特别剧烈的矛盾、摩擦和冲突"[1]，使得当时
的资本积累格局就国际向度而言，造成了"极少数最富的国家享有垄断高
额利润"。相应的贫困积累代价，则开始在舰炮政策的掩护下被有过之而
无不及地复制拓展到边缘落后国家；而就资本积累格局的国内向度而言，
则是这些国家的资产阶级利用垄断取得的超额剩余价值，"通过分裂工人、
加强工人中间的机会主义、造成工人运动腐化"[2]来维系自身的支配性
地位。

---

[1] 《列宁专题文集（论资本主义）》，人民出版社 2009 年版，第 175 页。
[2] 同上书，第 190—192 页。

在此基础上，列宁在同时期系列关于帝国主义问题研究的基础上，紧紧抓住 20 世纪初资本积累结构的总体态势，敏锐地指出垄断已经代替之前的自由竞争，成为资本主义国家生产领域的主要特征。列宁通过对"金融资本和金融寡头"这一垄断的突出代表在世界范围内对本国无产阶级和殖民地半殖民地国家实际支配的现实，进一步得出这一阶段的历史本质，即进入垄断阶段的资本主义，其本质就是"资本帝国主义"①。在列宁看来，资本主义在垄断阶段上充分呈现的资本积累与贫困积累的矛盾对立，以及这种矛盾对立在国内国际维度上全方位多角度渗透蔓延的格局和趋势，使得这种经济上进入垄断且政治上充满寡头统治色彩的资本帝国主义内含的"寄生性"和"腐朽性"暴露无遗。列宁由此进一步断言：帝国主义乃是资本主义发展的最高和最后阶段，因而也是"垂死的资本主义"和"无产阶级社会革命的前夜"。可以说，这种将《资本论》中的资本积累模型拓展到整个资本主义世界体系的尝试，无疑对人们认清厘清资本主义的阶段特征、本质内涵、历史地位及未来走向具有重大意义。

资本主义从私人竞争演变到私人垄断阶段，无疑在资本逻辑的向度上推动了整个社会生产力的巨大发展，但其内含的诸多不和谐要素同样也是明显的。这突出表现在这一时期的资产阶级对本国工人阶级的残酷剥削，以及舰炮掩护下的对诸多殖民地的野蛮掠夺。资本积累过程中的这一矛盾，不仅直接导致主要资本主义国家内部甚至发生在主要资本主义国家间的世界大战，同时也在世界范围内不断遭遇到各种抵抗。为了维系资本积累结构的内在稳定性，19 世纪末 20 世纪初以来，主要资本主义国家也分

---

① 《列宁专题文集（论资本主义）》，人民出版社 2009 年版，第 175 页。

别在自身内部推行了八小时工作制、三八国际妇女劳动节、五一劳动节等旨在缓解广大工人阶级贫困积累程度的经济社会改革，以图缓解并最终克服如影随形的制度性危机。

（二）从私人垄断走向国家垄断

根本上由资本逻辑引发的矛盾危机，并不会因为资本主义发展过程的小修小补就彻底消除。在考察了《资本论》第二卷"资本的流通过程"中的货币资本、生产资本和商品资本的循环周转和两大部类的社会生产后，马克思就曾揭示剩余价值生产与剩余价值实现之间存着这样一种必然的矛盾，这一矛盾在现实中表现为利润与工资的"跷跷板"效应。马克思指出："危机每一次都恰好有这样一个时期做准备，在这个时期，工资会普遍提高，工人阶级实际上也会从供消费用的那部分年产品中得到较大的一份……资本主义生产包含着各种和善意或恶意无关的条件，这些条件只不过让工人阶级暂时享受一下相对的繁荣。"[1] 这一内在矛盾同样也表明，面对剩余价值生产与剩余价值实现的矛盾，以及这一期间组织起来的工人阶级抗争，只要资本主义生产方式还要维系下去，资本主义国家就必须探索构建起有效的"政府—资本—劳动"框架，从而在处理好资本与劳动关系的过程中，更好化解生产与需求的矛盾。这也意味着，为了克服过剩性危机，为了将商品卖出去，资本家必须抬高工人工资，让工人的工资能够买得起商品，让工人阶级的需求成为社会有效需求，这事实上也成了国家垄断资本主义阶段上凯恩斯经济学暗中依据的原理。

---

[1] 《马克思恩格斯文集》第 6 卷，人民出版社 2009 年版，第 457 页。

以美国为例，1929 年 10 月，华尔街股市崩盘，一场世界性大萧条应声而至。与此同时，受世界产业工人联合会（Industrial Workers of the World，简称 IWW）的影响，美国左翼政治力量先后组织了 1930 年全美 100 万失业工人游行、1931 年芝加哥失业工人游行、1934 年的三场罢工及 1935 年的纽约五一大游行。愤怒的工人举起列宁和斯大林画像走上街头。在内有工人阶级激烈反抗、外有社会主义国家苏联对照的严峻形势下，倒逼美国政府推出罗斯福"新政"。[①]

新政的内容可以概括为三方面：一是高额累进税；二是工业、农业与金融业的全方位政府管制；三是社会保障和社会福利制度。其中，被自由主义视为最"离经叛道"的，是以工代赈，即政府大量投资基础设施用以解决工人就业。罗斯福还颁发了《社会安全福利法》《全国劳动关系法》《公平劳动标准法》等，用以提高工人福利，保障工会权利，缓和劳资矛盾。商人们哀悼"自由资本主义"的终结，自由主义的保守派更是怒不可遏，叫嚣道："罗斯福的新政充满了共产主义俄国的臭味。"[②] 可以说，从资本积累结构的内在特征而言，这一阶段最为显著的变化，就是国家和政府的权力，开始更多地介入了促使劳资矛盾走向平衡的实践中，并从国家战略层面上对涉及国民经济生产和国民收入分配的社会保险、失业救济、义务教育、家庭补助等诸多领域作出规划和调节。由此，资本主义开始从私人垄断过渡到了国家垄断资本主义阶段。

---

① ［美］道格拉斯·多德：《资本主义经济学批评史》，熊婴、陶李译，江苏人民出版社 2008 年版，第 172 页。
② ［美］威廉·曼彻斯特：《光荣与梦想：1932—1972 年美国社会实录》，朱协译，海南出版社 2004 年版，第 110 页。

需要特别指出的是，从资本积累的内在矛盾以及新政出台的背景来看，我们必须看到，这种新政绝对不是资产阶级自愿的慈善事业，而是资本主义迫于严峻的内在危机和外部压力，不得不在尽量小的民族国家范围内，就资本积累与贫困积累的矛盾对立作出的自我改良。因此，这是一种并不是为广大劳动人民福祉，而仅仅是在面对资本主义危机时出于继续维护、巩固和拓展资本主义稳定发展的一种自救行为。相应地，国家政权与私人垄断资本相结合，干预整个社会的政治和经济生活，打破社会生产的无政府状态、推动经济发展和提高就业率，也成了各主要资本主义国家普遍采取的制度安排。原先激烈对抗的劳资矛盾，在这一框架下得到很大程度上的化解，形成了以政府、企业、工会三方的制衡合作关系。具体而言，就是政府承担起保障工人社会福利，保障工会合法化的集体谈判和工资议价的职能；企业则向工会承诺与工人分享由投资和生产率进步所产生的收益；工会则向企业承诺对工资增长要求加以自我约束。资本主义国家这种对生产关系的自觉调整，确实推动资本主义进入了史上最为"文明"的时期，并有力推动了资本主义经济的高速发展。比如：美国迎来了战后资本主义发展的"黄金时代"。日本在"教育、家庭和终生就业体系"下，实现了经济发展的奇迹。西欧等发达资本主义国家在"马歇尔计划"的基础上，走向了 20 世纪 50 年代的经济繁荣，并在 1993 年建立欧盟。

尽管如此，国家垄断下的资本主义，仍没有摆脱结构性的经济危机怪圈，财富收入及分配的两极分化、生产过剩、财政赤字等问题依然层出不穷。此外，由于工会在这一全新的资本积累结构框架中，被纳入资本主义国家的整体制度架构之内，原本已在 20 世纪初的改良主义和修正主义中日渐失去斗志的工人阶级和工会组织，经此一站更加丧失了政治独立性，甚至直接成为了资本主义政党的票仓。与之相应，1937 至 1947 年的 10 年间，美国独立左翼政党的支持率大幅下降，之后基本失去存在感。而在经历了 20 世纪 70 年代的"滞胀"危机后，主张推行新自由主义的撒切尔政府和里根政府等对工会和工人运动实施铁腕镇压，更让工会组织遭到重创，世界劳工运动陷入低谷。[①]

从资本主义越是发展自己，就越是生成否定自己力量的铁律来看，国家垄断资本主义实质上乃是资本主义在发达民族国家内部，走向自我否定的特殊历史阶段。而资本主义每每走向自我否定，也就会伴生出与这一阶段相匹配的社会主义因素。这也是这一阶段上，主要资本主义国家内部呈现出社会化、国有化、高福利等许多社会主义景观，以及国有和私有、人民和资本、外柔与内刚、社会主义和资本主义的内在张力异常丰富多元且复杂的根源。

（三）从国家垄断走向国际垄断

20 世纪 80 年代末 90 年代初以来的全球化进程，可以概括为新自由主义全球化的进程。虽然围绕新自由主义这一发展模式而来的思想认知可谓学派林立，体系庞杂，但其核心观点[②]主要包括下述几大方面。第一，在经济理论方面，新自由主义继承了资产阶级古典自由主义经济理论的自由经营、自由贸易等思想，大力宣扬自由化、私有化和市场化"三

---

① 关于资本主义从私人垄断上升到国家垄断中的相关内容，本书参考了沈斐：《人类命运共同体：世界福利社会的一个建设方案》，《毛泽东邓小平理论研究》2020 年第 1 期中的表述，在此注明特表感谢。

② 关于新自由主义思潮核心观点的定义，本书主要参见了中国社会科学院课题组：《新自由主义研究》，《经济学家》2004 年第 2 期的观点概述。

化"思想。在他们看来，自由是效率的前提，私有制是推动整个经济社会发展的基础，而市场则是有效配置资源的根本有效方式，因此必须反对任何形式的国家干预。第二，在政治理论方面：新自由主义特别强调和坚持三个"否定"：（1）否定公有制。几乎所有的新自由主义者都一致地认为，当集体化的范围扩大了之后，经济将变得更糟而不是具有更高的生产率。（2）否定社会主义。在新自由主义者们看来，社会主义就是对自由的限制和否定，必然导致集权主义，因此，社会主义是一条"通往奴役之路"。（3）否定国家干预。在他们看来，任何形式的国家干预都只能造成经济效率的损失。第三，在战略和政策方面：新自由主义无视各国因国情差异而生产的政治文化多元化的事实，极力强调推行以超级大国为主导的全球经济、政治、文化一体化，即全球资本主义化。

结合资本主义发展过程来看，20 世纪上半叶的凯恩斯主义和罗斯福新政、二战以后的民主社会主义，都以释放压抑的需求、实现经济增长由投资驱动到需求拉动为特征。但到了 20 世纪六七十年代，发达资本主义国家经济先后进入滞胀时期。它表明，在当时的资本主义国家内部，再依靠供求关系来推动经济增长已经不再可能。这既是资本主义制度的危机，也是已经与资本主义制度实现一体化的民主社会主义的危机。因为，如果把国家垄断资本主义阶段上的福利国家政策看成是化解资本主义国家内部矛盾的一种阶段性政策，那么，与推行这一福利政策相对应的资本积累结构，如今因为在根本上阻滞了资本逻辑的出路，必定要求在扬弃自身过程中，迈向更高的发展阶段。也正是从这个意义上讲，国家垄断资本主义阶段上出现的危机，本来也是发达资本主义国家在面对现有生产方式的自我否定中，在国内迈向比福利国家和福利社会更加激进的共产主义社会的历史信号。作为目标的社会主义何以能够走向复兴，正是在此背景下开始成为了一个现实的命题。

20世纪90年代以来，新自由主义在政治、经济、文化、社会、军事等各个方面已经形成各种霸权同盟和利益关系，并呈现出以下特征：（1）跨国公司数量激增，生产、消费、流通和分配的国际化程度加深，以巨型跨国公司为主体的国际垄断资本在世界经济中逐步处于主导地位，成为当今经济全球化的主要载体。（2）国际化垄断组织的资本聚集规模更加庞大，它们凭借对生产、投资、金融、贸易和知识产权的统治地位，日益成为全球分工产业体系中的实际主导者，全方位地经营和掌控了国际生产网络。（3）进入国际垄断阶段的资本主义利用金融霸权和货币机制控制了世界的经济，为数不多的跨国银行和金融集团成为操控全球经济大动脉的幕后推手，股票、房市、能源、高精尖产业等都概莫能外。（4）以"普世价值"为轴心的文化霸权成为国际垄断资本主义肆虐全球的先锋思想，强大军事霸权则为国际垄断资本主义的全球扩张提供强制性保障，和平与战争两种手段并用，共同支撑着国际垄断资本主义上层建筑。（5）关税、核心技术、专利、生产外包、自然掠夺等成为资本主义寄生和延续的新形式，"核心—边缘"和"两头在内、中间在外"结构成为资本主义发财致富的当代模型。（6）当代世界体系内部已然出现资产阶级的国际性联合，主要资本主义国家内部的劳资关系也呈现出时有时无的妥协性趋势，如资产阶级和无产阶级之间的阶级对抗和武力冲突畸变为提高国民"福利待遇"的游行、国内意识形态的较量出现了暂时的缓和等等。从上述特征中，我们可以发现一个毋庸置疑的事实，即主要资本主义国家已经突破国家垄断资本主义的基本框架并过渡到国际垄断资本主义阶段。

当然，这里需要特别指出的是，因资本内在否定性而使得主要资本主义国家在发展演变中呈现的从私人垄断—国家垄断—国际垄断的进程，决不是说这三个阶段就是截然不同、彼此分开且毫不关联的。事实上，这三个阶段更多地是对资本主义不同阶段主要特点或主要样态的概括，且始终处于密不可分、相互缠绕、相互促推的关系中。也就是说，资本主义进入到国家垄断阶段，这并不是说之前的私人垄断和国家垄断就全然消失或被完全取代。这就如资本诞生以来，其虽然经历了从产业资本到金融资本进而数字资本的发展样态，但后者的出现，并不意味着前者就消失了或者完全被后者取代那样。作为一种范式的转换，后者开始在生产交往中更显主流主导的特征，而前者则被降维成为一种特例，被包含在了这一新的范式之内。这也是为什么随着网络信息技术的进步，我们虽然逐渐进入了数字经济时代，但之前各种资本样态仍然继续存在的原因。不仅如此，有且只有把之前的各种资本形态放置在数字经济这一新范式中去理解，才能更好把握其存在的境遇特征，进而更好发挥其历史作用。概而言之，在当今国际垄断资本的大厦之内，作为基本层面上的私人垄断和局部范围内的国家垄断，其仍然存在并发展着。资本逻辑此时只是将资本内在秉性及其运行态势，在更宽广的国际生产和交往中呈现出来，并不断形塑有利于自身扩张增值的全球经济基础和上层建筑。

以此逻辑再来反思列宁关于进入到垄断阶段的资本主义即帝国主义，特别是列宁关于帝国主义具有垂死性的分析，就一定要结合垄断的阶段性特征来把握。事实上，伴随着主要资本主义国家在进入垄断阶段后呈现的"腐而不朽、垂而不死"的现实景观，再加之分析框架和价值立场上的差异，针对列宁这一论断的质疑也一直没有停止过。一些西方学者如安东尼奥·奈格里、迈克尔·哈特就认为列宁的帝国主义论是对正统马克思主义的庸俗化，毫无科学性可言，因此不能作为研究帝国主义问题的理论基础。法国哲学家亨利·列菲弗尔认为，列宁关于帝国主义是资本主义最后阶段的观点是鲁莽的。① 俄罗斯学者奇布里科夫、奥萨德恰娅等人认为，列宁关于帝国主义是寄生的、腐朽的和垂死的资本主义的论断与当代资本主义的现状相距太远，不适用于社会现实。② 但基于列宁帝国主义论的分析框架以及由此所揭示的垄断在资本主义不同发展阶段上的历史演变，我们可以清楚地看到，在垄断的不同阶段上，资本主义基本矛盾无论是在广度、深度上，都在朝着资本主义越是发展就越是走向自身对立面的方向渗透、蔓延及拓展。

因此，对列宁关于帝国主义具有垂死性的分析理解，我们一定要把握好下述几点。第一，充分运用《资本论》的逻辑分析 20 世纪初的资本主义世界体系基础上形成的《帝国主义论》，其就资本主义特征趋势和社会主义的开启方式的分析研判更多地是在原理方法层面上的研判。即帝国主义主义的内在垄断特征，根本地规定了这是一个资本主义走向更高的新文明类型过渡的历史阶段。因而，这个阶段的资本主义必然是垂死的资本主义。换句话说，帝国主义就是资本主义走向社会主义的过渡阶段。第二，正因为这种垂死性是在不同类型社会交替的过渡阶段背景下发生的，而这种过渡性虽然符合"两个必然"，但也必须遵循"两个决不会"要求。因

---

① ［法］亨利·列菲弗尔：《论国家——从黑格尔到斯大林和毛泽东》，李青宜等译，重庆出版社 1988 年版，第 212 页。
② 参见刘淑春：《前苏联学术界对列宁的帝国主义理论的几个问题的看法》，《马克思主义与现实》1994 年第 1 期。

此，这样的垂死性就绝不意味着帝国主义会马上死亡迅速消失。相反，这种垂死性更多地揭示了这种类型的资本主义总的必然趋势，它注定是一个过程。而且这个过程的长短，必须根据资本主义在这一阶段上的生产及再生产样态来进行动态的而非僵死的把握。这一点正如美国学者詹姆斯·布劳特所言："列宁'帝国主义论'并不像某些人想当然认为的那样预言资本主义将会在短时期内迅速垮台。实际上，其仅仅作出了这样一种预判：帝国主义时期内必然充满了罢工、战争、起义，以及其他类似的社会动荡，以后或早或迟就是社会主义的全面来临。"[①] 第三，综上所述，我们必须看到，到目前为止，列宁的帝国主义论依然是我们分析研判资本主义特征趋势和社会主义开启方式的最好分析范式。因此，在原理方法而非僵死教条的层面上来把握帝国主义的垂死性，通过深入地研究资本主义的新变化新发展并及时地揭示资本主义新特征新趋势以及现实社会主义的实践要求，仍然是当代马克思主义者必须坚守的使命。

如前所述，以追求资本增殖为轴心的资本主义生产方式在世界范围内的大肆扩张，以及由此而来的资本主义从国家垄断走向国际垄断，除了借助与交通、信息与科技革命的荣光外，其根本原因，还是原来的那种由民主社会主义宣扬的、即偏向通过政府引导或主导来修复资本和劳动间矛盾的积累结构，在利润率下降的现实威胁下已难以维系。由此，无剩余不追求的资本秉性开始冲破既有的思想认识并通过宣扬自由化、私有化和市场化以及否定公有制、否定社会主义、否定国家干预"三个否定"，为自己在国内进而整个世界范围内开辟道路。因此，在综合把握资本主义走向国

---

① 　J. M. Blaut, "Evaluating Imperialism", *Science & Society*, Vol.61, No.3, 1997, p.388.

际垄断的历史进程后，需要结合这一阶段变化发展的社会生产和再生产样态，充分认识国际垄断资本主义阶段的样态特征以及由此导致的矛盾危机，这是我们理解为什么在新自由主义突飞猛进的 21 世纪里，各国共产党人仍然为社会主义真理不懈奋斗提供了历史背景。

第一，资本主义的生产和发展样态虽然出现了巨大的变化，但资本以追求增殖为唯一目的的秉性没有丝毫改变。正是这种追求全球超额剩余价值的资本欲望，驱使国家垄断资本主义扩张到世界各地，继而进入了国际垄断资本主义这一新阶段。资本要实现最大程度的增殖，必须持续不断地开拓资本增殖的新空间。资本主义生产方式的生存必须依赖以资本扩张动力和市场空间二者统一组成的资本扩张系统，需要无止境地吸吮自然界的自然力、劳动者的自然力和社会劳动的自然力来实现资本扩张。这种为了实现资本增殖而不遗余力的向大自然开战、向全世界劳动者开战和向"总体工人"的集体力量开战的扩张系统，同时也不可避免地导致了严重的生态危机、人的发展危机和社会结构性的经济危机。进入到国际垄断资本主义阶段的资本主义生产体系，不仅能将这些危机"转嫁"到发展中国家和落后地区，而且还能以极小的代价和国际垄断资本主义所特有的方式从这些地区掠夺生态资源和超额剩余价值。

第二，借助垄断资本力量操控全球经济发展的意图更加明显。在国际垄断资本主义阶段，一国的垄断资本迅速向国际扩张，为数不多的跨国银行可以在国际范围内纵横驰骋并控制全球经济大动脉，国际性垄断组织能恣意掀起接连不断的金融战、货币战、信息战、资源战、贸易战及教育限制等等，持续不断地从全球各地掠夺财富、资源和剩余价值。因此，我们经常会看到这种现象，资本主义经济学家们在世界市场到处鼓吹金融自由

化和金融全球化，威逼利诱发展中国家和落后国家放开市场约束和资本项
目投资。一旦发展中国家对国际金融垄断资本放松限制，那么，其脆弱的
金融市场监管体系及金融系统在起步阶段就很容易陷入国际金融投资巨头
的操控之下。在这种"中心"国家地区汲取"外围"国家地区剩余价值和
资源的绿色通道下，大多数发展中国家在数十年间积累的财富很容易便被
这些掌握实际垄断权的国际金融资本洗劫一空。主要资本主义国家利用其
在贸易、货币、金融、军事和国际组织中的优势地位，在迅速瓦解发展中
国家的经济安全屏障的过程中不断强化"中心—外围"格局，并借此不断
榨取外围国家和民族的资源和财富，从而巩固自己的独占或寡占地位，保
证其发展和繁荣。

　　第三，不平等的国际分工和两极分化的全球经济格局得以进一步发展。
在"资本—劳动"关系上，国际垄断资本的空间扩张能在世界范围内布局
生产链继而实现全球劳工套利，而拥有一支规模庞大的低成本全球劳动力
大军就为资本实现全球积累提供了可能。资本主义生产方式本就是扩张性
的，加之一些发展中国家和落后地区为实现本国 GDP 增长，在招商引资中
对国际垄断资本给予了税收、信贷等方面的超国民待遇，使得国际垄断资
本更能在公平贸易及支持发展中国家的文明口号中从发展中国家源源不断
地获取超额剩余价值。在"资本—资本"关系上，国际垄断资本凭借自身
的先发优势，牢牢控制着自己的全球合作伙伴。在当今的国际分工体系分
工体系中，存在大量的不平等和不均衡因素，处于专业化链条最上端的跨
国公司通过对产品核心技术和知识产权的牢牢掌握，使得他们得以在垄断
高价（研发设计与销售端）和垄断低价（原材料和劳动力）中实现了世界
范围内的超额剩余价值。与此同时，在金融自由化和全球化的态势下，金

融资本从服务于产业资本转变为凌驾于产业资本之上，居于资源配置顶端的金融寡头获取全球剩余价值的便利性大大增强。在"国家—资本"关系上，资本主义国家极力维护国际垄断资本的利益，资产阶级政府则成为国际金融寡头掠夺全球剩余价值的工具。国家为资本实现增殖大开方便之门，而政府选举和运行则依赖财阀集团的资金支持，二者沆瀣一气，为掠夺全球剩余价值无所不用其极。在"国家—国家"关系上，国际垄断资本主义一方面依赖军事强硬手段逼迫他国服从资本主义生产方式的扩张，另一方面依赖资本主义文化价值观及研发知识产权掠夺全球人民的血汗。

第四，国际垄断资本主义阶段"一霸数盟"格局的形成。国际垄断资本主义在政治、经济、文化及军事领域结成的各种同盟和霸权关系，更有利于其对全球各地进行垄断和压迫。一方面是以美、英、德、法、日、意、加七国集团为主体的国际垄断资本主义经济和政治同盟，它们服从国际垄断资本的逐利意志，不遗余力地通过各种措施，诱导发展中国家融入新自由主义体系。例如通过议程设置、典型示范甚至威逼利诱等方式，要求与其进行经贸往来的外围国家和民族实现生产资料的私有化和完全化的市场化，以便国际垄断资本的自由进出，进而为后面通过金融投机大肆掠夺他国财富打好基础。另一方面，是以北约国家为主体的国际垄断资本主义的军事和政治同盟。北约集团原先是冷战时期以抗衡和遏制苏联东欧国家的发达资本主义国家同盟。冷战结束后，北约已经成为美国等主要资本主义国家实现全球利益的军事工具，并且当前还在极力扩张北约的势力范围，以为以美国为代表的霸权国家在世界范围内获利提供军事武力保障。除了以上两个方面外，还有与经济及军事霸权不同的、即以西方"普世价值观"为主导的文化霸权。文化价值观的渗透虽然长期的、缓慢的和潜移默化的，但其带来的资本收益确实长期的、可观的和巨大的。一旦发展中国家及落后地区落入了西方"普世文化价值观"陷阱，即将这一所谓"普世价值"看成是当今时代的普遍且唯一的法则，那么对这种"普世价值观"拥有绝对解释权的主要资本主义国家便能在占领全球道义制高点并掌握全球话语权的过程中，更为有效地将整个世界地编制进服务自身资本增殖的逻辑甬道。这种霸权所导致的危机，也恰恰是当今世界不稳定态势的根源所在。

的确，剩余价值规律是资本主义生产方式的绝对规律。国际垄断资本主义阶段呈现的上述形态特征，无疑再度印证了马克思的资本积累理论的深刻性和历史正确性。在此过程中，资本家获取剩余价值的手段在更趋多样的同时，其形式也更加隐蔽、更加"文明"、更加复杂。但所有这些，都不能从根本上解决其内含的矛盾与危机。

第一，国际垄断框架视野下的资本主义金融危机。目前，以美国为首的西方资本主义国家在全球资本积累结构的框架内，大多将实体经济转嫁到发展中国家和落后地区，国内则集中资本力量进行金融创新。这种现代资本积累方式既为资本主义国家带来了高效的资本收益率，同时也为国际垄断阶段条件下的资本主义埋下了爆发金融危机的祸根。以美国为例，当今美国已经是国际金融市场和世界金融体系的中心，其世界贸易和国际金融在国民经济所占的比重中要远超世界各国的国民经济。美国为了最大化的推动世界经济金融化，创造了"泛金融化"体系，这就导致本国的金融资本成为碾压实体经济的主要经济形式。"泛金融化"也就是让金融逻辑辐射日常生活的方方面面，成为日常经济生活的普适性逻辑，为此"公共福利中的助学贷款、幼儿基金、贷款、房屋抵押款、信用卡还款、健康

保险、个人养老金等都纳入金融运转体系之中"①。不仅如此，美国还采取
"杠杆调节"的方式来调节社会的和个人的资产。从现有的数据来看，美
国国内最大的 10 家银行及非银行金融机构的金融总资产，其占全美金融
总资产的比重从 1990 年的 10%，迅猛增长到 2018 年的 50% 左右，金融
垄断的速度可谓空前。在美国《财富》杂志 1999 年公布的世界 500 强企
业中，大银行和大金融机构就占了 64 家。在排名前 50 的大企业中，大金
融企业占了 12 家。2005 年，世界 500 强企业的前 50 名，大金融企业占到
了 15 家。而从整个世界范围来看，全球金融资本（包括股票、债券、其
他证券和银行存款，不包括不通过市场进行买卖的金融衍生品和私人持有
资产）的总规模也处于快速增长过程中。如在 1980 年，全球金融资产的
规模为 12.1 万亿美元，占全球当年总产出（GDP）的 109%。2000 年时，
总额猛增到 97.6 万亿美元，占全球当年总产出的比例为 312%。到了 2007
年，全球股票、证券、其他证券和银行存款等金融资产总额则高达 165 万
亿美元，占当年全球总产出的 331%。②

　　毋庸置疑的是，资本主义经济生活已经构建了盘根错节和无孔不入的
社会金融网络，全社会的民众的经济生活都被纳入了金融网络之中。金融
网络的优点就在于吸收社会财富，把全民都转变为网络中的一分子，同时
进一步把金融网络所吸收的货币投资向实体经济以抵御经济衰退。然而，
其所吸纳的财富并不可能全部都流向实体经济领域，因此还有很大一部分
在金融系统中进行反复的购买行动，由此便形成了虚拟经济总量（股票市

---

① 何萍：《从全球话语霸权解析全球金融危机》，《哲学动态》2018 年第 7 期。
② 李琮：《当代资本主义阶段性发展与世界剧变》，社会科学文献出版社 2013 年版，第
339—340 页。

值）超过实体经济资产的虚拟经济体系。从资本积累结构的视角来看，上述财富增长模式极大地增加了社会的不稳定性。其中，特别是金融化过程产生的虚拟经济体系和实体经济间的矛盾，在资本主义世界体系中表现得尤为明显。在以"理性经济人"和单面"资本利益最大化"为内核的唯经济发展观指引下，便创生了现实资本主义财富生产的诸多荒诞事件，其表现就是作为形式因的资本财富大大突破了现实资本积累可以承载的极限，大大超过了对实体经济索取权积累的极限而使当代资本主义经济社会变得如临深渊、岌岌可危。它正如一个被倒置了的金字塔，在"实际产量"上堆叠的"产权索求"越来越多，最终导致了这座倒金字塔变得越来越摇摆不定。2008 年肇始于美国华尔街并给全世界带来了深刻危难的金融危机，便是国际垄断框架视野下资本主义金融危机的最好注脚。

　　第二，国际垄断框架视野下资本主义带来的贫富两极分化。在资本社会化和经济全球化的今天，资本主义社会经历了几百年的发展积淀后，其物质财富空前繁荣，民众福利水平空前提高，特别是在从绝对贫困向相对贫困转型中出现的广大"中产阶级"的形成，实现了社会生活的巨大历史转变，为资本主义社会的稳定繁荣奠定了坚实的基础。那么，当今看似繁荣发展的资本主义社会，似乎资本诞生之初的"恶之花"已经彻底铲除，似乎资本文明已根本消除了财富悖论，成为全球化时代的文明标杆，果真如此吗？在这一点上，可以说对比于当代资本主义在科技进步和物质财富方面所取得的如此巨大的成就而言，以资本逻辑为主导的当代社会在缩小贫富差距方面所取得的进展，则可以说是微不足道甚至忽略不计的，而这恰恰又是真正体现人类社会总体进步的核心关键指标。据世界银行估计，2008 年全球有 12.9 亿极端贫困人口，他们每人每天生活费用在 1.25 美元以下，这相当于全球发展中国家和地区总人口的 22% 仍生活在极端贫困线以下。根据 2021 年 11 月最新的《Poverty Trends：Global，Regional and National》报告，2021 年预计仍有 6.98 亿人生活在极端贫困之中，极端贫困线下人口的生活费，每人每天不足 1.9 美元。18.03 亿人生活在贫困线之下，超过 32.93 亿人每天的生活花费仅有 5.50 美元。在《21 世纪资本论》中，法国作家托马斯·皮凯蒂再次指出："自 2010 年以来全球财富不公平程度似乎与欧洲在 1900—1910 年的财富差距相似。最富的 0.1% 人群大约拥有全球财富总额的 20%，最富的 1% 拥有约 50%，而最富的 10% 则拥有总额的 80%—90%。"[①] 可以说，国际垄断资本主义阶段的贫富两极分化，无论是在主要资本主义国家与边缘落后国家之间、还是在发达资本主义国家内部都表现得极为明显。

国际垄断资本资本主义阶段各国间的贫富分化。萨米尔·阿明曾经说过，与资本主义相联系的现代全球化进程，其在本质上必将导致贫富两极分化。的确，在资本全球不对称积累格局下，中心地带的发达国家和外围边缘地带的发展中国家或欠发达国家的贫富差距，却令人惊愕不安。"近 50 年来，全球生产的物质财富按国民生产总值计算，增长仅 6 倍。但仅占世界人口 20% 的少数富国与一批穷国，其占社会财富的比例，则从 1960 年的 30∶1，扩大到 1997 年的 74∶1。联合国《2000 年发展报告》曾指出，当今世界 3 个最大的亿万富豪占有的财富，比 48 个最贫穷国家一年的国内生产总值的总和还要多。"[②] 拥有全球五分之一人口的

---

① ［法］托马斯·皮凯蒂：《21 世纪资本论》，巴曙松等译，中信出版社 2014 年版，第 451 页。
② 李宗富：《经济全球化与劳动阶级的解放》，《中国人民大学学报》2001 年第 4 期。

最发达国家，其占全世界的 GDP 总量为 86%，而拥有全球五分之一人口的最贫困国家，其占全球 GDP 的总量则仅为 1%。[①] 而据世界银行 2003 年《世界发展报告》来看，发达资本主义国家和发展中国家的人均收入也呈现极化态势，具体而言，这两种类型国家的人均收入差距从 1960 年的 30：1，急剧扩大到了 1999 年的 300：1。其中，美国的人均收入在 2001 年为 34870 美元，同年度的英国为 24230 美元，而同时期占世界人口将近半数的 49 个最贫穷国家的人均收入，则只有 430 美元。[②] 丹尼·罗德里克（Dani Rodrik）的研究也表明，最富裕的国家与最贫穷的国家在人均收入上的比率已经发展到了 80：1 的骇人程度。[③]

　　主要资本国家内部也存在贫富两极分化。美国诺贝尔经济学奖获得者约瑟夫·斯蒂格利茨在《不平等的代价》一书中指出，人变得更富有，富人中的最富裕群体更是如此。穷人不但变得更穷，而且数量也更多。中产阶级正在被掏空，他们的收入不是停滞就是下降，他们与真正富人之间的差距在增大。他指出，美国社会在 1979—2007 年这三十年间的贫富差距在不断扩大，位于社会最上层的 1% 群体的税后收入增长了 275%，而处于社会中层的 21%—80% 的社会群体的收入增长了不到 40%，处于社会最底层的 20% 的社会群体的收入只增长了 18% 左右。这期间，在工资性的收入方面，从 1979—2006 年，上层 1% 群体的工资上涨了 144%，其中处于最顶层的 0.1% 群体的工资上涨比例甚至达到了 324%。整个上层

---

① 刘洪主编：《国际经济年鉴（1999）》，中国统计出版社 1999 年版，第 87 页。
② 转引自［美］约翰·伊斯比斯特：《靠不住的诺言——贫穷和第三世界发展的背离》，蔡志海译，广东人民出版社 2006 年版，第 26 页。
③ ［美］丹尼·罗德里克：《全球化的悖论》，廖丽华译，中国人民大学出版社 2011 年版，第 116、137 页。

1% 群体从工资上涨中所获得的收益是底层 90% 群体的二十多倍。与此同时，美国中产阶级群体的数量从 1970 年的 50% 下降到了 2010 年的 42%，相当数量的美国人群从中产阶级群体滑落至社会底层。① 另一位诺贝尔经济学奖获得者保罗·克鲁格曼也得出相似的研究结论：最上层 1/5 群体的收入增长份额中，几乎有 2/3 实际上是进了最顶层的 0.1% 群体的口袋里……这些人的实际收入，从 1979—2005 年增长了 400% 多。②

除此之外，法国著名经济学家托马斯·皮凯蒂在对美国 1910—2010 年间的收入分配情况进行分析研究后，也得出相似的研究结论，即美国前 10% 人群的收入在社会群体总收入中的占比在 2010 年达到了近 50%，而这在四十年前的 1970 年还不足 35%。需要注意的是，这前 10% 人群在过去 40 年间收入占比的上升基本归因于前 1% 人群。另外，更值得关注的是，资本收入只在前 1‰ 乃至前 0.1‰ 的人群中发挥着决定性的作用。③ 上述境遇，也印证了大卫·哈维（David Harvey）的研判，即国际垄断所处的新自由主义阶段，实际上是通过加剧不平等，进一步重建上层阶级的经济力量。并且，新自由主义化以其在国际资本主义重组、重建资本积累的条件并恢复经济精英的权力方面的优势，成为解决资本主义社会秩序危机的一个潜在方案，并在公共政策中长期拥有重要的一席之地。④

第三，中心—外围不对称积累格局中边缘落后国家的发展危机。苏东剧变后，新自由主义在全球扩张中企图树立起其在此之前一直想要树立的

---

①③ ［法］托马斯·皮凯蒂：《21 世纪资本论》，中信出版社 2014 年版，第 282、297 页。
② ［美］约瑟夫·斯蒂格利兹：《不平等的代价》，机械工业出版社 2019 年版，第 268—271 页。
④ ［美］大卫·哈维：《新自由主义简史》，上海译文出版社 2010 年版，第 23 页。

这种形象，那就是世界各国人民各自在自由民主开始的资本主义世界体系中，通过对新自由主义基本经济规则的遵循以及与之相适应的上层建筑的确立，就可以如主要发达资本主义国家那般地获得经济发展的奇迹。而且让当时的新自由主义者得意满满的是，这种认知和主张无论在国内的自由主义左翼或民主社会主义，抑或国外的布尔什维克主义和民主社会主义面前，都能如逢山过山、遇水架桥般的跨越过去。历史似乎就真的可以终结在那个新自由主义的发展模式上，全人类也仿佛真的就可以在这样一种发展模式中走向所向往追求的终点。

但放眼全球，我们却可以清晰地看到，至 20 世纪六七十年代以来，曾经处于资本主义体系外围的诸多拉美国家在融入世界体系的过程中，尽管在生产力发展、技术进步以及产出消费方面取得了前所未有的进步，但由于推动这一进程的发达资本主义国家在经济和军事上占据支配地位并能娴熟地通过贸易、剩余的流动和政治经济及军事行动来影响乃至操控这些不发达国家，这使得拉美国家的民族工业家与其说是充满活力的财富创造者和国际资本强有力的竞争者，倒不如说是帝国主义的小伙伴。"中心与外围之间的裂缝加宽，当中心以牺牲外围为代价而发展时，外围则被迫处于依附状态"[1] 的资本积累格局由此形成。《帝国主义与依附》的作者多斯桑托斯在总结处于被发达资本主义国家所支配的外围国家的依附性再生产的前景时，也非常明确地指出，那种试图把那些外围国家出现的欠发达或者不发达情况归结为其在吸收最先进的或现代化的生产模式上的行动迟

---

[1] ［英］安东尼·布鲁厄：《马克思主义的帝国主义理论》，陆俊译，重庆出版社 2003 年版，第 164 页。

缓是远远不够的，同时也是不达问题本质的，必须要把资本全球化进程中出现的外围国家的欠发达和不发达情况，放置在这些欠发达国家是在依附性生产和再生产的框架下去考察才有意义。具而言之，就是出于外围的那些发展中国家其实是被迫在不平等而非所宣称的那种自由平等民主的条件下与国际资本进行竞争的，并在此过程中被迫建立起了一种对劳动力进行超额剥削和生产关系，这一过程中所获得的发展只能给极少数阶层带来好处。相应地，促使本国向更高阶段发展的希望在这种不对称积累结构中变得不可逾越。这种情况也使多斯桑托斯近乎绝望地认为："一切情况都表明，等待它们（指相对发达资本主义国家而言的外围依附国家——笔者注）的是一个充满深刻的政治、军事冲突和深刻的社会激进化的漫长过程，它将把这些社会带进一种二者择一的境地：要么是向法西斯发展的强权政府，要么是朝社会主义发展的人民革命政府。在矛盾的现实当中，中间道路的解决方法已经表明是行不通的，只是空想而已。"[①] 同样的观点，在圭亚那学者沃尔特·罗德尼的《欧洲如何使非洲欠发达》一书中也有大量描述。

　　20世纪六七十年代以来的南美非洲的如此遭遇一直延续至今。总的来看，为了更好维系国际垄断资本主义阶段的"中心—外围"这一不对称格局，主要资本主义国家已经建构起了一套完整的新殖民体系。（1）构建起诸如世界银行、国际货币基金组织、世界贸易组织等各类可以切实保障并有效助力资本全球扩张的实体性平台。（2）在与发展中国家和各类新兴

---

① ［巴西］特奥托尼奥·多斯桑托斯：《帝国主义与依附》，杨衍永等译，社会科学文献出版社1999年版，第320—321页。

国家的经济政治交往中，积极而广泛地同这些国家和民族签订有利于自身，但却非常不利于第三世界的协定和条约。（3）通过持续加强和提升自己的高科技垄断和话语垄断，不断巩固国际分工的不平等态势，进而有效维系有利于自身的全球不对称积累结构。

也正是在上述相互交织、内在贯通的新殖民体系中，我们一方面可以看到，主要资本主义国家可以任性地采取各种有利于自身垄断地位的保护措施。比如，自 2008 年国际金融危机以来，美国为了扶持本国企业并打压外来企业，采取并制定了高达"600 多项贸易保护措施，其中仅 2015 年就采取了 90 项，平均每 4 天推出一项，位居世界之首"[1]。在 2010 年 iPhone 的利润分配中，苹果公司获得了高达 58.5% 的利润，日本、韩国等其他掌握次核心技术的国家，获得大约 8% 的利润，而富士康由于处于这条产业链的最低端，仅仅获得 2% 左右的利润。由于中国劳动力的低工资，仅仅从苹果产品的总价值中分得 1.8% 的劳动力成本。[2] 与此同时，面对资本全球扩张中的各种现实及可能性对手，也是会竭尽所能全力打压。其中，除了 2018 年美国以"301 调查"为借口公然发动贸易战，对中国 1300 个产品清单且额度达到 500 亿美元的商品额外征收 25% 的关税，以及 2019 年美国对 2000 亿美元中国输美商品加征 15% 关税的贸易战外，美国公然打击华为公司便是最为典型的案例。从 2011 年起，美国政府开始将对中兴的调查延伸至华为，随着一系列调查的展开，美国当局明确对华为提出司法指控，"华为威胁美国国家安全"的社会认知也被逐

---

[1] 蔡明阳：《逆全球化背景下的中国对外开放策略》，《当代经济管理》2017 年第 5 期。
[2] 转引自周绍东、初传凯：《数字资本主义研究综述》，《世界社会主义研究》2021 年第 12 期。

渐建构起来，并成为美国政府将华为挤出本国市场的主要理由。2019 年 5 月 15 日，特朗普签署行政令，限制美国企业与"威胁美国国家安全"的企业的交易。2020 年 3 月 12 日，《安全可信电信网络法案》正式生效，在法律上限制美国企业利用普遍服务基金采购"威胁美国国家安全"的企业的设备与服务。2020 年 6 月 30 日，美国联邦通信委员会明确将华为列入"威胁美国国家安全"的黑名单，正式禁止美国企业利用普遍服务基金购买华为的设备或服务。而美国本土的企业向外扩张时却显得肆无忌惮，并在经济全球化浪潮中分得了最大的那杯羹。

国际垄断资本主义阶段的上述矛盾以及由此引发的危机使我们看到，在以追求经济发展最大化为根本目标的资本逻辑下，看似文明进步的当代资本主义，注定会使自己蜕变成一个资本失去公共权力监督而贪欲横行的"霍布斯丛林式社会"；使自己蜕变成一个精神遭受物欲严重挤压，商品拜物教、货币拜物教、资本拜物教肆意横行，人的精神家园却严重缺失的非人化病态社会；使自己蜕变成一个因财富无度扩张而导致社会严重不公、矛盾层层激化、各种冲突乃至战争不可避免的极度危险社会。如此的社会，即使有所谓的自由平等博爱的价值装饰，但最多也只能是一场乌托邦式的梦幻之旅。面对上述危机，当代资本主义制度必然要发生剧烈的变革，进而在不断否定自身中迈向更高的新文明类型。

二、西方资本主义国家共产党发展及抗争

西方资本主义社会是马克思开展资本和资本主义批判的现实依据，也是世界社会主义运动的理论和实践发源地。尽管在资本不对称积累结构的演变中，社会主义的实践重心后来转移到了东方落后国家，而且当前国际

垄断资本凭借自己在信息、技术、资本、管理等方面的领先地位和垄断优势，也仍然以发达国家的姿态保持的资本主义的稳定态势，但结合对当代资本主义的综合批判，我们可以看到，主要资本主义国家并未在资本积累的历史进步中，根本化解内在的基本矛盾，2011 年的伦敦骚乱和占领华尔街运动、2012 年的希腊骚乱以及近年来的民粹主义浪潮，就是这一矛盾得到集中爆发的具体体现。为此，本节主要聚焦苏东剧变后、特别是进入21 世纪以来主要资本主义国家共产党的发展和抗争，以此揭示 21 世纪社会主义复兴在主要资本主义国家的些许端倪。

（一）西方资本主义国家共产党组织形态的发展及主要表现

西方资本主义国家内部有数量相当的共产党组织，始终在为复兴社会主义奔走。但从实际发展看，他们或以议会为平台积极介入资本主义政治争取发展空间，或在议会外积极领导民众参与为底层民众争取权益的抗议斗争中，尽管总体并没有对资本主义发展产生实际影响，但各国共产党积极争取开展斗争、为改善资本主义国家的工人阶级生活境遇作出了应有的贡献。

第一，西方资本主义国家共产党组织的总体现状概述。苏东剧变对资本主义国家无产阶级政党建设的影响是直观的。苏东剧变后，资本主义国家共产党组织总体大概从 180 多个锐减为 120 多个。经过 30 多年的发展，资本主义国家共产党组织艰难地发展到了 130 多个，其中发达资本主义国家政党组织占到了大多数，主要集中在西欧地区。总的来看，共产党组织规模小、社会影响弱、党员年龄老化，在各国政治舞台上处于边缘地位，是当今绝大多数发达国家共产党的总体存在样态。其中，具有较大影响力和组织力的资本主义国家共产党，主要有法国、西班牙、意大利、葡萄牙、日本、美国等。

其中，法国共产党是目前是西欧地区拥有党员人数最多的国家，2009年底有134000人。西班牙在2007年第八次联盟会议召开前，"联合左翼"拥有党员78000人。成立于1991年5月的意大利重建共产党，是原来意大利共产党蜕化为社会民主党后，党内反对意共民主化的力量重建的共产党。2010年初，拥有党员约30800人。葡萄牙共产党的人数在苏东剧变后一直保持在14万左右，到2001年还有131000人。在美国共产党，经过多年重建，目前每个州基本上都有美共的分支，登记在册的党员人数大概在5000名左右。2016年以来，每月约有50人通过网络加入美共。希腊共产党一直坚持以列宁主义为指导开展党组织建设，发展党员程序严格，不仅需要介绍人，而且还具有预备期考核，在意识形态和指导思想方面保持了自己的先进性，2013年约有党员30000人。总的来看，日本共产党是发达资本主义共产党组织中规模最大的。目前党员人数保持在30万人左右，从属于覆盖全国的约2万多个党支部。苏东剧变后，他们不仅积极调整自身的组织路线，而且还充分利用组织刊物《赤旗报》来宣传自身观点、提升组织影响力。相比上述这些国家共产党人绝大部分呈现下降态势而言，比利时共产党组织和党员人数的发展态势迅速，属于资本主义国家共产党组织发展过程的个案。从2007年末拥有党员2800人，上升到了2016年的1万人，2019年12月已超过19000人。[①]

---

① 关于西方主要资本主义国家共产党组织的总体现状的相关具体数据，参见姜辉等：《当代世界社会主义通论》，中国社会科学出版社2020年版，第179—182页。

第二，西方资本主义国家共产党以议会为平台开展的体制内抗争。苏东剧变后，主要资本主义国家共产党的支持率是下降的，虽然国际金融危机爆发以来各国共产党地位有所提升，但总体处在既不可能消失也无法获得实质性突破的两难境地。一是以法国、西班牙、意大利为代表的共产党支持率呈现持续性下滑，在议会及总统选举中的得票率持续下降的态势。事实上，资本主义国家共产党生存压力巨大，很难形成对资本主义政权抗衡的局面。更需要关注的是，由于资本主义国家采取各种政治、经济、文化手段不断压缩共产党的生存空间，共产党只能向民主社会主义政党过渡。二是以日本、希腊、葡萄牙等为代表的共产党支持率始终保持平稳状态。日本马克思主义研究者扎根日本资本主义发展现实，为共产党发展提供了源源不断的理论支撑。[①] 同时，日本共产党政策主张鲜明，不左右摇摆，始终在议会中占据稳定地位。1996 年的支持率高达 13.1%。进入 21世纪后，日本共产党的支持率一直稳定在 7%—8% 之间。近 20 多年来，葡萄牙共产党的得票率一直维持在 7%—9% 之间。在 2015 年大选中，葡萄牙共产党共获得 8.3% 的支持率和 17 个议席，并在其支持下建立了社会党少数派政府。当然，从主要资本主义国家共产党总体发展现状来看，偏"左"的思想和实践主张面临着较大发展困境，共产党要在制度内获得未来发展空间的难度很大。当然，这并不否认共产党是不可忽视、不可遮蔽的政治力量。

第三，资本主义国家共产党在制度外开展的主要抗争。各国共产党始

---

① 参见谭晓军：《百年历程：日本共产党的发展困境及启示》，《马克思主义与现实》2021 年第 4 期。

终是活跃在各国政坛的一直不可忽视的政治力量。虽然苏东剧变后，资本主义国家的共产党组织遭受了巨大冲击，但各国共产党仍然积极开展了罢工、抗议、游行示威等活动，在反对新自由主义恣意扩张、维护工人合法权益过程中起到了重要作用。特别是 2008 年国际金融危机以来，这些国家的共产党踊跃开展了诸多活动，探索社会主义实现形式的理论和实践问题。[①] 在现有制度框架内，它们对内批判资本主义种种困境弊端，领导本国无产阶级力量进行有理有利有节的抗争，为无产阶级工作生活权益的实现作出积极贡献；对外则批判霸权主义对世界各国带来的矛盾问题，反对帝国主义对外扩张行为。除此之外，各国共产党还充分发挥自身政治力量在体制外开展了斗争：

一是针对资本主义政府限制共产党发展举措开展斗争行动，不断为共产党发展争取政策空间。苏东剧变以来，资本主义国家普遍采取措施限定共产党发展，部分资本主义国家甚至直接将共产党列为非法组织。例如，捷克在 2007 年直接宣布"共产主义青年联盟"为非法组织，在国家层面否认共产主义的合法性。波罗的海三国爱沙尼亚、拉脱维亚、立陶宛自 2008 年以来，则不断出台举措，限制使用含有斧头镰刀的标志。欧盟安全委员会在 2009 年 7 月直接将共产主义与法西斯主义并列，极力否认共产主义意识形态的合理合法性。面对各国资本主义政府对共产主义和共产党的限制，各国共产党主动在体制外开展了斗争。全力揭示资本主义对共产主义歪曲的事实，不断引导人民群众正确认识社会主义和共产主义；指

---

① 参见吕薇洲：《资本主义国家共产党关于社会主义实现形式的论争》，《马克思主义研究》2014 年第 11 期。

出资本主义政府否定苏联、苏联红军以及共产主义的目的，是一种历史虚无主义行为，核心目的是通过误导人民群众去认同资本主义。各国共产党在揭露资本主义修正共产主义历史基础上，还积极开展了多种形式的理论研讨会议、游行示威等抗争活动。

二是围绕劳动阶级权益开展的行动支持和斗争活动。发达资本主义国家共产党为劳动阶级争取权益的斗争，是各国共产党生存发展的重中之重。劳动阶级是共产党发展的现实立足点和阶级基础，为更好争取劳动阶级的发展权益，各国共产党组织先后组织了游行、示威、抗议等活动，为捍卫劳动阶级的权益做出了积极抗争。例如，法国共产党积极投身 2018 年以来的"黄马甲运动"，不断为改善劳动阶级生活境遇争取增加工资、增加公共交通投资以及相关投资鼓与呼。意大利、希腊等国家共产党组织，同样采取类似活动支持法国劳动阶级和共产党的斗争。

三是主动抓住新的政治议题开展政治动员和斗争，不断为共产党发展拓展新空间。女权主义、生态主义等社会运动的兴起，为共产党拓展未来空间提供了重要载体。寻根究源探究女权和生态问题的根源，可以发现资本主义生产资料私有制是根源所在，只有社会主义才能够真正实现男女平等和人与自然和谐，这是各国共产党积极参与新型政治议题斗争的实践归一。当然，近几年来因金融危机以及资本主义社会内部的撕裂，资本主义平民和精英之间对立掀起的民粹主义运动不断发展。[1] 反对具有右翼倾向的民粹主义，也成为了各国共产党积极开展的活动。这其中较有代表性的，就是在美国民主社会主义者伯尼·桑德斯（Bernie Sanders）2018 年 9

---

[1] 周穗明：《西方右翼民粹主义政治思潮述评》，《国外理论动态》2017 年第 7 期。

月在英国《卫报》撰文，呼吁国际进步力量团结起来应对"新集权主义轴心"的威胁时，欧洲各国共产党积极回应了桑德斯的呼应，试图进行左翼联合反抗极权主义。英国、奥地利等国家共产党还发起了反对极右翼思潮和右翼势力的街头行动。

（二）西方资本主义国家社会主义理论的发展

实事求是地讲，西方资本主义国家共产党在苏东剧变后的主要任务，主要还是停留在谋求自身生存的层面上。在此过程上，各国共产党虽然经历了严峻的国内外考验，但还是结合资本主义的新变化新发展，提出了一些关涉社会主义的新认识、新论断。

第一，坚持在社会主义运动低潮中发展马克思主义。苏东剧变标志着世界社会主义运动进入了低潮。如何认识和对待马克思主义，成为各种政治势力实现特定政治意图的重要内容。是继续坚持马克思主义指导，还是怀疑、否认、解构马克思主义，成为衡量西方资本主义国家左翼力量政治方向的重要指标。众多打着马克思主义旗号的左翼力量并不是真的信仰马克思主义，如民主社会主义放弃了革命、阶级斗争等核心内容。总体来看，真正坚持马克思主义指导左翼力量主体是西方资本主义国家的共产党。尽管马克思、列宁的某些观点不能充分解释资本主义快速发展变革的社会现实，但资本主义国家共产党始终坚持马克思主义指导，强调以马克思主义为理论基础、回到马克思语境中寻求解决资本主义发展困境的方案。在众多资本主义国家的共产党中，日本、法国、希腊等国家的共产党坚持从马克思主义方法出发，结合本国实际丰富和发展了马克思主义。

其一，日本共产党探索马克思主义在日本的现实发展道路。在所有资本主义国家中，日本共产党可谓是独树一帜的。这种独特性不仅表现在他们结合本国发展现实拓展马克思主义，还表现在他们坚持结合东方社会文化基因推动马克思主义发展。在 1976 年日本共产党十三大时，共产党结合日本发展现实将党章的指导思想改为"科学社会主义"，将政权建设目标改为"工人阶级政权"。从日本共产党诞生起，就坚持维护科学社会主义的权威，强调日本资本主义发展与马克思时代资本主义的差别，以此系统阐释科学社会主义的发展演进。在日本共产党发展过程中，出现了众多马克思主义理论家，如不破哲三始终强调从马克思文本出发来阐释科学社会主义，他提出要从马克思思想发展历程寻求有益于日本共产党发展的思想资源 ①，并提出 21 世纪的日本马克思主义者要从马克思探寻问题的方法和理论方向，来更加深刻地理解当前现实。可以说，这与马克思主义经典作家们始终强调的守正创新、返本开新是根本契合的。

其二，法国共产党 20 世纪末结合法国实际探索提出了"新共产主义"。这一思想的主要核心思想是"回到马克思"，"超越马克思" ②。法国共产党并没有超越科学社会主义关于两大社会制度更替关系的认识，他们认为超越马克思主要是正确审视资本主义的革新和调整能力，要立足时代潮流和具体国情来调整对资本主义的认识。而回到马克思主要是指方法论上要坚持马克思主义，避免在社会结构和社会矛盾变化的情况下一味坚持暴力革命，给社会主义运动带来不必要的损失。这就是说，法国共产党坚

---

① 刘艳玲：《不破哲三对日本共产党理论建设与发展的贡献》，《当代世界与社会主义》2019 年第 5 期。

② 参见李周：《法国共产党的"新共产主义"理论与实践》，中国社会科学出版社 2006 年版。

持马克思主义的主要思路在于避免僵化地理解无产阶级革命，坚持从法国社会发展现实出发开展社会主义运动。回到马克思主要指规避模式化的社会主义，对马克思主义有争议的观点进行批判性建构，从而推动法国社会主义的发展。

其三，希腊共产党坚持以马克思列宁主义为指导，不断推进希腊社会主义运动发展。在上文已述及希腊共产党始终坚持列宁主义建党原则，有着严格的入党程序考核。对马克思列宁主义主义的理解，希腊共产党坚持着同样的原则。他们认为马克思主义具有超越时空的理论特质，是开展社会主义运动不可或缺的指导思想。作为分析认识资本主义、指导社会主义革命的马克思主义，不仅没有过时，反而在现实中彰显出了更为强大的理论生命力。因此，在类似纪念十月革命胜利 90 周年、《共产党宣言》发表 160 周年这样的纪念活动中，希腊共产党始终强调坚持以马克思主义为指导思想分析资本主义现实。总之，希腊共产党认为尽管资本主义社会发展出现了较大变化，但劳资矛盾、帝国主义压迫等问题日益彰显出了资本主义矛盾的不可调和性。需要指出的是，意大利、葡萄牙、美国等共产党在进入 21 世纪以来，也都在围绕历史发展进程中的各种新老议题，如劳资矛盾、工人运动、帝国主义、霸权主义、环境保护、种族主义、民粹主义进行分析批判。

第二，坚持从本国实际出发深化探索社会主义发展道路。二战结束后，由于苏联模式取得了巨大成功，主要资本主义国家共产党倾向以苏为师开展本国社会主义建设，这在很大程度上制约了资本主义共产党探索符合自身实际的社会主义发展道路。苏东剧变后，主要资本主义国家的共产党受到严重冲击，但也为他们探索符合自身实际发展的实践方式提供了历

史契机。综合来看，法国共产党的"新共产主义"、美国共产党的"权利
法案社会主义"、西班牙共产党的"21 世纪社会主义"等，都是这一过程
中的典型代表。

其一，法国共产党的"新共产主义"道路探索及理论阐释。苏东剧变
对法国共产党影响是巨大的，一方面要总结反思传统社会主义发展中面临
的种种问题，另一方面还要探索改革法国社会主义实践道路。1994 年，法
国共产党第 28 次全国代表大会提出"新共产主义"，并对法国共产党做出
变革。"新共产主义"的核心在于超越传统社会主义的某些论断认知，并
就社会主义发展过程中面对的深层问题进行阐发。这一理论在之后的一系
列文件中被不断提及补充。总的来看，作为西欧地区最大的共产党，法共
的理论观点主要表现为三个方面。（1）资本主义和社会主义之间不存在社
会主义过渡阶段，应该放弃社会主义这个概念，用"新共产主义"这个概
念取而代之。强调实现"新共产主义"主要通过在现有的资本主义社会的
框架内实现深刻的社会变革，不能以设想好的社会状态开展社会主义建
设。在 2006 年召开的法共三十三大上，法国共产党进一步阐释了新共产
主义，指出深层次高水平才是新共产主义的状态，它不放弃向新的社会过
渡，同时也不主张暴力变革资本主义，而是以和平行使的民主选举来实
现。（2）主张放弃"工人运动"，建立以"公民干预"为基础的、无领导
权的新联盟。不优先考虑某一阶级利益，强调围绕共同目标实现不同阶级
的联合。（3）"新共产主义"改变了对苏联模式和经验的肯定态度，转向
了对苏联模式和经验的全面否定。在 2003 年 3 月的法共三十大上，重申
与斯大林主义和苏东模式决裂，指出 20 世纪失败的并不是共产主义，而
是苏联模式的共产主义。在 2018 年 11 月召开的第 38 次特别代表大会上，

法共通过了题为《21世纪共产党宣言》的文件，重提共产主义的未来目标，并呼吁加强党的团结和斗争精神，推动发展的新征程。

其二，美国共产党围绕"权利法案社会主义"开展的实践探索。苏东剧变后，美国共产党积极开展了社会主义实践的探索，意图建立适应美国资本主义的社会主义道路。在美国共产党二十六大上，首次提出了"权利法案社会主义"，并在随后的理论和实践中持续完善。2005年召开的美共二十八大通过的新党纲中，全面阐述了这一法案的核心思想。（1）所谓的"权利法案社会主义"，主要是指人民和自然的权益高于资本，要建立一个超越民族、阶级的国家。在解决各种社会问题、创造可持续发展的经济发展模式过程中，体现优先于资本增殖这一优先权的惯有模式。维护和扩大各项基本民主权利可被看成是"权利法案社会主义"的核心。（2）"权利法案社会主义"的目的主要有两个方面，一是要为美国人民争取权利，二是要回应人民群众对社会主义的误解。尽管美国拥有民主制度基础，但在实践中并不理想，为人民群众争取权利，同时就是为共产党争取支持力量基础。此外，由于各种反共产主义、反社会主义的宣传误导了人民群众对共产主义的认识。这一主张可以进一步明确人们对新时期社会主义的理解。（3）在如何实现"权利法案社会主义"的问题上，美国共产党认为要发动工人阶级并团结一切受压迫的力量，在建立反对垄断和跨国垄断资产阶级过程中，不断提高人民觉悟，实施权利法案、建设社会主义。"权利法案社会主义"的提出，推进了美国共产党对资本主义的理解，深化了对社会主义实践的认识①。

---

① 参见黄宏志：《美国共产党的社会主义权利法案》，《国外理论动态》2000年第1期。

　　其三，西班牙共产党围绕"21 世纪的社会主义"开展的实践探索。
西班牙共产党作为"欧洲共产主义"的创始组织，一直在探索一条区别于
苏联革命和社会主义建设的道路。西班牙共产党在意识形态和理论主张方
面，主要遵循欧洲共产主义，他们旗帜鲜明地反对僵化理解马克思主义，
并在 21 世纪新实践中发展演绎出了"21 世纪的社会主义"[①]。所谓的"21
世纪的社会主义"，主要指从资本主义社会向社会主义过渡的发展模式，
或者就是过渡到共产主义的一种民主过程。在西班牙共产党看来，社会主
义是一种发达的民主形式，因此民主是该方案的核心内容。其认为真正的
革命过程，就是在广泛的社会基础上最大可能地动员民众参与人民政权建
构、参加社会运动成为革命主角的过程。因此，推动"21 世纪的社会主
义"计划的实施，就是要充分利用各方面力量和条件，为实现社会主义民
主清除障碍。此外，"21 世纪的社会主义"还提出，拉美、亚洲等国家的
政治和经济解放进程，将是推动 21 是社会主义运动和加强国际团结的积
极因素。要重视国际社会主义运动中的力量，形成新型社会主义运动合作
关系。

　　综合来看，在国际垄断资本主义阶段上，除了上述结合本国实际的探
索外，西方资本主义国家在社会主义理论和探索方面，还涌现出了诸如比
利时工人党的"21 世纪的 2.0 版社会主义"等主张。同时，这些国家的共
产党在关于党的自身建设、党的组织原则、如何在实践中加强与其他左翼
政党的联系、组织或参加各国共产党和工人党国际会议方面，都进行了与

---

① 于海青：《联合左翼中的西班牙共产党：发展演进、理论战略与前景》，《马克思主义
研究》2013 年第 12 期。

时俱进的探索实践。可以预见，在 21 世纪资本主义制度因矛盾危机加深的背景下，资本主义国家内部共产党组织的发展以及社会主义力量的积聚会有效助力世界社会主义力量的复兴。

三、广大发展中国家围绕社会主义的探索

广大发展中国家，尤其是亚非拉地区相关国家围绕社会主义议题开展的理论和具有社会主义性质的实践探索，主要出现在亚洲地区、拉美地区，以及非洲地区。苏东剧变后，尽管世界社会主义运动陷入阶段性低潮，但广大发展中国家和民族的社会主义探索依然呈现出向上的发展状态，国内学者据此给予较高评价。综合来看，广大发展中国家和民族在苏东剧变后，被日益深入地卷入到资本主义全球分工体系，但几十年的实践证明，这些国家不仅没有获得如新自由主义宣扬那般的持续健康发展，反而是在经历了一段时间的发展后，普遍陷入了中低等水平的发展困境。这也为深入研究广大发展中国家在 21 世纪的社会主义探索提供了宏大背景。本节主要聚焦亚洲地区、非洲和拉美地区的社会主义运动现状，揭示广大发展中国家对复兴社会主义的呼唤。

（一）21 世纪亚洲地区的社会主义探索

亚洲地区拥有开展社会主义运动的优良传统。晚年的马克思曾关注并就这一地区社会主义的可能趋势，提出了以"跨越卡夫丁峡谷"为代表的东方社会理论，为亚洲社会主义运动提供了重要理论指导。苏东剧变后，亚洲范围内的社会主义曾陷入短时间的低潮。之后，南亚地区的印度、尼泊尔以及东南亚地区的菲律宾等国家共产党推动了亚洲地区社会主义运动

的发展，为 21 世纪世界社会主义注入了新的活力。总体来看，亚洲社会主义运动主要有两条进路，一是坚持武装斗争建立社会主义政权，二是坚持通过议会民主选举开展社会主义实践。

第一，21 世纪南亚地区的社会主义探索。21 世纪南亚地区社会主义的兴起，有着深刻的历史和现实背景。20 世纪 80 年代以后新自由主义狂飙突进背景下的资本全球扩张，迅速地扩展到包括南亚地区在内的广大发展中国家和民族。由于南亚地区发展水平限制，这些国家在全球化进程中并没有获得实实在在的收益。故此南亚地区社会主义并没有在苏东剧变后走向消亡，反而在为广大人民群众争取权益的过程中发展壮大，在 21 世纪迎来了阶段性高潮。从影响力和发展前景看，南亚地区共产党组织有三种类型：（1）能够在本国产生重要影响的政党组织。例如，尼泊尔共产党领导人民开展斗争，并获得了巨大胜利，推翻了印度教君主制。但在各方压力下，尼泊尔共产党在 2006 年选择与其他资产阶级政党妥协与合作建立资产阶级共和国。（2）拥有未来发展空间但并未获得真正发展的政党组织。如斯里兰卡和孟加拉的共产党组织拥有一定群众基础，但由于各种因素限制，尚处于较低水平的发展状态，如果有合适发展时机，这些政党组织将获得更大发展。（3）历史久、韧性强但发展规模有限的政党组织。阿富汗、巴基斯坦等国家共产党组织发展历史悠久，长期处于较小规模发展状态。当然，还需要看到南亚地区还存在处于停滞发展的小型共产党组织，在特定历史环境中可能具有一定发展空间。

综合来看，是选择武装斗争还是选择议会选举方式来进行社会主义运动，既是南亚地区探索社会主义的基本样式，同时也是当下导致南亚地区社会主义探索出现分裂的关键因素。例如围绕这一问题，尼泊尔共产党内部派系争议不断，制约了社会主义运动的开展。① 以 2006 年为界限，尼泊尔共产党经历了前后两个截然不同的阶段。在此之前，尼泊尔共产党主要开展武装斗争。在武装斗争取得优势的情况下，尼泊尔共产党形成了关于21 世纪民主的认识纲领，认为帝国主义和无产阶级革命过时了，武装斗争脱离了世界社会主义现实，之后则通过议会选举开展活动。尼泊尔共产党的这一转向影响深远，不仅影响了尼泊尔的社会主义运动，而且造成这一地区在社会主义运动认知上的混乱。为此，印度等南亚国家的共产党组织以各种形式，质疑尼泊尔共产党的合法性，开展了激烈的理论争论。

第二，东南亚地区以菲律宾共产党为代表的社会主义探索。经过近五十年的发展，菲律宾共产党是东南亚地区仅存的共产党组织。它不仅没有被资本主义政权消灭，而且凭借历史发展中积累的优势对菲律宾杜特尔特政府产生了各方面重要影响。

2016 年 5 月 30 日，杜特尔特当选菲律宾新一届总统。由于杜特尔特自称社会主义者，并在竞选中多次发表相关言论，菲律宾各界一度误会杜特尔特与菲共的关系。在杜特尔特当选总统后，菲共深化了对菲律宾社会主义运动的认识，并提出了三方面富有创见性的意见。（1）杜特尔特作为左翼力量当选，标志着菲律宾资本主义政权的合法性危机在不断加深。长期以来，菲律宾政局深受美国影响，杜特尔特的当选表现了一种对美国的强烈不满。利益集团和普通民众都支持杜特尔特当选，都希望菲律宾能够获得更好的发展。（2）杜特尔特政府面临来自国内外的诸多挑战。国内政

---

① 袁群、王恩明：《尼泊尔共产主义运动中的派系政治》，《当代世界社会主义问题》2020 年第 2 期。

治精英亲美，美国政权试图继续干扰菲政权，这是杜特尔特政府需要平衡
的重心。当然，也正是这种局面给菲共产党更大的活动空间。（3）杜特尔
特具有左倾社会主义倾向，菲共希望和其政府建立政治联盟，为推进建设
民族团结、和平发展的菲律宾贡献力量。

尽管菲共一直坚持通过革命和武装斗争来完成社会主义革命，但并没
有拒绝杜特尔特政府的和谈。[①] 杜特尔特公开表示可以为菲律宾共产党提
供四个内阁席位，并宣布与新人民军单方面停火。对此，菲共表示内阁席
位并不一定来自共产党组织，除非建立达成共识的联合政府，否则菲共不
会接受杜特尔特政府的邀请。通过四轮和谈，菲共产党认为和平谈判仍有
大量工作要做，如释放政治犯、达成停火协议等都是和谈的焦点。但在第
三轮和谈结束后，双方重新进入战争状态，最终终止了和谈。可以说，菲
律宾杜特尔特当选总统以及菲政府与共产党关系的缓和，是世界经济发展
困境中左翼势力得到增强的必然结果。双方在消除贫困和社会不公上的共
识，也是两大力量间进行合作的基础。从未来的发展趋势看，如何处理好
与当局的合作与交流，将冲突和斗争控制在一定的范围之内，将是菲共发
展的关键。

（二）非洲和拉美地区社会主义实践审视

在历史上，非洲和拉美地区都深受帝国主义殖民压迫，是世界社会主
义实践发展的前沿地区。在残酷血腥的殖民历史背景下，非洲和拉美地区
的共产党为实现民族独立与解放进行了艰苦卓绝的努力，其社会主义实践

---

① 参见王静：《菲律宾共产党及左翼社会主义运动——重塑菲美、菲中关系的潜在力
量》，《世界社会主义研究》2017 年第 8 期。

也主要表现在民族独立和解放任务方面。如二战结束以后，大规模的反对帝国主义、反对殖民主义斗争此起彼伏，从 20 世纪 50 年代开始，大规模的民族独立运动兴起。在这个过程中，一些了解马克思主义、具有社会主义认识的民族主义领导者推动了非洲社会主义的发展，纷纷建立了共产党组织。争取民族独立和解放始终是这一时期非洲各国的主要任务，各国共产党多采用灵活策略为实现当时主要历史任务服务。之后的 60 年代中期，非洲的共产主义实践因为与苏联和中国关系的恶化而受到严重打击，但70 年代中期以后，随着众多具有马克思主义倾向的领导人执掌政权，标志着非洲社会主义实践进入第二波高潮。在当前国际垄断资本主义的历史背景下，经历苏东剧变影响后的非洲地区共产党新发展主要表现在下述方面：

第一，苏东剧变后非洲地区社会主义实践的总体样态。总的来看，非洲社会主义运动发展史中，共产党组织相对较少，目前活跃的几个共产党组织主要活跃在南非和北非地区。南非共产党、留尼汪共产党、摩洛哥进步与社会主义党作为参政党在本国政局中占据重要地位，苏丹共产党、埃及共产党等是本国的在野党。

其一，倡导进一步将社会主义与本国的实际结合起来，与时俱进地推动社会主义实践。苏东剧变后，留尼汪共产党认为其并不代表共产主义的终结。1991 年，留尼汪共产党认为各国共产党应该结合本国的具体情况，制定适合自己的社会主义政策。摩洛哥进步与社会主义党一贯强调其独立性，认为党不是"苏联的代理人"。对于苏东剧变后的社会主义样态，该国共产党认为苏东剧变是"某种社会主义模式的失败"，科学社会主义理论仍然是有效的。他们认为，有"当前中国等社会主义国家"通过结合本国国情"仍坚持科学社会主义理论"。[①] 突尼斯革新运动认为，市场经济不是资本主义特有的。社会主义也需要市场经济，按市场经济办事是符合社会主义理论的。[②] 南非共产党认为苏东剧变是一场严重的打击，也是一次重新认识和发展马克思社会主义理论的机会，必须结合本国国情科学地而非教条地对待马克思主义。

其二，在深化对资本主义危机的认知中加强自身建设。2008 年国际金融危机爆发后，非洲各国共产党也在经历全球动荡的过程中认真反思这场危机的本质。如南非共产党就认为，这场危机是一场非常严重的资本主义危机。在该党 2012—2017 年的政治纲领中，明确指出资本主义的过度积累，是造成经济危机的根源。由于当今世界经济被极少数帝国主义跨国公司主导，当今的资本全球积累已经在"物质、生物、人类、社会和经济"等方面达到了极限。因此，当今的经济危机也是"一场多领域的系统性危机"。对于这场在根本上威胁到人与人、人与自然、人与社会可持续发展的危机，其根本出路在于建设社会主义。并提出就整个全球发展趋势而言，大国地位在不断下降的美国在短时期内仍然会保持其在资本主义经济领域的霸主地位，而且，在面对主要资本主义国家转移矛盾的背景下，像非洲这样的南方国家将可能会更多地遭遇到危机带来的挑战和负担。要建立可持续的世界，唯一的出路就是彻底过渡到社会主义。因为只有在此形态中，整个社会利益优先与个人利益的合理发展结构才会形成。[③]

[①] 中共中央对外联络部：《各国共产党总览》，当代世界出版社 2000 年版，第 516 页。
[②] 王淼：《当代国外共产党对社会主义本质和基本特征的探索》，《科学社会主义》2013 年第 5 期。
[③] 参见舒畅译：《我们为什么选择社会主义？——南非共产党 2012—2017 年政治纲领》（节选），《红旗文稿》2013 年 10 月。

其三，在坚定"两个必然"信念的基础上，苏东剧变后非洲各国家共产党在党的发展和建设方面取得了一定成就。首先，就党员规模和体制内的地位而言，摩洛哥进步与社会主义党在1997年的议会选举中获得18个席位，多位党员在政府中担任正副部长。2002年则拥有7个参议院席位，9个众议院席位，成了国内政治舞台上具有一定影响力的政党。在1998年的地方议会选举中，留尼汪共产党赢得了47个席位中的13个，是拥有省议会议席最多的政党。苏丹共产党在20世纪末时发展到9000人，成为国内重要的反对党。南非共产党的党员人数则在2012年达到了16万人，占全国总人口比例的3.5%。2017年7月召开的南非共产党十四大上，则宣布党员人数达到了284554名。其次，在党组织建设方面，在作为非洲最大的共产党南非共产党，通过严把质量关，坚持"求质不求量"的原则，严格按照党章规定发展新党员，要求在非国大、工会、政府部门任职的南非共产党党员要把党的利益放在第一位。[1]再次，在党的纲领、方针和政策的调整以及加强与社会主义国家共产党的互动交流上。为加强团结，提高党的战斗力，南非共产党在2012年7月党的十三大对党章的修改中，特别增加了要特别重视联合各个阶层的工人阶级和反对"仇外主义"这两个条款。[2]同时，进行相关主题讨论并注重与相关国家共产党的友好往来。倡议在非洲大陆建立一个左派进步力量的网络并举行非洲左翼网络论坛，以深化争取民主、和平和社会主义的斗争。

第二，苏东剧变后拉美地区社会主义实践发展及最新表现。拉美地区

---

[1]　程光德：《南非共产党：建设群众性的先锋队政党》，《上海党史与党建》2013年第6期。
[2]　王建礼：《从新党章看南非共产党的新发展》，《社会主义研究》2014年第4期。

共产党和社会主义运动发展至今已经过了 100 多年的时间，整体上经历了兴起、困境以及取得新发展局面的过程。与其他发展中国家的社会主义发展情况类似，拉美地区国家共产党和社会主义的勃兴，与十月革命的推动密切相关。欧洲社会主义、马克思主义的传播、拉美地区无产阶级意识的觉醒与十月革命的胜利，共同催生了拉美地区早期共产党组织的发展。智利、阿根廷、巴西、墨西哥等国家共产党组织是最早成立的。在拉美地区共产党组织成立后，召开了拉美地区共产党会议加强各国共产党的交流、积极领导工人运动、积极吸纳共产党员加入党组织，推动了拉美地区社会主义的发展。二战结束到冷战时期，是拉美共产党在困境中发展的时期，由于对武装斗争、议会选举等存在误解，这一时期部分国家共产党组织发展出现了颠覆性错误。苏东剧变后，拉美地区共产党陷入思想认识混乱、组织分裂状态，党员脱党现象严重，严重削弱了拉美地区社会主义的影响力。

当然，苏东剧变后面对艰难发展的现状，拉美地区共产党组织在意识形态建设和社会主义道路方面进行了积极调整，无论是参政的还是在野的，都呈现出新的气象。就参政的拉美共产党而言，其中的巴西共产党通过从对立到合作的立场转变，在与执政的巴西劳工党结盟后，提高了政治地位和影响力，在 2006 年的大选中获得 13 个众议院议席和 1 个参议院议席，成为有影响力的参政党。从 2003 年 1 月以来，大约有 6000 名巴西共产党在各级政府部门任职。委内瑞拉共产党则通过支持左翼总统候选人，使自己的生存发展环境得到极大改善。2005 年的议会选举中共获 7 个议席，2007 年获得查韦斯政府的人民参与和社会发展部部长职位。智利共产党在 2009 年的选举中获得了 3 个众议院议席。秘鲁共产党（红色祖国）与秘鲁共产党（团结）共同成立了"新左翼运动"，在 2002 年的市政选举中获得 1 个大区主席、5 个市长和 26 个区长职位。与此同时，拉美地区的共产党还是"世界共产党与工人党国际会议"的积极参与者与组织者。巴西共产党和厄瓜多尔共产党分别在 2008 年和 2014 主办了第十届和第十六届大会，与全世界共产党共同探讨"国际格局中的新现象，日益恶化的国家，社会，环境和帝国主义间的矛盾与问题"，号召"全世界共产党和工人党为了工人与人民的权利、国家和社会的解放以及社会主义，坚决同反动的法西斯化的帝国主义和资本主义斗争到底"①。其他在野的拉美共产党，如哥伦比亚共产党、厄瓜多尔马列主义共产党、多米尼加劳动党、玻利维亚左派革命阵线等，虽然处于在野地位，但都具备了国内的重要地位，而且在议会中还拥有少数席位，这些也为其未来发展打下了良好基础。

综合来看，拉美地区社会主义的最新发展，集中表现在"21 世纪社会主义"的兴起上。这一在 20 世纪 90 年代开始萌芽，21 世纪初在某些拉美国家付诸实践的"21 世纪社会主义"，实际上是一些拉美左翼学者和左翼领导人在新自由主义模式在拉美失败的困境下，为寻求化解全球化时代拉美政治经济发展面临的矛盾问题而进行的具有社会主义属性的新探索新实践。这一实践曾对"拉美政治走向、经济发展模式调整和制度建设产生重大影响"，"对世界社会主义运动的发展进程具有重要意义"②。1998

---

① 参见李紫莹：《新时期拉美地区共产党的发展状况与理论探索》，《马克思主义研究》2018 年第 9 期。
② 王鹏：《拉美 21 世纪社会主义理论和实践讨论会综述》，《马克思主义研究》2009 年第 6 期。

年，当选委内瑞拉总统的查韦斯为摆脱新自由主义模式给本国造成的灾难，曾尝试通过社会改良方式的"第三条道路"来克服化解国内的问题，但这一尝试的挫折和前景的渺茫使得查韦斯在 2004 年提出"只有社会主义才是出路"，并在 2005 年加拉斯加第四届社会主义峰会开幕式上，明确提出建设"21 世纪社会主义"。因此，查韦斯也被称为该主义的主要践行者。①

就目前来看，拉美的"21 世纪社会主义"还处在动态的变化发展中，呈现出一种仍处于探索阶段，尚未没有形成完整、成熟理论体系的特征。但是，有着明确问题指向和现实诉求的这种理论探索，其在政治、经济、文化、社会等多个方面已经有了基本的观点主张。（1）在政治上，注重社会主义本土化建设，强烈主张把社会主义建设同民族本地区的历史和现实情况结合起来。不断拓展基层民众参与政治的渠道，以参与制民主取代代议制政治。（2）在经济上重视国有化建设，反对新自由主义模式。新自由主义对拉美地区经济发展负面影响深远，一度让众多国家长期陷入所谓的"拉美陷阱"，对本国本地区的可持续发展带来的极大的负面影响，因此"21 世纪社会主义"强调推行国有化经济建设。（3）在文化层面，提出要帮助公民树立社会主义价值观，提高广大人民群众的社会主义觉悟，增强广大人民对社会主义的了解和认同，加强对反政府的媒体及舆论工具的管制。（4）在社会层面强调社会公平正义，不断缩小贫富差距。受新自由主义影响，拉美地区部分国家政治动荡不安、经济发展困难、贫富差距悬

---

① 参见许丰：《委内瑞拉"21 世纪社会主义"论析》，《当代世界与社会主义》2018 年第 4 期。

殊。为更好地化解社会发展问题，玻利维亚、厄瓜多尔、委内瑞拉等国家都通过修改宪法等方式不断推进社会公平正义建设。

四、社会主义在传统社会主义国家的表现

苏东剧变后，在苏联东欧社会主义国家基础上诞生了一系列新兴的独立主权国家。由于这些进行了社会制度的变革国家之前都属于社会主义阵营，我们将其称为传统社会主义国家。这些国家从另一方面校验了资本主义和社会主义两种社会制度的发展前景，是世界社会主义运动发展过程中值得深入关注的区域。

如前所述，面对苏联模式在经济社会中出现的问题，当时很多人片面化地认为与美国、西欧结合在一块并按照其市场主导的模式，就可以获得广阔的发展前景，可以快速地实现经济现代化。因此，在苏东剧变发生之前，包括苏联和东欧国家在内的传统社会主义国家内部，就已经出现了"向西转"的思想认知倾向。并在社会思潮的形态上，呈现出左翼势力处于保守和被动状态、右翼势力处于积极进攻的状态。苏东剧变后，改旗易帜和道路方向上的彻底转轨，使得社会主义进入了真正意义上的"寒冬"，凡是与社会主义和共产党相关的东西都被清理了出去，社会思潮不断向右发展，共产党队伍中的投机主义转向了社会民主党，坚定的马克思主义者则被迫转入了秘密活动状态。

值得高度关注的是，虽然在苏东剧变后，这些国家在"改旗易帜"中出现了最大程度地去社会主义化现象，但尽管遭遇了如此巨大的颠覆性波折，社会主义思潮和运动在这些国家和地区并没有戛然而止，在新的时代背景下，很快出现了继续探索如何更好坚持马克思主义，以及如何在21

世纪更好发展社会主义的态势。最具代表性的，就是这些国家和地区在转
轨中出现的各个左翼政党，以及这些国家和地区的知识分子群体，开始结
合 20 世纪社会主义实践的经验教训，纷纷以"21 世纪社会主义""革新社
会主义""新社会主义"等阐述，来表征自己在经历颠覆性失败后对走向
未来的社会主义的思考和探索。为此，需要对这些国家和地区共产党和左
翼政党的总体状况，以及在 21 世纪兴起的"新社会主义"的生成机理和
发展现状进行梳理概括。

第一，21 世纪原苏联东欧社会主义国家的共产党组织状况。如前所
述，在经历苏东剧变后，这些国家的社会主义传统在经历了一段时间的沉
寂后迅速回归现实。探究其中原因，主要是新自由主义描述的那种所谓的
理想化发展道路，在传统社会主义国家很快陷入了发展困境。经济危机、
发展停滞、民生下降等问题不断加剧社会撕裂，严重打乱了传统社会主义
国家的稳序发展进程。与此同时，这些国家和地区的主流知识分子逐渐进
入理性状态，趋于全面反思苏东剧变带来的影响。此外，具有马克思主义
信仰的共产党人进行了持续不断的理论和实践斗争，重组或新建的共产党
组织不断出现。

总的来看，原苏联地区产生了 15 个独立主权国家，目前有 30 多个共
产党组织在积极开展社会主义运动，为原苏联地区社会主义运动贡献了重
要力量。从原苏联地区的社会主义发展整体状况来看，原苏联地区的社会
主义政党主要试图通过细微思想变化争取民众支持，从而成为参政党或具
有影响力的在野党。关注原苏联地区共产党的发展，最重要的在于梳理其
主要理论、实践以及意识形态等方面主张，以深入把握其对社会主义的理
解认知。（1）在理论层面，原苏联地区共产党坚持以马克思主义为指导，

从捍卫马克思主义地位出发，以重建社会主义为现实指向，不断为实现共产主义奋斗。（2）在实践层面，由于不同国家社会主义发展和共产党组织实际发展情况不同，原苏联地区共产党的行动差异较大。尽管原苏联地区共产党组织数量众多，但能在本国乃至区域发展中起主要作用的，只有俄罗斯和白俄罗斯共产党。今天的俄罗斯共产党约有 16.2 万人，是所有独联体国家中人数最多、影响最大的共产党。在 2003 年、2007 年、2011 年、2016 年参加的国家杜马选举中，分别获得了 54 个、57 个、90 个和 43 个席位。相对而言，白俄罗斯共产党的情况却并不那么乐观。其在国内的支持率，从 1991 年的 52.1% 跌到了 2017 年 7—8 月的 2.6%，2019 年则下滑到了 0.9%。（3）各国共产党在某些认知领域存在较大差别。虽然坚持马克思主义指导是基本共识，但在如何对待苏联和斯大林问题上存在分歧。总体上看，肯定苏联和斯大林是主流，但也不排除摩尔多瓦等国家的共产党对苏联和斯大林的否定。

与原苏联地区的共产党组织相比，东欧地区的共产党组织则更为复杂。东欧剧变后，国际政治中"东欧"的提法也发生了改变。对这一地区新的称谓是"中东欧 16 国"。这里面既有传统的共产党组织，也有社会民主主义政党。从东欧国家实际发展情况来看，社会民主主义政党是该地区社会主义发展的主体力量。苏东剧变后，东欧地区共产党组织彻底陷入了谷底，凡是关于社会主义、马克思主义、共产党的组织和称谓都被视为洪水猛兽。共产党的活动被禁止，党的资产遭到查封甚至没收。一时间，这一地区的共产党从原来引领社会发展的精英阶层，沦落为大家唯恐避之不及的"恶的化身"。原来的共产党组织在内外困境中走向了瓦解，社会民主主义共产党逐渐兴起，并成为该区域主导型力量。

但正如原苏联地区那样，由于信奉西方自由主义的右翼势力上台执政后，并未能马上引领这些转轨国家走向预期的那种康庄大道，自身的经济发展反而更加受到了国际经济波动的消极影响，再加之在他们看来是走市场社会主义的中国特色社会主义，却在高举马克思主义和社会主义旗帜，开拓了社会主义发展的新境界并取得巨大成就等多种内外因素影响下，这些中东欧转轨国家的社会主义运动在经历了五六年的谷底阶段后就开始出现复苏的迹象。这为东欧社会主义运动发展提供了新的载体，东欧社会主义逐渐走出低谷，进入复兴社会主义的状态。根据现有可查的资料来看，根据现在的中东欧 16 国的范围界定来看，这些国家共计有 23 个共产党。有的国家有两个或两个以上的共产党，这也是这些中东欧国家采用西方的多党议会制政体允许多党制的结果。当然，各个党的生存境遇是迥异的。这其中，波罗的海三国的爱沙尼亚、拉脱维亚、立陶宛共产党处于秘密活动状态，其他国家如黑山社会主义者民主党绝大多数时间都是黑山的执政党。捷克的"捷克和摩拉维亚共产党"在 2012 年 4 月成为了国内第二大党派。在 2017 年 10 月的捷克议会选举中，该党获得 15 个席位。斯洛文尼亚的三个社会主义政党联合而成的斯洛文尼亚左翼联盟是本国的参政党，在 2002 年的斯洛伐克的议会大选中，斯洛伐克共产党获得了 6% 的选票，并在议会获得 11 个席位。2010 年罗马尼亚社会主义党也申请改名为共产党，尽管最后因罗马尼亚法院不予批准未能成功，但这也显示了社会主义的意识和要求正在这些地方不断得到复苏。

第二，把握 21 世纪以来苏东"新社会主义"的兴起及原因。苏东剧变后，原苏联东欧地区社会主义运动发展表现最亮眼的，就是以"21 世纪社会主义""革新社会主义"等为代表的"新社会主义"的兴起。综合来看，之所以在这些思潮前冠以"21世纪""新"等词汇，显然是这些国家和地区的左翼政党要与曾经走过的弯路进行切割。当然，就该思潮运动的兴起而言，则有着较为复杂的多方面原因。

其一，"新社会主义"的基本主张。苏联解体后，社会主义思想不再作为俄罗斯官方的意识形态，而是作为一种价值观念、一种文化思潮、一种大众的社会心理。1996年12月，"俄罗斯争取新社会主义运动"作为第一个声称社会主义性质的政治组织正式出现，并得到了国内如"现实社会主义者联盟""劳动人民社会党""俄罗斯社会主义青年联合会""雪松生态党""社会主义党"等各阶层及各种政治组织的支持。1997年，该组织发布《新社会主义者宣言》，对"新社会主义"运动的理论观点和纲领进行阐述，提出"新社会主义"是有别于传统社会主义和现行资本主义的"第三条道路"。至此，俄罗斯"新社会主义"正式产生。俄罗斯联邦共产党和公正俄罗斯党，是俄罗斯"新社会主义"主要依托的党派。俄共主席久加诺夫指出，"21世纪社会主义"不是机械地适应时代条件，而是要创造性地发展马克思列宁主义。俄共副主席伊万·梅列尼科夫也明确指出，"21世纪社会主义"是在克服苏联社会主义缺点和不足，吸收借鉴现有社会主义国家经验教训基础上的真正的、人民的、民主的社会主义。成立于2006年10月28日的公正俄罗斯党，也在2007年将"新社会主义—21世纪社会主义"作为该党的指导思想。2008年，公正俄罗斯党又将"21世纪社会主义"作为党的意识形态写进党纲，并对"21世纪社会主义"作了新阐述。

"新社会主义"无论作为一种思想观念还是一种复兴的运动，都已引起俄罗斯社会各界的广泛关注。俄罗斯《真理报》政治理论部主任鲍·费·斯拉温教授的《新社会民主的新社会主义》一文，是"新社会主义"基本理论的集中代表。综合来看，"新社会主义"认为必须正确对待苏联社会主义传统。提出这一理论和实践的生长点，必须建基在苏联社会主义的基石上，认为不仅包括意识形态，而且包括现代社会民主，都与过去有联系。在此过程中，还对未来"新社会主义"提出了许多富有建设性的思考。（1）"新社会主义"必须有足够的技术基础，落后的技术导致的普遍贫困不是理想的"新社会主义"。（2）"新社会主义"的经济基础是一种新形式的所有权，不能否认所有权的多样性。（3）"新社会主义"是一种可以持续的"社会主义"，是在国家和世界舞台上积极推动人类建造栖息地的社会主义。（4）"新社会主义"是人道主义社会主义。它不仅要为绝大多数人提供强大的社会舞台，而且要提供更高的生活质量。（5）在"新社会主义"模式中的社会主义是一个广泛的民主社会。（6）由于"新社会主义"建立在资本主义基础上，必须要在直面资本总体存在境遇下存在的各种矛盾挑战，并努力克服化解的过程中建设自由、正义、平等、人道主义和团结的现代文明社会。①

其二，"新社会主义"兴起的根本原因。苏联解体以后，原苏联地区共产党组织为深刻反思苏联经验教训，纷纷表达了对社会主义的新解读、新阐释。俄罗斯、乌克兰等国家共产党组织都以苏联社会主义实践为基础深刻反思了经验教训，阐释了在新的历史情形中关于对社会主义的认识。俄罗斯共产党最先反思教条主义、为弱势群体发声并提出新社会主义主

---

① 本部分内容主要参考夏银平、赵静：《俄罗斯"新社会主义"的特征及未来走向》，《当代世界与社会主义》2018 年第 6 期。

张。因此，通过分析俄罗斯"新社会主义"产生的根源，可以洞悉"新社会主义"思潮发展的深层原因。① 俄罗斯弃社会主义转轨走向资本主义，备受世界关注。但经过三十多年的实践验证，俄罗斯不仅没有走向当初资本主义描绘给俄罗斯的富强局面，相反，人民生活水平、国际地位等多方面因素都受到了严重影响，国际影响力下降，经济发展在低水平徘徊。此外，社会贫富两极分化加剧。"当今俄罗斯社会，一方面，是最富有的10%的人口拥有87%的国民财富；另一方面，俄罗斯中产阶级发展受挫，临时工阶层处境悲惨，大多数公民生活艰难。"② 这种情况，也证实了之前被吹嘘万能的新自由主义改革路径，并不是理想的状态。通过侵蚀原社会主义财富建立起的寡头制度对普通人民群众并无实际益处，贫富差距等问题不断激发着人们对资本主义的不满，并使人们在更深层面意识到社会主义道路可能更有益俄罗斯发展。据俄罗斯国内的一份调查显示，2009年，有48%的俄罗斯居民认为改革给国家带来了更多的危害，有27%感到难以回答。③

其三，"新社会主义"兴起的主体条件。除共产党外，俄罗斯拥有数量众多的，包括工人党、布尔什维克党、社会公正党、联合劳动阵线等在内的几十个左翼型政党。作为瓦解苏联旗手的俄罗斯曾义无反顾地拥抱西方，但这不仅没有得到预期的回报，反而在之后的进程中不断遭受西方的制裁打压，这也是驱动俄罗斯左翼政党反思并走向新社会主义的重要原

---

① 参见陈树林：《俄罗斯新社会主义思潮及其影响》，《山东社会科学》2014年第12期。
② 陈爱茹：《裂变与分化：俄罗斯社会阶层的演变》，《国外社会科学》2015年第6期。
③ ［俄］阿列克谢·格奥尔吉耶维奇·莱温松：《对20世纪90年代初改革的社会评价》，《观察与思考》2014年第11期。

因。而这部分群体，也构成了"新社会主义"思潮在俄罗斯兴起的主体条件，具有广泛的一致性，并始终将马克思主义视为实现公平正义的理论。俄罗斯各左翼政党在反思苏联社会主义发展的基础上，进一步批判了新自由主义对俄罗斯发展带来的种种负面影响，认为寡头制的存在，使得俄罗斯资本主义成为反动、寄生性的政权，严重侵犯了劳动人民群众的利益。可以说，左翼政党力量在批判资本主义方面达成了高度一致，在主体层面推动了新社会主义思潮的发展。正如国内学者明确指出的那样，如果没有共产党、工人党等左翼政党对社会主义理想信念的坚守，没有这些左翼政党对社会主义思想信念的宣传，没有这些左翼政党对广大劳动阶层切身利益的捍卫，这种新社会主义思想就会因没有先进政党作为载体而失去发展机会。[1]

---

[1]　姜辉等：《当代世界社会主义通论》，中国社会科学出版社 2020 年版，第 277 页。

第 03 章

中国特色社会主义：
社会主义能够复兴的鲜活展现

在经历了 20 世纪八九十年代的苏东剧变后，仍有如中国、越南、古巴、老挝、朝鲜等国家在坚持共产党领导、坚持走社会主义道路的基础上取得了社会主义建设发展的巨大成就。这也是当前世界社会主义运动最具说服力和感召力的鲜明例证。本章中，我们将主要结合中国特色社会主义在守正创新中不断开拓社会主义新境界的实践历程，展现世界社会主义必然会在 21 世纪走向复兴的前景。

从中国共产党始终坚守的为中华民族谋复兴、为中国人民谋幸福的初心使命来看，在通过新民主主义革命胜利建立新中国、实现了政治上的独立后，面对积贫积弱一穷二白的国内处境和资本主义世界体系的外部压力，如何实现"大为富、大为强"[①]，就成了摆在中国共产党人面前的历史性命题。当然，世界历史的总体进程已经证明，要实现"大为富、大为

① 《毛泽东文集》第 6 卷，人民出版社 1999 年版，第 495 页。

强"，必须以独立的工业化为基础，否则中国永远只能是一个二三流甚至任人宰制的国家，这一点已经被近现代中国因缺席两次工业革命的惨痛遭遇所证明。

但从近现代主要资本主义国家的现代化进程来看，这种从农业社会向工业社会的转型无疑是痛苦的。因为这意味着这个国家必须把社会剩余最大限度地投向工业生产领域，而这必然涉及社会资源配置方式的重大改变以及社会利益的重大调整。马克思在考察现代资本主义的形成史时，曾明确将劳动者与生产资料分离，进而为现代资本主义工业发展提供物质基础的历史进程称之为资本的"原始积累"；但这一原始积累的方法和过程决不是什么浪漫的田园诗，而是惨痛的"血与火"。可以说，欧洲19世纪风起云涌的工人运动和社会动荡，也与其在迈向工业化进程中必须经历的"原始积累"所带来的社会阵痛有着紧密关联。尽管如此，我们发现始终坚持历史评判而非道德评判优先的马克思并没有对原始积累带来的痛苦经历进行道德上的谴责，而是更多地要求工业较不发达的国家在直面这种"以铁的必然性发生作用并且正在实现的趋势"的过程中，充分把握现代社会的经济运动规律，从而在直面资本文明进而把握资本积累结构的内在矛盾中"缩短和减轻分娩的痛苦"①。

对照马克思揭示的这一现代化规律，新中国于1949—1953年期间存在的"公私兼顾、劳资两立"，"国营经济、合作经济、农民和手工业的个体经济、私人资本主义经济和国家资本主义经济""分工合作，各得其所"②的新民主主义社会经济形态，其内含的以小农经济为主要特征的发

①《马克思恩格斯文集》第5卷，人民出版社2009年版，第10页。
②《建国以来重要文献选编》第1册，中央文献出版社1992年版，第7页。

展模式，显然无法在短时间内为新中国的社会主义工业化提供充足的生产资料。如何才能尽快实现社会主义工业化？面对这一时代之问，中国共产党通过在农业、手工业和资本主义工商业领域进行的"三大改造"，实现了个体生产者与生产资料相分离。在由此形成的社会主义公有制基础上，通过社会主义计划经济这一本质上乃是通过政府的行政力量而非市场的力量来配置社会资源的方式，有效地将整个社会的剩余最大限度地投入到现代工业和国防体系建设中去。

需要指出的是，如果在西方的印象中，这一工业化进程将会表现为资本原始积累下的工业化与广大无产者的贫困化，以及由此形成的矛盾对立和社会动荡，那么，中国共产党则在将马克思主义基本原理同中国实际相结合，同中华优秀传统文化相结合的过程中，用了具有中国特色的"大仁政"和"小仁政"这两对范畴来作为应对这场巨大变革的思想武器。正如毛泽东所言："所谓仁政有两种：一种是为人民的当前利益，另一种是为人民的长远利益，例如抗美援朝，建设重工业。前一种是小仁政，后一种是大仁政。两者必须兼顾，不兼顾是错误的。那么重点放在什么地方呢？重点应当放在大仁政上。现在，我们施仁政的重点应当放在建设重工业上。要建设，就要资金。所以，人民的生活虽然要改善，但一时又不能改善很多。"① 综合来看，这场从落后农业国向现代工业国转变的巨大社会变革，虽然也面临着积累和消费的内在紧张和一些矛盾挑战，但总的来看，这一转型不仅没有造成生产力的破坏，反而促进了工农业和整个国民经济

① 毛泽东同志 1953 年 9 月在《抗美援朝的伟大胜利和今后的任务》中的论述。中央档案馆：《共和国 50 年珍贵档案》上册，中央档案出版社 1999 年版，第 280—281 页。

的发展；不仅没有引起巨大的社会动荡，反而极大地加强了人民的团结，并且是在人民普遍拥护的情况下完成的。可以说，这场"搞得成功"且"很了不起"社会主义改造，无疑是"毛泽东同志对马克思列宁主义的一个重大贡献"[1]。

当然，从实践探索的角度来讲，为什么我们向社会主义的过渡会经历从新中国成立前后设想的"先建设后改造"到1953年的"建设和改造同时并举"的"一化三改"总路线的转换，并在此过程中主要参考了"苏联模式"？实事求是地讲，促成这一转换的原因非常复杂。首先，将自己领导的新民主主义革命从来都是看成世界范围内无产阶级革命重要组成部分的中国共产党，其迟早都必然要转入作为新民主主义社会前途和目标的社会主义社会。其次，当时"苏联模式"内含的"公有制＋计划经济＋按劳分配"与经典社会主义论断的高度相似性以及其在促进经济社会发展过程中的优越性，非常容易引发共鸣。再加之新中国成立之初无产阶级政权的巩固在国内遇到的挑战和面临的国际格局与列宁《帝国主义论》中揭示的样态非常相似……可以说，上述系列因素的叠加，使得当时向苏联模式的过渡和转换已不是想不想和要不要的问题，而是如何结合本国国情加以有效实施的问题。

但倘若根据东方落后国家践行科学社会主义所应具有的核心内容来看，在新中国成立后，确实有必要通过社会主义计划经济体制，来尽快地为自己获取可以与强大的国际资本力量相抗衡的第一桶金。原因如下：首

---

[1]　1981年3月18日同《历史决议》起草小组负责同志的谈话。参见《邓小平文选》第2卷，人民出版社1994年版，第302页。

先，中国传统中长久以来的中央集权传统以及对大同社会的向往推崇，再加之新中国成立后广大人民在当家作主后切实存在的对建设理想社会形态的迫切追求，使得整个国家不仅能以较低的代价，通过没收官僚资本以及对农业、手工业及资本主义工商业的改造，亦能以较低的代价快速地迅速地建立起较为强大的生产资料公有制的经济体系。其次，在公有制基础上的利用政府行政指令而非市场力量来配置资源的举措，由于其中所内含的对既已沉淀下来的现代工业化国家产业结构和资源配置要求的充分借鉴，确实可以在现代化的早期阶段避免资本因盲目扩张和技术试错而要付出的高昂成本，从而有效避免了资本主义经济发展中走过的歪路。

事实也确实如此，新中国在公有制基础上，采用计划经济手段来建立工业化体系的模式，仅仅用短短 20 多年时间，就走完了西方资本主义国家 200 多年的工业化之路。这种用举国体制兴办关系到整个中国命脉的大型基础工业，如电力、铁路、通讯、能源、钢铁等工业部门，给整个工业体系的建立奠定了强大的基础，使中国人民在继政治上独立后，又开始使自己的经济在世界体系中"站了起来"。不仅如此，面对旧中国留下来的落后文化和残破不全的教育体系，面对文盲率为 80%（1949 年）的文化落后状况，新中国采取了一系列运动式的政策与举措，迅速建立起社会主义新文化。政府大办成人扫盲识字班，大力普及小学教育，使文盲率在 15 年内迅速从 80% 降低到 34%，到 1982 年降低为 22%。[1] 确立马克思主义作为指导我们思想的理论基础，使中国人民在精神和文化上也"站了起来"。这些无疑为我们在国际体系中与强大的国际资本力量相抗衡奠定了

①　刘立德、谢春风:《新中国扫盲教育史纲》，安徽教育出版社 2006 年版，第 243 页。

坚持基础。

虽然在此过程中，我们付出了"大跃进"和"文化大革命"等沉重代价，但已经在艰苦卓绝的革命战争年代生成了"始终秉承社会主义价值观灵魂—敢于直面时代挑战进行伟大斗争—结合具体境遇生成新思想引领伟大实践"这一伟大基因的中国共产党，其既没有被面前的挫折困难吓倒而止步不前，也没有囿于先走一步的苏联模式而放不开手脚，而是始终注重理论与实践结合不断开拓社会主义的新路。可以说，每一次失误都紧跟着后来的反省，越是大的失误，反省就越是深刻，对社会主义的认识就愈上新的台阶。如在新中国社会主义建设展开不久，我们党就有了《论十大关系》、"三个主体、三个补充"这样的探索。从"文革"结束后到改革开放初的这段时期内，我们党的自我反思就已深入到了"什么是社会主义""怎样建设社会主义"这一制度和理论的基础层面，创造性地提出了"社会主义初级阶段论""社会主义本质论""社会主义市场经济论"等重大开拓性论断。

正是因为在坚持科学社会主义本质要求的前提下不断守正创新，当代中国终于在必须经历的社会主义计划经济体制阶段后，逐渐通过改革开放（改革即社会主义的制度创新，就是社会主义制度适应于时代挑战的健康成长；开放即我国突破社会主义建设原有的那种封闭半封闭状态，融入世界体系并充分运用人类社会的文明成果来发展社会主义），很好地直面了现实社会主义必须破解的计划与市场、效率与公平、过程与目标间的难题，主动谋划市场在资源配置中起到的基础性乃至决定性作用，并坚持探索如何正确处理好市场与政府的关系进而更好发挥政府的作用。这使得当代中国在很好地破解了东方落后国家在世界体系中践行社会主义必须解决的悖论式难题的同时，终于使得社会主义的制度优势又重新通过中国特色社会主义的实践日益清晰地凸显出来。

实践已经证明，旨在克服资本扩张悖论、追求经济发展正义进而实现民富国强的中国特色社会主义政治经济学，对内正在通过治理体系的完善、体制机制的健全和治理能力的提升来化解矛盾挑战，其引导资本力量来为社会主义价值目标服务的能力在不断增强，其满足广大人民对美好生活向往和追求的预期也在不断变成现实。对外则通过积极建设新型大国关系并深入推动构建人类命运共同体，有效化解资本全球不对称积累格局带来的现实威胁。这也意味着久经磨难的中华民族迎来了从站起来、富起来到强起来的伟大飞跃，迎来了实现中华民族伟大复兴光明前景。可以说，曾经遭遇巨大波折的社会主义，在 21 世纪的中国焕发出强大的生机活力，正是作为目标社会主义能够走向复兴的鲜活展现。

一、艰难的转折：在先富逻辑中逐渐告别计划经济

20 世纪 50 至 70 年代，中国人民尤其是广大农民，为了建立起现代化工业体系作出了巨大牺牲。因为广大农民的剩余劳动在当时的历史条件下主要积淀为工业化体系，导致其生活非常贫困。如何解决人民的贫困问题，使人民"富起来"，成为新的时代之问。事实上，这一阶段上最为关键的问题，就是在初步建立起能与强大的国际资本相抗衡的现代工业和国防体系后，面对计划经济体制暴露的弊端，我们如何在处理好变与不变的辩证关系中，探索出一条在全球化市场化资本化背景下继续推动社会主义深入发展的道路。当然，这是一个极富挑战性的命题，毕竟从既有的经验来看，"社会主义究竟是个什么样子，苏联搞了很多年，没有完全搞清

楚"，我们也"没有完全搞清楚"。① 总的来说，在这一阶段"以经济建设为中心"的总体要求下，改革起步阶段的核心举措或重要特色，可以概括为一句话：那就是"让一部分人先富起来"。综合来看，这一"先富"探索主要逻辑地展现为下述几个层面：

第一，正视财富的历史合法性。邓小平明确指出，"社会主义如果老是穷的，它就站不住脚"②。"没有穷的共产主义，按照马克思主义观点，共产主义社会是物质极大丰富的社会。因为物质极大丰富，才能实现各尽所能、按需分配的共产主义原则。"因此，社会主义必须"使社会物质财富不断增长人民生活一天天好起来，为进入共产主义创造物质条件。不能有穷的共产主义，同样也不能有穷的社会主义。"此外，不仅社会主义作为一个整体概念需要"富裕"，而且社会个体"致富不是罪过"③。

第二，鼓励先富，告别平均主义。"让一部分人先富起来"，为社会主义在实践中找到了一把既简单易懂，又能更好地解放发展生产力的关键钥匙，那就是允许"先富"。作为"先"字的主体，必定是"一部分人、一部分地区、一部分行业"。邓小平同志为此曾多次强调："应该让地方和企业、生产队有更多的经营管理的自主权"，"当前最迫切的是扩大厂矿企业和生产队的自主权，使每一个工厂和生产队能够千方百计地发挥主动创新精神"，并预见到了这种独立自主性将会激发出的财富效应："全国几十万个企业，七百万个生产队都开动脑筋，能够增加多少财富啊。"④ 正因为如

---

① 《邓小平文选》第3卷，人民出版社1993年版，第139、137页。同样的意思在文选的《建设有中国特色社会主义》《政治上发展民主，经济上实行改革》等篇目中反复出现。
② 《邓小平文选》第2卷，人民出版社1994年版，第134页。
③ 《邓小平文选》第3卷，人民出版社1993年版，第171—172页。
④ 《邓小平文选》第2卷，人民出版社1994年版，第145—146页。

此，"生产关系究竟以什么形式为最好，恐怕要采取这样一种态度，就是哪种形式在哪个地方能够比较容易比较快地恢复和发展农业生产，就采取哪种形式；群众愿意采取哪种形式，就应该采取哪种形式，不合法的使它合法起来"①。可以说，恰恰是一个"先"字，折射出中国共产党大胆冲破了长期以来"左"的思想束缚。后来的一系列市场经济发展举措，其实已经袖珍地包含在了"先富"理念的基因密码中。

第三，明确先富带共富的目标。可以说，一个"先"字、一个"带"字同时构成了同一主题的两面：促进"共同富裕"，不是片面地限制收入、消极地截长补短、劫富济贫；"共同富裕绝不等于也不可能完全是平均，绝不等于也不可能是所有社会成员在同一时间以同等速度富裕起来。如果把共同富裕理解为完全平均和同步富裕，不但做不到，而且势必导致共同贫穷"②。因此，必须在"带"字上下工夫，将"带"视为社会主义核心价值观的一种实现机制。

对此，中国共产党时刻强调社会主义与资本主义的本质区别。"我们讲的致富不是你们（即资本主义国家）讲的致富。社会主义财富属于全体人民，社会主义的致富是全民共同富裕。社会主义原则，第一是发展生产，第二是共同致富。我们允许一部分人先好起来，一部分地区先好起来，目的是更好更快地实现共同富裕。我们的政策是不使社会导致两极分化，就是说，不会导致致富的越富，贫的越贫。"③与此同时，中国共产党也始终注重把这一价值目标的实现与否，作为检验改革成败的一

---

① 《邓小平文选》第 1 卷，人民出版社 1994 年版，第 323 页。
② 《中共中央文件选编》，中共中央党校出版社 1994 年版，第 287 页。
③ 《邓小平文选》第 3 卷，人民出版社 1993 年版，第 172 页。

个标志："如果导致两极分化，改革就算失败了"①。因此，我们千万要避免那种"只讲现代化，（而）忘了我们讲的现代化是社会主义现代化"②倾向。习近平总书记在《求是》杂志 2022 年第 10 期发表的《正确认识和把握我国发展重大理论和实践问题》一文中，也把共同富裕问题放在了第一个来讲，并体现了中国共产党在这一问题上的历史贯通性。习近平总书记指出：共同富裕是中国特色社会主义的本质要求。"实现共同富裕的目标，首先要通过全国人民共同奋斗把'蛋糕'做大做好，然后通过合理的制度安排正确处理增长和分配关系，把'蛋糕'切好分好。这是一个长期的历史过程，我们要创造条件、完善制度，稳步朝着这个目标迈进。"

第四，有计划的商品经济体制：先富逻辑在早期改革实践中的系统展现。"先富"逻辑的历史哲学内涵，意味着中国共产党在解决了让新中国在世界体系中"站起来"的历史任务后，进一步就如何让广大人民在社会主义定向的基础上"富起来"进而破解悖论式难题，有了初步的系统认知。总的来看，这一时期"先富"实践的最大亮点，同时也是该实践在早期的系统化展现，就是将整个国家的经济体制从"单一公有制下的计划经济体制"转变为"有计划的商品经济体制"。

熟悉当代中国经济体制改革的人们应该不会忘记，在改革开放伊始，我们并没有马上从计划经济体制直接迈向社会主义市场经济体制。事实上，1984 年党的十二届三中全会通过的《中共中央关于经济体制改革的决定》（以下简称《决定》），只是将整个国家的经济体制从"单一公有制

---

① 《邓小平文选》第 3 卷，人民出版社 1993 年版，第 139 页。
② 同上书，第 209 页。

下的计划经济体制"改变为"公有制基础上的有计划的商品经济体制"，
这一体制直至 1993 年才被社会主义市场经济体制取代。

　　综合来看，当时施行有计划的经济体制，其核心指向就是在保持计划
经济体制核心部分稳定的前提下，借鉴农村改革中推行的家庭联产承包
责任制中激励办法，通过实现国家、集体和企业、职工收益的双赢，最
大限度地将城市中国有企业的活力激发出来。正如《决定》所明确指出
的："在我国社会主义条件下，劳动力不是商品，土地、矿山、银行、铁
路等等一切的企业和资源也都不是商品。"①"社会主义的国家机构必须通
过计划的和经济的、行政的、法律的手段对企业进行必要管理、检查、指
导和调节"，可以"委派、任免或批准聘选企业的主要领导人员，并且可
以决定企业的创建和关、停、并、转、迁"②。这决定了当时"我国实行的
是计划经济，即计划的商品经济，而不是那种完全由市场调节的市场经
济"③。在此前提下，通过触及"赋予企业自主权这个要害问题"④，给
予各类从事生产经营的计划经济主体以体制所能允许的最大主动权。表现
在具体运行机制上，就是让由生产要素生产的消费品逐步通过市场机制来
配置，特别是那些"在国民经济中起辅助的但不可缺少的作用"的"其他
大量产品和经济活动"，如农副产品、日用小商品和服务修理行业的劳务
活动等，"可根据不同情况""分别实行指导性计划或完全由市场调节"⑤。
从而在坚持社会主义的基本前提下，将各类财富生产主体的主动性和创造
性平稳有序地激发出来。

---

①③④　《中共中央文件选编》，中共中央党校出版社 1994 年版，第 278 页。
②　　同上书，第 274 页。
⑤　　同上书，第 278—279 页。

1984 年 5 月国务院颁布的《进一步扩大国营企业自主权的暂行规定》，可以说是这一阶段上最有代表性的亮点。该《规定》提出，国营企业在完成原有计划指标的基础上，其增产部分可以按照高于计划核定价格的 20% 在市场上出售。这一举措与在农村推行的家庭联产承包责任制中交足国家的、留足集体的剩下都是自己的激励方式颇为相似。在按既定计划指标交足国家留足集体后，企业其超出计划指标外的增量部分越多，也就意味着可供企业额外支配的收入越多，企业职工获得工资外奖金收入的额度也就越大。正是从这个层面上来讲，我们也可以看出，有计划商品经济体制的目标，主要还是为了在保持计划经济存量稳定的前提下，调动企业的生产积极性做好改革发展的增量。它与同时期在农村推行的家庭联产承包责任制一起，共同构成了改革增效的两翼。

综合来看，有计划的商品经济体制在促进当代中国经济社会发展中的作用是巨大的。这一阶段，农副产品大幅增产，农民收入大幅度增加，乡镇企业异军突起，城市工业蓬勃发展，人们感受到商品经济带来的生产力的发展和生活水平的普遍提高。以至于邓小平同志在 1992 年的南方谈话中回溯 1984—1988 年这 5 年期间的成就时，不无欣喜地评论道："经济发展比较快的 1984—1988 年，这五年，首先是农村改革带来许多新的变化，农作物大幅度增产，农民收入大幅度增加，乡镇企业异军突起。广大农民购买力增加了，不仅盖了大批新房子，而且自行车、缝纫机、收音机、手表'四大件'和一些高档消费品进入普通农村家庭。农副产品的增加，农村市场的扩大，农业剩余劳动力的转移，又强有力地推动了工业的发展。这五年，共创造工业总产值六万多亿元，平均每年增长 21.7%。吃、穿、住、行、用等各方面的工业品，包括彩电、冰箱、洗衣机，都大幅度增长。钢材、水泥等生产资料也大幅度增长。"可以说，这一时期整个"农业和工业，农村和城市，就是这样相互影响、相互促进。这是一个非常生动、非常有说服力的发展过程"，这也意味着随着财富动力机制的有效开启，"我国财富有了巨额增加，整个国民经济上了一个新的台阶"①。

此外，有计划的商品经济体制阶段上进行的上述改革，其对人们的主观心态而言，则意味着社会个体在追求财富方面从此有了正当合法性。这种合法正当性和当时通过经济体制改革释放出来的、尽管是仅有的那么一点商品经济意识汇合在一起，使得广大中国人民长时期之前被体制和意识形态压抑束缚的财富欲望，开始被深层次地激发出来，并在作为对象化存在的生产力的巨大发展中得到了充分印证。这也为接下来更进一步地破解社会主义建设中遭遇的悖论式难题提供了极为丰富现实的感性力量。

可以说，"有计划的商品经济"这一"马克思主义的基本原理和中国社会主义实践相结合的政治经济学"②，较好地实现了党的十二届三中全会通过的《中共中央关于经济体制改革的决定》中所希望达到的"改革的进行，只应该促进而绝对不能损害社会的安定、生产的发展、人民生活的改善和国家财力的增强"③的总体目标，得到了社会各阶层的普遍欢迎。这也标志着伴随这一经济体制改革的深入推进，一种明显区别于经典意义或苏联模式（当然，在苏联和东欧社会主义国家内部也曾有过类似的探索，但最后未能在社会主义的定向中予以很好地推进），此时已开始在中国的

---

① 《邓小平文选》第 3 卷，人民出版社 1993 年版，第 376 页。
② 参见中共中央文献研究室编《邓小平年谱》(1975—1997)，中央文献出版社 2004 年版，第 1006 页。
③ 《中共中央文件选编》，中共中央党校出版社 1994 年版，第 272 页。

社会主义实践中形成和发展起来。

也正是基于上述分析，我们认为，这一时期的"先富"逻辑充分反映了中国共产党在探索社会主义发展的过程中，重新转到了"解放思想、实事求是"的实践轨道上来。客观地讲，作为这短短数语的发展理念以及在此过程中推行的有计划的商品经济体制，与其说是中国特色社会主义发展方式的具体指导，倒不如说是中国共产党在直面社会主义发展困境中形成的一种大胆探索。这种探索不像以往那样沉湎、陶醉、束缚于既有的观念教条，而是在始终秉承以人民为中心的价值立场基础上，直接将"是否有助于建设有中国特色的社会主义"与"是否有助于人民的富裕幸福"，"是否有助于国家的兴旺发达"作为判断党建和政策效应的重要标准[①]。可以说，这种在经历波折后继续用实实在在的生产力到底能不能获得解放、人民生活幸不幸福、国家综合实力能不能提升的综合性指标来理解把握现实的社会主义，对激发人们更多地参与反思"社会主义道路应该怎样走"具有重大意义。这也意味着社会主义中国"在思想政治方面，已经基本上回到马列主义、毛泽东思想的正确轨道上来"，从而实现了"我国历史上的一个伟大的转折"[②]。而若从世界社会主义的发展进程来看，这个具有转折意义的伟大探索对推动社会主义在中国的复兴具有重大意义。

二、复兴的开启：全面推进社会主义市场经济体制

当我们再次审视在有计划商品经济体制下进行社会主义发展的总体格

---

① 《邓小平文选》第 3 卷，人民出版社 1993 年版，第 23 页。
② 《邓小平文选》第 2 卷，人民出版社 1994 年版，第 159 页。

局时，可以看到下述具有阶段性特色的历史景观。一方面，是自放权让利以来被日益激活的国有企业发展体系。而另一方面，则是计划外的、主要包括股份合作制企业、个体私营企业，乡镇企业，以及为引进国外资金和先进技术而正在兴起的中外合资与合作经营企业，外商独资企业等以非国有企业或非公有制经济为主体的发展体系。对处于计划体制内而享有生产资料优势的国有企业来讲，其在按国家指令计划来进行生产的同时，还内生了一种要将自己的经营自主权转化追求计划外利润、计划外经营的要求。而对于那些不掌握生产资料划拨权的其他经济主体而言，虽然他们已经在部分开启的商品经济体系中获得了商机，但还是要依赖原来的公有制计划经济体系。因为一旦离开这个体系，不要说发展，就连最基本的生产资料（生产要素）供应和相关配套生产条件的满足，都将成为问题。但随着中国特色社会主义发展进程的不断深入，本质上由生产要素的计划配置（行政配置）和商品的市场化配置间的内在矛盾，开始全方位多层次地在经济社会中展现出来，并历史地阻碍了中国特色社会主义发展的深入推进。综合来看，中国共产党正是通过对这些矛盾挑战的克服化解，才使得社会主义在中国的复兴成为现实。

第一，发展过程中的计划体制外经济主体与计划体制内经济主体之间的矛盾对立。如前所述，伴随"致富光荣""思富""崇富""善待财富"等观念随着改革的进程不断成为人们主导观念的同时，已经在改革开放过程蓬勃发展起来的计划体制外的发展主体为了实现自己的致富目标，迫切需要生产要素可以通过市场交换获取。

但当时生产资料的计划配置方式，使得可在市场上自由销售流通的商品数量非常有限，这直接导致数量不断增多、规模逐渐扩大、但仍处于计划体制外的各种经济主体，无法通过正规渠道筹集自己亟须的生产资料。在此情况下，它们不得不采取种种手段（包括商业贿赂）来从政府与国有企业中获取生产要素。而它们对生产要素的灵活运用所产生的竞争力，又通过商品市场的中介形成了对行政化管理的国有企业的巨大压力。如前所述，为了在计划配置生产要素的总体框架下满足这些计划外企业的需求，政府出台了生产资料的计划价格与市场价格的"双轨制"。即允许国有企业对工业生产资料属于超产和自销的部分，开了一个允许在20%幅度内自行定价的"绿灯"。其初衷本意，就是要把掩蔽在商业贿赂中的计划内外的生产资料差价公开化，纳入到国有企业的收入核算中，以此消除商业贿赂。然而在具体操作过程中，由于价格双轨制中的差价和交易额并不由市场决定，而是由政府和具体企业管理者决定。于是，社会上已经明显存在的一种商品、两种价格的价格双轨制，再加之当时体制机制不完善、改革不到位背景下出现的权力与资本间的相互勾兑现象，导致了为社会公众深恶痛绝的"官倒"现象。这种通过权力手段以较低的计划内价格购买到生产资料，再以明显高于计划内价格倒卖到市场而获利的现象，急切地呼唤着整个社会必须用更为深层的改革来化解"价格双轨制"引发的弊端。

第二，生产要素的计划配置与商品市场的深化拓展之间的矛盾对立。在现实的社会经济活动中，要素与产品往往是捆绑在一起，而不是像在理论中那样可以分开考虑的。但在当时的劳动力、土地和资本等要素主要是由行政计划来配置的情况下，使得类似住房等在计划经济下纳入福利领域的消费品，无法推行市场化。甚至如粮食、彩电等产品也主要凭票证购买。这就导致了如下问题：改革开放带来的财富增长无法投入住房等大宗消费品领域，更不可能进行诸如当今市场化条件下的系列投资活动，而只能投入范围非常狭窄的商品市场上。这直接导致当时局部商品市场的通货膨胀局面。特别是在 1985 年开始的价格改革优先战略即我们通常所讲的"闯关"计划启动后，头一年社会零售价格指数就比前一年上升了 8.8%。这是改革开放以来的最高纪录。在这之后的三年时间里，这一上升态势毫无缓解的苗头，严重影响了当时社会经济的稳定运行，也最终导致了价格"闯关"的失败。从 1989 年开始，整个社会经济进入了历史上"治理整顿"的三年。可以说，由此矛盾危机所展示出的打破体制壁垒并推行生产要素的市场化改革的征兆已十分明显。

第三，国有企业在产品上的市场配置与其在生产要素上所处的计划配置格局之间的矛盾对立。在有计划的商品经济体制下，国有企业只追求产品的收益而无权对要素成本负责是基本事实。于是，那些经营不善且背负沉重历史包袱的亏损企业，最后仍旧只能由政府来养活。企业吃国家"大锅饭"的局面无法从根本上改变。与此同时，由于无权对包括劳动力在内的生产要素进行自主配置，国有企业在调动职工积极性上具有的最大权限，也只能在维持原有工资福利的基础上使用奖金手段来做增量改革。因此，职工吃企业"大锅饭"的局面也无法从根本上得到改变。再加之国有企业缺乏通过市场配置生产要素的自主权，也在根本上导致了这些企业无法进行自主扩张与自主创新……所有这些内在矛盾的汇聚，使得国有企业生产效率低下、创新能力低下的局面无法从根本上得到改变，这也使得众多国有企业在改革进程中陷入了困境。①

---

① 上述关于计划经济体制推进过程中凸显的三大矛盾悖论，主要参考鲁品越：《改革开放的内在逻辑及其发展阶段》，《马克思主义研究》2007 年第 9 期。

上述这些在有计划的商品经济体制下生成的系列阻滞当代中国经济社会发展向深入发展的内在否定性因素，客观上意味着既有改革红利所能激发与释放的边际效益逐渐递减，而要素的计划配置和商品的市场配置方式间的冲突则不断递增。矛盾的内在辩证原理已在向世人昭示：进一步改革的时机已经到来！

但是，要把中国的经济改革从起初的商品市场化继续推进到深层的要素市场化，并以此来开创一条中国共产党在全球化、市场化背景下通过引导驾驭资本来为社会主义价值目标服务的道路的探索，却遭遇了强大的意识形态阻碍。这就是"什么是社会主义"的问题。也就是说，从现在来看，尽管由之前同样必须经历的经济体制改革而来的社会主义市场经济，是资本全球不对称积累格局下有效破解现实社会主义发展悖论式难题的必经之路，而且也是现实社会主义在走向常态化阶段上所应具有的典型样态，但在当时的总体认知中，由于还未完全挣脱那种既有的按计划和市场来论两大制度间本质区别的认知模式，再加之"有计划的商品经济体制"在运行过程中生成的上述系列矛盾和20世纪80年代末90年代初东欧剧变、苏联解体的巨大冲击，使得社会上出现了违背改革开放现实进程需要的杂音。在当时新自由主义思潮的冲击影响下，面对改革进程中出现的这些矛盾问题，一些人主张问题的根源在于中国的政治体制，认为中国的经济改革已经到头，下一步应该放弃共产党的领导，走以"多党制"为基本特征的西方民主制道路；另一些人结合改革发展中出现的矛盾问题，认为正是因为引入了为我们原来所规避的商品经济及资本力量才导致了这一后果，故主张必须退回到原来计划经济的老路上去。可以说，这两种观点中的任何一种，都不符合当代中国在世界体系中深入践行社会主义的基本规律和内在要求。

正是在这一历史境遇下，自觉开启了改革进程的中国共产党果断剔除
了各种杂音阻挠，再次自觉主动把握住了改革的历史契机。邓小平同志在
"南方谈话"中明确指出：判断改革开放姓"资"姓"社"的标准，"应该
主要看是否有利于发展社会主义社会的生产力，是否有利于增强社会主义
国家的综合国力，是否有利于提高人民的生活水平"。"计划多一点还是
市场多一点，不是社会主义与资本主义的本质区别。……社会主义的本
质，是解放生产力，发展生产力，消灭剥削，消除两极分化，最终达到共
同富裕。"① 在此后不久召开的党的十四届三中全会上，通过了《中共中央
关于建立社会主义市场经济体制若干问题的决定》，明确将之前的"有计
划的商品经济体制"，彻底转变为"社会主义市场经济体制"。其中的核心
环节，就是要形成使市场在政府宏观调控下对生产要素配置起基础性作用
的格局。这也意味着，整个社会将更多地利用作为货币、资本而政府的行
政权力来配置资源，从而在根本上顺应了改革开放后启动的这一"不可逆
转"② 的经济体制改革的内在要求。综合来看，我们在之后的进程中，主
要通过下述几个方面深入推进了中国特色社会主义市场经济。

首先，发展确认各类市场主体，确立市场经济的历史前提。具有独立
进行市场交易且被社会认可和保护的市场主体，是现代市场经济发展的一
般要求。只有这样，各市场要素所有者之间才能顺利进行市场交易，市场
在资源配置中起基础性作用的要求才能得到实现。因此，这也是在由有

---

① 《邓小平文选》第 3 卷，人民出版社 1993 年版，第 373 页。
② 同上书，第 114 页。

计划的商品经济体制转向社会主义市场经济体制过程中必须完成的首要任务。

其一，建立国有企业法人实体。针对建立社会主义市场经济体制的要求和国有企业存在的弊端，党中央在关于《中共中央关于建立社会主义市场经济体制若干问题的决定》中，果断将"转换国有企业经营机制，建立现代企业制度"，列在了各项发展举措的首要位置并予以强调。其核心目标，就是赋予国有企业在经济发展中作为自由竞争主体的法律地位。其主要手段，则通过建立现代企业制度来完成。而对这些市场主体的基本要求，就是要"以资本为纽带，通过市场形成具有较强竞争力的跨地区、跨行业、跨所有制的跨国经营的大企业集团"①。可以说，对比以往计划经济体制背景国有企业有"国有"之名但却缺乏现代企业"法人权责"的局面，如今这种将国有企业标定为"权责明确"的历史性举措，使得国有企业开始从"权责不明"的困境中走出来。这为它们在国家法律政策允许的范围内通过全面激活自身活力，进而最大限度地促进生产发展提供了基本前提。同时，这也为国有资产实现保值增值提供了重要保障。

其二，发展非公有制经济并提升其历史地位。作为在商品经济发展过程中不断壮大起来的非公有制经济，已经现实地成为了中国特色社会主义框架内的一支重要力量。这也使得其感性存在必须在整个社会的上层建筑和意识形态领域得到合理的表达。为此，相比于之前在党的十四大报告中被确定为"有益补充"的地位而言，党的十五大将非公有制经济列为了我

---

① 《江泽民文选》第 2 卷，人民出版社 2006 年版，第 19 页。

国社会主义初级阶段的"一项基本经济制度"①，并在此基础上强调"必须毫不动摇地巩固和发展非公有制经济"，"必须毫不动摇地鼓励、支持和引导非公有制经济发展"，进而将非公有制经济有效"统一"到以公有制为主体的社会主义现代化建设进程中来。可以说，这为保障各非公有制经济主体的历史地位提供了最为基本的制度保障。

其三，在确立"产权"制度的同时明确市场主体的政治地位。其具体表现，就是在宏观的制度层面上明晰了国有企业的"法人"权责和非公有制经济的历史地位后，我们还在更为微观深入的层面上，对整个社会中具体从事经济社会发展的各类市场主体所拥有财富的合法性及其政治地位给予了明确保障。与"一切合法的劳动收入和非劳动收入都应该得到保护"②、要"完善保护私人财产的法律制度"③相承接，2003 年《中共中央关于完善社会主义市场经济体制若干问题的决定》中，进一步提出了"建立健全现代产权制度"的思想，明确将"产权"定位在"是所有制的核心和主要内容"，"是完善基本经济制度的内在要求"，"是构建现代企业制度的重要基础"④的历史高度上，并对包括在基本经济制度范围之内的各类物权、债权、股权、知识产权等各类财产权予以制度层面上的保障。在此基础上，我们也遵循生产力与生产关系、经济基础与上层建筑的辩证关系原理，进一步提出了"在社会变革中出现的民营科技企业的创业人员和技术人员、受聘于外资企业的管理技术人员、个体户、私营企业主、中介

---

① 《江泽民文选》第 2 卷，人民出版社 2006 年版，第 19 页。
② 《江泽民文选》第 3 卷，人民出版社 2006 年版，第 540 页。
③ 同上书，第 549 页。
④ 《十六大以来重要文献选编》（上），人民出版社 2005 年版，第 467 页。

组织的从业人员、自由职业等社会阶层，都是中国特色社会主义事业的建设者"①的思想。明确以"社会主义事业的建设者"的定位，赋予了所有在社会主义市场经济中从事经济社会发展的各阶层人员以应有的政治地位。

其次，发展股份制经济，探索市场经济的有效组织形式。所谓股份制，简而言之，就是指以入股方式把社会上分散的、属于不同财富主体所有者的生产要素集中起来，统一使用、合伙经营、自负盈亏、按股分红的一种经济组织形式。其基本特征是生产要素的所有权和使用权相分离，在保持所有权不变的前提下，把分散的使用权转化为集中起来的使用权，在接受资产所有者监督管理的前提下进行运作发展。马克思在资本社会的批判中，曾对这一具有社会化性质的经济组织形式在促进现代发展方面的巨大作用予以了充分肯定。对于中国而言，伴随着各类市场主体的确立及其历史地位的确认，特别是各市场主体在社会化生产过程成追求有效经济组织形式的内在诉求，也使得这一与既往经济组织形式有着"本质性"差别的股份制经济，无可避免地进入了改革的视野。

继在党的十二大报告中明确提出"股份制有利于促成政企分开、转换企业经营机制和积聚社会资金，要积极试点"后，1993 年的党的十四届三中全会通过的《中共中央关于建立社会主义市场经济体制若干问题的决定》虽没有明确提出要重点发展股份制，但已经将朝着股份制方向前进的"公司制"作为现代企业制度的有效实现形式，并就其在发展市场经济中的作用、实现形式等问题作了明确界定。针对公司制、股份制、混合所有

① 《江泽民文选》第 3 卷，人民出版社 2006 年版，第 539 页。

制经济发展过程中因公有资产转让、拍卖、改制等举措而形成的"国退民进"现象，以及由此而来的关于中国将会"私有化"的担心疑虑、认为中国只有实行"私有化"才能有效解决国有企业效率低下和公有制经济弊端的观点，也及时从下述两个方面予以了阐明：

第一，就判定股份制经济主要性质的基本依据而言，关键要看控股权掌握在谁手中，因此不能笼统地说股份制是公有还是私有。第二，就公有制经济在股份制经济形式中的布局要义而言，则在要素市场化时代，公有制的主体地位主要体现为在社会总资产中占优势，国有经济控制国民经济命脉并对经济发展其主导作用；只要坚持这一标准，公有制经济在具体实现形式中可以灵活多样，特别是在一些局部性非关键领域和行业，国有资产适当退出或降低到较低比重，都不会影响社会主义的性质。[①]可以说，这对促进公有制经济的有效发展并以此来带动、利用、整合、激发各类生产主体和要素积极有效地融入中国特色社会主义市场经济中来，起到了至关重要的作用。

最后，全面发展各类要素体系，促进市场主体的关联贯通。既然社会主义市场经济的一个典型特征就是生产要素通过市场而非行政权力来进行配置，并在此过程中充分发挥政府的宏观调控作用，那么，如何在各类市场主体得到确立、相关组织形式得到有效构建的同时，进一步发展市场要素体系并实现其全面、有效、内在的关联贯通，便同样构成了这一阶段改革的重点。

事实上，从 1993 年开始，中国共产党就已经开始了从与市场密切关

---

① 《江泽民文选》第 2 卷，人民出版社 2006 年版，第 19—20 页。

联的金融、劳动力、房地产、技术和信息等要素市场入手开始了改革的进程。①在此基础上，党的十五大和十六大上，进一步强调了要"继续发展各类市场，着重发展资本、劳动力、技术等生产要素市场，完善生产要素价格形成机制"②，要"在更大程度上发挥市场在资源配置中的基础性作用，健全统一、开放、竞争、有序的现代市场体系。推进资本市场的改革开放和稳定发展。发展产权、土地、劳动力和技术市场。创造各类市场主体平等使用生产要素的环境"③，并以此来"营造鼓励人们干事业、支持人们干成事业的氛围，放手让一切劳动力、知识、技术、管理和资本的活力竞相迸发，让一切社会财富的源泉充分涌流，以造福于人民"④。需要特别指出的是，在上述全面建立发展金融、资本、劳动力、知识、管理等市场要素体系、有效促进市场发展的过程中，下述两大举措不容忽略。

其一，在与要素市场体系密切联系的分配领域，提出了要"把按劳分配和按生产要素分配结合起来"，"允许和鼓励资本、技术等生产要素参与受益分配"⑤的分配举措。

其二，通过加入WTO，在世界范围内激活利用要素资源。可以说，这一历史性举措，乃是朝着在世界范围内贯通市场要素迈进了坚实一步。这在社会主义走向复兴的维度上则意味着：随着真正在与国际资本同生共长的世界体系中践行克服资本扩张悖论、追求经济正义进而实现民富国强的社会主义政治经济学的深入推进，东方落后国家在世界体系中践行社会

①《中共中央文献选编》，中共中央党校出版社1994年版，第649—650页。
②《江泽民文选》第2卷，人民出版社2006年版，第523页。
③《江泽民文选》第3卷，人民出版社2006年版，第549页。
④ 同上书，第540页。
⑤《江泽民文选》第2卷，人民出版社2006年版，第22页。

主义遭遇的悖论式难题已被成功破解，这无疑为社会主义在遭遇波折后重新走向复兴带来了希望的曙光。

正如《中共中央关于党的百年奋斗重大成就和历史经验的决议》强调的那样，党的十三届四中全会以后，以江泽民同志为主要代表的中国共产党人，团结带领全党全国各族人民，坚持党的基本理论、基本路线，加深了对什么是社会主义、怎样建设社会主义和建设什么样的党、怎样建设党的认识，形成了"三个代表"重要思想，在国内外形势十分复杂、世界社会主义出现严重曲折的严峻考验面前捍卫了中国特色社会主义，确立了社会主义市场经济体制的改革目标和基本框架，确立了社会主义初级阶段公有制为主体、多种所有制经济共同发展的基本经济制度和按劳分配为主体、多种分配方式并存的分配制度，开创全面改革开放新局面，推进党的建设新的伟大工程，成功把中国特色社会主义推向 21 世纪。党的十六大以后，以胡锦涛同志为主要代表的中国共产党人，团结带领全党全国各族人民，在全面建设小康社会进程中推进实践创新、理论创新、制度创新，深刻认识和回答了新形势下实现什么样的发展、怎样发展等重大问题，形成了科学发展观，抓住重要战略机遇期，聚精会神搞建设，一心一意谋发展，强调坚持以人为本、全面协调可持续发展，着力保障和改善民生，促进社会公平正义，推进党的执政能力建设和先进性建设，成功在新形势下坚持和发展了中国特色社会主义。[①] 社会主义市场经济的开创以及在这历史背景下的砥砺前行和巨大成就，不仅在中国共产党的百

---

① 《中共中央关于党的百年奋斗重大成就和历史经验的决议》，《人民日报》2021 年 11 月 17 日。

年历史征程中极为重要，而且在世界社会主义走向复兴的征程中也极为重要。

三、复兴的彰显：新时代中国特色社会主义的开创

改革开放以来，在全球化、市场化、资本化背景下全面推进社会主义的现实境遇，客观上意味着通过货币配置生产要素的各种资本力量，也开始在全方位深层次多领域的更大范围内出现在了中国特色社会主义经济体系中。这其中，除了由改制而来的国有资本力量以外，事实上还存在不断涌入的国际资本（主要来自发达资本主义国家的金融资本、商业资本和产业资本），以及日益涌现并不断壮大的民营资本力量，还有就是资本市场中的民众资本力量以及各种混合所有制经济中的非公有资本力量，等等。

历史地看，这一在全球化、市场化、资本化的总体境遇中来进行财富生产和发展的总体历史境遇，不仅起到了一扫计划经济时代因将商品、市场与资本主义制度相提并论而造成的思想束缚，空前地激发了整个社会追求财富的积极性，而且也使得当代中国在借鉴引进消化吸收先进的生产和管理经验、逐渐实现从全球产业链中低端向中高端迈进的过程中，有效提升了整个民族发现、制造进而占有财富的能力。改革开放 40 多年来，伴随中国特色社会主义道路的不断开拓，中国共产党带领全国人民从"短缺"经济时代走向了资本和产能丰裕的"过剩"经济时代。当前我国 GDP 总量稳居世界第二，人民幸福感和获得感更进一步增强，宏观市场投资环境得到进一步改善，生态建设日益深化，一副富强民主文明和谐美丽的风景图跃然眼前。中国特色社会主义道路和制度体系的日渐成熟，也在世界范围内产生了越来越广泛的正面影响。继美国学者伯格斯坦认

为"今天的中国正在成为一个世界强国"[1]后，马丁·雅克也指出"中国的崛起将改变的不仅仅是世界经济格局，还将彻底动摇我们的思维和生活方式"[2]。

但正如马克思所言的"人类始终只提出自己能够解决的任务，因为只要仔细考察就可以发现，任务本身，只有在解决它的物质条件已经存在或者至少是在生成过程中的时候，才会产生"[3]那样，伴随着当代中国愈益迈向国际合作竞争的深处，由于当前的发展体系在当下深刻的一体化进程中并未在总体上超越垄断资本主义的框架和阶段，主要资本主义国家试图将类似中国这样的发展中国家永久控制在国际产业链中低端，进而维系自身超额剩余价值来源的"丛林法则"因为中国的崛起变得更加迫切；再加之我们在发展中因体制机制不完善、改革不到位而在政治、经济、文化、社会及生态领域出现的系列与社会主义本质要求不相一致的矛盾与挑战的叠加，使得当代中国在克服资本扩张悖论的过程中面临的矛盾挑战，其一改以往那种局部的、零散的、非主流的、可忽略的、弱关联的、易应对的样态，转而以与我们强相关、难应对因而更严峻、复杂、深刻、艰巨的，诸如国际关系上的"修昔底德陷阱"、国内经济社会发展中的"中等收入陷阱"、国家治理能力上遭遇的"公信力陷阱"挑战以及关乎道路与方向的政治文化领域的"话语权陷阱"等，都将以空前复杂严峻样态表现出来。

---

① ［美］伯格斯坦等：《账簿中国：美国智库透视中国崛起》，中国发展出版社2008年版，第3页。
② ［英］马丁·雅克：《当中国统治世界》，中信出版社2010年版，封二。
③ 《马克思恩格斯文集》第2卷，人民出版社2009年版，第592页。

　　首先，国际关系上面临的"修昔底德陷阱"挑战，即日益强盛起来的中国与守成大国美国在世界体系内的伟大斗争。这是美国全球霸权受到后发崛起的中国挑战后的必然表现。中美关系可以称之为世界上最复杂的关系。一方面美国不能离开中国的市场，以"美元霸权"为基础的垄断资本依赖持续不断地吸收全球剩余价值实现扩张，而中国作为拥有 13 亿人口的广阔市场是全球剩余价值的最大源泉。美国期望将中国固定在国际产业链和国际分工的低端位置，并且通过制定贸易保护政策和措施限制中国的发展，同时压迫中国接受美元的强势霸权压制地位，从而在根本上受到美国领导下的国际政治经济秩序的制约。在满足上述霸权条款的前提下，美国希望与中国保持良好的互动关系。但当中国跃升为世界第二经济大国，并且要实行创新与产业转型，通过"一带一路"等打破由美国主导的国际经济秩序，通过亚投行与人民币离岸结算部分地摆脱美元霸权时，代表美国国际垄断资本的强硬派必然要想方设法挑起中国周边国家围堵中国，造成中国周边区域的紧张与动荡，从而在其所制造操控的一系列不确定中诱导资本流出中国，打乱中国经济发展与实力增强的既有节奏。这是以美元霸权为依托的垄断资本的本性所致。

　　无论是 2012 年 1 月奥巴马政府公布美国新军事战略报告《维持美国的全球领导地位：21 世纪国防的优先任务》开始围堵中国；抑或是特朗普上任以来强调"美国优先"，并在首份国家安全战略报告中明确将中国列为其竞争对手（原文中用的是 rival，相比 competitor，更含有敌对的意思——笔者注），并由此在高科技领域对中国发动大面积贸易战以试图阻滞中国社会经济向更高阶段的跃升，都是美国垄断在面对中国迎来强起来的飞跃时试图全面围堵中国的鲜活展现。美国实现围堵中国的手段，一是靠其"软实力"，这就是以"普世价值"为基础的强势国际话语体系。由美国操弄与制定一套政治经济规则，形成巨大的国际舆论压力，妄图迫使中国就范。"南海仲裁案"政治闹剧便是美国展示其"软实力"的活生生的教材。二是靠"硬实力"，主要表现为两个方面，一是靠以芯片为代表的高科技产品，二是靠美国的强大军事实力。"软实力"与"硬实力"的相互配合，对中国形成了巨大的围堵压力并形成"修昔底德陷阱"挑战。

继奥巴马和特朗普之后，新上任的美国总统拜登关于"在自己任期内绝不会允许中国超越美国成为世界头号强国"①的表态，以及在《美国印太战略》中煽动"盟友"围堵中国的露骨表现，似乎表明美国政府正越来越按照"修昔底德陷阱"的逻辑来处理中美关系。事实上，正如习近平总书记指出的，"世界上本无'修昔底德陷阱'，但大国之间一再发生战略误判，就可能自己给自己造成'修昔底德陷阱'"②那样，这一论调"只能是别有用心的主观捏造"，所谓的"中国威胁论"，也"只是一些西方政治家的伎俩"③。但在当下技术平台和媒介垄断基础上的经济文化军事霸权复合体愈发凸显的背景下，若任由这种论调流行蔓延，则不仅有助于美国政府继续将中国的崛起锁定在"新殖民主义"或"新帝国主义"的认知框架下，而且也为美国继续打压中国提供了"合法性"支撑。这对中华民族伟大复兴梦的实现，进而对人类文明新形态在世界范围内的广泛实现，都会带来不利的影响。而中国能不能成功战胜这一挑战，某种程度上讲，也成

---

① 《拜登发声：不寻求与中国对抗，但不允许中国超越美国成头号强国》，载网易 https://www.163.com/dy/article/G636S73M05455EF5.html，2021 年 3 月 27 日。
② 《十八大以来重要文献选编》（中），中央文献出版社 2016 年版，第 689 页。
③ 冯景源：《人类的解放：人类命运共同体的哲学基础——"利己利他"辩证关系的历史考察》，《东南学术》2021 年第 5 期。

为了世界体系中的新兴大国能否克服既有的霸权主义积累格局，进而有效实现本国人民追求更美好生活的试金石。

其次，国际经济交往中遇到的"中等收入陷阱"挑战，即当代中国必须在从全球产业链中低端向中高端迈进过程中与强大的国际资本力量之间的伟大斗争。"中等收入陷阱"是后发展国家特有的经济发展现象。从资本全球扩张的总体历史进程来看，众多发展中国家主要是通过引进国际资本而迅速发展起来的，但这些国际资本从根本上讲只是驱动人们进行经济活动的社会关系力量，这种社会关系力量必须靠通过吮吸人的自然力、自然资源的自然力与社会劳动的自然力，才能实现自己的价值增值从而达到更为稳固地支配边缘落后国家，从而达到源源不断地获取由其创造的剩余价值来缓和国内贫困积累威胁，并由此开辟本国消费空间和实现福利国家的目的。而对于众多在资本、管理、技术等方面均处于比较劣势且又有着强烈现代化使命的发展中国家而言，为了使这种在世界范围内获取剩余价值的循环方式能够不断进行下去，客观上也确实存在着必须要想尽一切办法压低成本，才能在被发达国家主导的国际市场上取得价格竞争优势的尴尬境遇。这种发展模式一方面促进了生产力发展，推进了经济快速增长，但另一方面却付出高昂的代价，具体来看就是广大发展中国家和民族经济发展中所呈现出的低工资、低福利、低效益、高消耗、高污染、高事故，并且导致国民经济体系对低端产业资本形成高度依赖性，使社会生产和国际分工长期固定在国际产业分工体系的末梢。

这也是为什么大部分边缘落后国家为什么会在现代化的初始阶段通过本国的廉价劳动力和资产要素获得快速发展，而待收入水平达到国际中等或中下等水平后，却会形成既有的经济发展优势日益丧失，与此同时迈向中高端的产业结构和综合竞争能力却不能有效生成的根本原因。因此，在众多发展中国家所出现的类似资本外逃、人才外流、创新乏力、路径依赖、体制僵化进而深陷生态危机、经济停滞、社会动乱和政治危机而不能自拔的"中等收入陷阱"，其从本质讲实际上就是世界资本主义体系范围内的中等发展水平陷阱，这是资本主义国家内部固有的资本积累与贫困积累矛盾，通过资本全球扩张和资本产业链空间转移至发展中国家后所形成的特殊表现。

随着我们在收入水平逐步接近并达到国际中等水平后，由于可促进本国人民工资水平和福利待遇有效提升的中高端产业结构和综合竞争能力尚未全面跟进，再加之在此过程中还遭遇到了以美国为首的西方主要发达资本主义国家的结构性阻挠：据不完全统计，从 2000 年到 2014 年，主要发达资本主义国家针对中国的反倾销措施共计 638 件，占全世界总量的三分之一。在欧盟有效的 73 项反倾销举措，其中有 56 项是针对中国的。因此，能否避免出现在众多发展中国家曾经出现的，因既有的经济发展优势日益丧失，但新的发展机制又未能有效形成而出现的"中等收入陷阱"，成为我们在走向强起来的过程中面临的巨大挑战。我们必须要与强大的国际资本力量进行新时期的伟大斗争。

再次，国家治理能力上遭遇的"公信力陷阱"挑战，即必然要与因体制机制不完善、改革不到位而生成的那些不利于国家治理能力和治理体系现代化的顽瘴痼疾之间的伟大斗争。 回顾我们走进新时代的历程，也的确能够看到，由于社会主义市场经济体制的建立与完善及要素的市场化过程需要利用资本（包括大涌入的国际资本）来配置资源促进发展，这个过程中的资本逐利本性与社会公共服务之间的矛盾，特别是与社会主义制度所要维护的广大人民群众利益之间的尖锐矛盾，在整个经济社会"体制机制不完善、改革不到位是经济社会发展中诸多矛盾和问题产生的重要根源"①的背景下被充分凸显出来，并在下述几个方面得到了集中表现：

（1）由资本总体性存在以及由其"无剩余不追求的"的内在秉性所的"资本积累"与"贫困积累"（包括经济贫困、生态贫困、人的综合发展的贫困威胁而来的经济生态和人的发展的危机）间的矛盾。

（2）作为本质上是要维护最广大人民群众根本利益的公有资本，其与追逐自身增值为目的的私向化存在的各类非公资本间的矛盾。

（3）作为经济学意义上的资本权力，其在体制机制不完善的背景下不断渗透到社会政治领域来兑换权力资源而形成的系列矛盾。

（4）原本应通过引导市场、资本运作从而将资本纳入到为以人民为本的政治权力，其在缺乏监督制约的背景下越过法律和道德的边界而蜕变为以权谋私、权钱交易过程中形成的矛盾。

（5）原本以自身增值为目的，但由于在具体运行中缺少健全的监管体系从而使导致实体经济和虚拟经济遭遇双重困境所形成的矛盾。

可以说，这些矛盾的挑战严重影响到了社会主义公平正义的实现，进而严重侵蚀了中国共产党的政治公信力和引起人们对社会主义本质能否实现的质疑。

例如在《关于党的百年奋斗重大成就和历史经验的决议》中提出的"七个有之"："一些地方和部门选人用人风气不正，形式主义、官僚主义、享乐主义和奢靡之风盛行，特权思想和特权现象较为普遍存在。特别是搞

---

① 《十六大以来重要文献选编》（中），人民出版社 2006 年版，第 456 页。

任人唯亲、排斥异己的有之，搞团团伙伙、拉帮结派的有之，搞匿名诬告、制造谣言的有之，搞收买人心、拉动选票的有之，搞封官许愿、弹冠相庆的有之，搞自行其是、阳奉阴违的有之，搞尾大不掉、妄议中央的也有之，政治问题和经济问题相互交织，贪腐程度触目惊心。"再比如我们改革开放后在推进依法治国过程中出现的"有法不依、执法不严、司法不公、违法不究等问题严重存在，司法腐败时有发生，一些执法司法人员徇私枉法，甚至充当犯罪分子的保护伞，严重损害法治权威，严重影响社会公平正义"①等问题。可以说，这些问题严重影响党的形象和威信，严重损害党群干群关系，引起广大党员、干部、群众强烈不满和义愤。因此，这必然要求我们通过完善国家治理能力和治理体系现代化的历史性实践，来与各类形成"公信力陷阱"挑战的顽瘴痼疾进行伟大斗争。

最后，文化与意识形态领域的"话语权陷阱"挑战，其本质是围绕我们在实现伟大复兴征程中举什么旗、走什么而来的思想认知领域的伟大斗争。与上述在客观层面上出现的矛盾挑战相对应，则是自改革开放以来，尽管党坚持物质文明和精神文明两手抓、两手硬，推动社会主义文化繁荣发展，振奋了民族精神，凝聚了民族力量，但与此同时，"拜金主义、享乐主义、极端个人主义和历史虚无主义等错误思潮不时出现，网络舆论乱象丛生，一些领导干部政治立场模糊、缺乏斗争精神，严重影响人们思想和社会舆论环境"②。这其中，尤以试图影响、左右乃至操控当代中国发展道路走向的新自由主义思潮以及与之伴随的所谓"普世价值"挑战最为

---

①② 《中共中央关于党的百年奋斗重大成就和历史经验的决议》，《人民日报》2021 年 11 月 17 日。

明显。

正如恩格斯所言："这个永恒的理性实际上不过是恰好那时正在发展成为资产者的中等市民的理想化的知性而已……金钱代替刀剑成了社会权力的第一杠杆……总之，同启蒙学者的华美诺言比起来，由'理性的胜利'建立起来的社会制度和政治制度竟是一幅令人极度失望的讽刺画。"① 尽管如此，以服务并实现自身在世界范围内资本增殖为根本要求的国际资本力量，其借助于互联网物联网等现代通讯和传媒技术，通过遍及生活方方面面的"国际评价标准"形式，用"普世价值"占据"人类道德的至高点"，在世界范围内垄断政治与思想文化的话语权。而只要我们接受了这种"普世价值"，并"用西方资本主义价值体系来剪裁我们的实践，用西方资本主义评价体系来衡量我国发展，符合西方标准就行，不符合西方标准就是落后的陈旧的，就要批判、攻击，那后果不堪设想！最后要么就是跟在人家后面亦步亦趋，要么就是只有挨骂的份"②。这也是在党的十九大报告中，习近平总书记为什么会在政治方向上反复强调中国特色社会主义而不是其他什么道路或主义，才是"改革开放以来党的全部理论和实践的主题"的根本原因。再往前看，习近平总书记在 2013 年 1 月 4 日全国宣传部长会议上明确讲，新时期要像抓经济工作一样来抓意识形态的工作；2015 年 12 月 11—12 日在全国党校工作会议上明确强调，党校姓党、党校姓马、党校姓共；2016 年的"5·17 讲话"中明确坚持马克思主义在我国哲学社会科学领域的指导地位，明确加强和改善党对哲学社会科学工作的

---

① 《马克思恩格斯文集》第 3 卷，人民出版社 2009 年版，第 527 页。
② 习近平：《在全国党校工作会议上的讲话》，《求是》2016 年第 9 期。

领导……可以说，这些都是我们为在根本上避免因听命于西方国家的话语霸权，而彻底丧失自己国家主权和发展前景的政治宣誓和政治亮剑，也是新时期在意识形态领域进行伟大斗争的鲜明表现。

当然，上述系列挑战也意味着，新时代中国特色社会主义已然随着滚动的历史车轮行进到了一个由大变强、由富转强的转折点，面对这一阶段上"改革发展稳定任务之重、矛盾风险挑战之多、治国理政考验之大都是前所未有"①的新形势新任务，我们既要具备从最坏处着眼、做最充分的准备，又要在始终秉承社会主义基本原则的前提下，清醒地认识到我国在实现中华民族伟大复兴征程中所要面对的系列伟大斗争的长期性、复杂性、艰巨性，从而在时刻保持忧患意识，并以更宽广的视野、更长远的眼光来考量当前和未来发展中战略问题的过程中，继续夺取中国特色社会主义的伟大胜利，进而在不断开拓科学社会主义新境界的征程中为全面推进人类新文明类型作出更大的贡献。

正是在此历史背景下，党的十八大以来，以习近平同志为核心的党中央团结带领全党全国各族人民，紧紧围绕中国共产党人的历史使命，在直面具有新时期特点的系列伟大斗争中，通过"七个坚定不移"和"两个加强"②，即坚定不移贯彻新发展理念，坚定不移全面深化改革，坚定不移全面推进依法治国，坚定不移推进生态文明建设，坚定不移推进国防和军队现代化，坚定不移推进中国特色大国外交，坚定不移推进全面从严治党，以及全面加强党的领导和加强党对意识形态工作的领导来深入推进中国特

---

① 习近平：《在纪念马克思诞辰 200 周年大会上的讲话》，人民出版社 2018 年版，第 24 页。
② 具体论述参见《习近平谈治国理政》第 2 卷，外文出版社 2017 年版，第 60—61 页。

色社会主义的过程中，逐渐形成了习近平新时代中国特色社会主义思想。

综合来看，在此过程中形成的习近平新时代中国特色社会主义思想，内容丰富、博大精深，是一个科学完整的思想体系。它集中表现为"八个明确"。其内在逻辑，一是以人民为中心，为从大国走向强国提供价值引领；二是明确通过坚持和发展中国特色社会主义来实现中华民族伟大复兴，这是为从富起来走向强起来的根本主题和奋斗目标；三是统筹推进"国内国际两个大局"，这是大国成为强国的总体方略；四是完善发展"中国特色社会主义制度"和推进国家治理能力和治理体系现代化，这是走向强起来的根本路径；五是建设中国特色社会主义法治体系和法治国家，这是为走向强国提供法治保障；六是建设世界一流军队，这毫无疑问是为走向强国奠定军事和国防保障；七是推动构建人类命运共同体，这是在应对当前历史性挑战中为成为强国创造良好国际环境；八是加强党的建设，这是为在成为强国过程中有效应对新时代挑战提供坚强的政治保证。可以说，这八个方面的核心内容，始终围绕中国如何成为一个强国的要求，分别"从价值导向、主题目标、总体方略、根本路径、法治保障、国防保障、国际环境、政治保障"①进行了全面论述。

而基于上述"八个明确"而来的新时代坚持和发展中国特色社会主义的"十四个坚持"，则在上述关于中国特色社会"是什么"的基础上，进一步从"怎么办"的角度，全面回答了怎样坚持和发展新时代中国特色社会主义的问题，概而言之，就是对内通过继续深化改革，全面探寻新时期

---

① 韩庆祥：《中国特色社会主义新时代的理论阐释》，《中国社会科学》2018年第1期，第15页。

更加有效克服资本扩张悖论、实现经济社会发展正义、满足广大人民对美好生活向往追求实现地破解之道；对外则通过分析研判全球政治经济学的运行规律、矛盾弊端、内在限度和发展趋势，全面深度参与全球治理体系并适时推动变革，在"共商共建共享"中推动构建人类命运共同体。

因此，"十四个坚持"是"八个明确"在实践进程中的具体化，它们生动地构成了新时代坚持和发展中国特色社会主义的"基本方略"。"八个明确"和"十四个坚持"在世界观和方法论角度上的有机结合，也使得这一思想体系在"解决了许多长期想解决而没有解决的难题，办成了许多过去想办而没有办成的大事"的过程中，日益成为全党和全国人民的共识，并历史地成为了引领新时代中国特色社会主义在直面矛盾挑战中不断走向深入的指导思想。也正是在这个过程中，马克思的科学社会主义理论再次在中国大地得到了新的伟大飞跃。

伴随着中国特色社会主义在解决难题、办成大事中不断朝着社会主义现代化强国迈进，体现科学社会主义最新发展要求的智慧方案和文明样态，也在新时代中国特色社会主义实践征程中日益清晰地彰显出来，当代社会主义运动由此也被引入到更高更新的阶段。我们能够愈发清晰地看到，对比于以资本为本或在根本上遵循并服从资本逻辑为特征的西方现代化道路而言，以通过引导驾驭资本来为社会主义价值目标服务为显著特征的中国道路，则在实现了对近代以来西方以资本为本的现代化道路的超越中，呈现出下述几大逻辑关联、内在贯通的中国式现代化道路的新特征：（1）从发展理念看，中国道路超越了以资本为主导的发展逻辑，确立了以人民为中心的发展逻辑。（2）从现代化的动力及作用模式看，中国道路超越了资本主导的驱动模式，构建了资本—国家—劳动（人民）这三元主体相协调的驱动模式。（3）从现代性的社会维度看，中国道路超越了西方两极化的社会对抗的现代性模式，建立了社会平等和共同富裕的社会和谐模式。（4）从现代性的"品性"角度看，中国道路超越了西方对内掠夺、对外殖民的扩张之路，开启了和平发展的大国崛起之路。（5）从既有的现代化世界体系的框架结构看，中国道路则超越了"发展—依附""贫困—独立"的尴尬困境，开创了"发展—独立"型的现代化之路。①

　　当然，前景是光明的，道路是曲折的。在此过程中，一方面，我们必须对社会主义在21世纪的复兴充满信心，因为"我们对社会主义的认识，对中国特色社会主义的认识，已经达到了一个前所未有的高度"②；另一方面，在当前"资强社弱"的总体格局下，当代中国特色社会主义在世界体系中走向"强起来"的过程中，既面临着与当初"站起来"相似的外部霸权势力的压制围剿，又面临着与"富起来"相似的进行科技革命、努力实现国家治理能力和治理体系现代化所遇到的挑战。在走向强起来所面临的矛盾挑战，必将等于"站起来"与"富起来"的总和。因此，我们要"深刻认识资本主义社会的自我调节能力，充分估计到西方发达国家在经济科技军事方面长期占据优势的客观现实，认真做好两种社会制度长期合作和斗争的各方面准备。在相当长时期内，初级阶段的社会主义还必须同生产力更发达的资本主义长期合作和斗争，还必须认真学习和借鉴资本主义创造的有益文明成果，甚至必须面对被人们用西方发达国家的长处来比较我

---

① 关于中国道路对西方现代性逻辑超越的概括性论述，主要借鉴了中央党校唐爱军副教授在《读懂中国道路，关键在于读懂驾驭资本的现代性逻辑》一文中的表述，载光明网 http://www.cac.gov.cn/2021-01/20/c_1612718109939277.htm，在此注明并表示感谢。
② 《十八大以来重要文献选编》（上），中央文献出版社2014年版，第117页。

国社会主义发展中的不足并加以指责的现实"①。通过进行具有新时期特点的伟大斗争、推进党的建设伟大工程、全面推动中国特色社会主义伟大事业，继续发展完善中国特色社会主义政治经济学。

其中，如何在新时代全面把握我们已经或将要面对的伟大斗争的生成机理、运行规律和应对举措？如何深入贯彻落实"党是领导一切的"基本要求？如何厘清广大人民日益增长的美好生活需要的基本内涵并有效解决当前存在的不平衡不充分发展之间的矛盾？如何在统筹国内国际两个大局中保持战略定力，在暗流涌动、充满了没有硝烟的战争的氛围中来讲好中国故事，推动构建人类命运共同体？倘若从在世界范围内复兴社会主义的要求而言，如何使在错综复杂的资本全球积累格局中生成的中国道路可以切实成为 21 世纪科学社会主义实践可资借鉴的经验原型，进而使科学社会主义进一步在世界范围内展现出更为巨大的生机活力……这些都是当代马克思主义者必须直面的重大问题。

四、基于社会主义在中国实现复兴的若干重要启示

经历巨大波折而来的中国特色社会主义，其高举科学社会主义旗帜并在守正创新中不断开拓科学社会主义新境界，无疑成为了 20 世纪末以来世界经济社会发展的最大奇迹和最重要的全球变革力量。在当下"反思西方理论和话语""构建具有主体性的中国理论""中国道路、中国智慧和中国方案"等主张已不再新鲜，中国特色社会主义道路所负载的实现中华民族伟大复兴、全面建成社会主义现代化强国以及对开创人类文明新形态的

---

① 《十八大以来重要文献选编》（上），中央文献出版社 2014 年版，第 117 页。

目标导向也愈发明确的背景下，我们必须要对这一伟大历程带给我们的经验启示进行归纳总结。

第一，必须在认识到社会主义在中国实现复兴的历史，就是一部中国共产党既始终坚持科学社会主义基本原则，又根据时代条件赋予社会主义以鲜明中国特色的艰苦奋斗史。正如恩格斯所言的，马克思的整个世界观不是教义，而是方法，它提供的不是现成的教条，而是进一步研究的出发点和供这种研究使用的方法那样，科学社会主义在中国走向复兴的历程，让我们再次认清了以马克思主义为指导、坚持无产阶级领导、坚持以人民为本、坚持克服化解资本扩张悖论等基本原则始终不能丢，丢了就肯定不是社会主义。但同样重要的是，在始终坚持科学社会主义基本原则的过程中，我们对科学社会主义原理、方法的实际运用必须随时随地以当时的历史条件为转移。可以说，正是中国共产党在新中国的实践历程中始终坚持了上述基本原则，才使得尽管其在新中国成立后的社会主义实践中，虽一度陷入"懵懵懂懂"，"只能基本上照搬苏联的办法，但总觉得不满意，心情不舒畅"的尴尬境遇，但关于践行科学社会主义的应有自觉也使得中国共产党并没有囿于先走一步的苏联模式，而是始终十分重视总结经验教训进而不断开拓创新。总的来看，在探索实践中的每一次失误后，都有紧跟而来的深入反省，而且越是在大的失误后，反省就愈发深刻，对社会主义的认识就越是迈上新的台阶。中国共产党在"文革"结束后改革开放之初的反省，就已经深入到了"什么是社会主义、怎样建设社会主义"这一制度和理论的最基本层面，并由此开启了社会主义国家诞生以来最为深刻的变革和创新，提出了社会主义本质论、社会主义初级阶段论、社会主义市场经济论等前所未有的重大论断。

正是在这一既坚持了科学社会主义基本原则，又根据时代条件赋予自设的社会主义实践以鲜明特色的实践征程中，中国共产党也开始逐渐能够娴熟地结合变化发展的国内国际情况，日益从以往那种死抠经典作家在某个具体时代背景下得出的关于资本主义和社会主义的具体结论来理解、规范、定义现实社会主义实践的那种被动局面中解脱出来，并结合不同时代的具体要求，在破解世界范围内践行社会主义遭遇的悖论式难题中开拓出中国特色社会主义，进而又在直面国际垄断资本的巨大挑战中开拓 21 世纪科学社会主义的新境界，从而使共产党人在与国际垄断资本相共存的世界体系中避免自身陷入贫困积累的境遇，并通过"以人民为本"而非"以资本为本"的物质力量，真正在与国际资本同生共长的世界体系中践行克服资本扩张悖论、追求经济正义进而实现民富国强的社会主义政治经济学，在世界范围内得到了生动鲜活的展现。

也正是从这个意义上来说，现实中的科学社会主义绝对"是一种历史的产物，它在不同的时代具有完全不同的形式，同时具有完全不同的内容"。科学社会主义在当代中国发生的系列伟大变革，绝"不是简单延续我国历史文化的母版，不是简单套用马克思主义经典作家设想的模板，不是其他国家社会主义实践的再版，也不是国外现代化发展的翻版"[1]，而是中国共产党在始终探索如何把科学社会主义基本原则同中国具体实际、历史文化传统以及时代要求紧密结合起来的过程中，不断推动科学社会主义深入发展的历史过程。

当然，在当前整个经济社会因"体制机制不完善、改革不到位"以及

---

[1]　习近平：《在纪念马克思诞辰 200 周年大会上的讲话》，人民出版社 2018 年版，第 26 页。

各种矛盾挑战和错误思潮交相影响的复杂背景下，我们也要看到，影响党的先进性、弱化党的纯洁性的因素始终存在，党内思想不纯、组织不纯、作风不纯等突出问题也尚未得到根本解决。因此，一方面，我们要更加全面清醒地认识党面临的执政考验、改革开放考验、市场经济考验、外部环境考验的长期性和复杂性，深刻认识党面临的精神懈怠危险、能力不足危险、脱离群众危险、消极腐败危险的尖锐性和严峻性，坚持问题导向，保持战略定力，推动全面从严治党向纵深发展。另一方面，我们在具体的操作层面上，继续"坚持和加强党的全面领导，坚持党要管党、全面从严治党，以加强党的长期执政能力建设、先进性和纯洁性建设为主线，以党的政治建设为统领，以坚定理想信念宗旨为根基，以调动全党积极性、主动性、创造性为着力点，全面推进党的政治建设、思想建设、组织建设、作风建设、纪律建设，把制度建设贯穿其中，深入推进反腐败斗争，不断提高党的建设质量，把党建设成为始终走在时代前列、人民衷心拥护、勇于自我革命、经得起各种风浪考验、朝气蓬勃的马克思主义中国共产党"①。

第二，必须在充分认识到改革开放前的实践探索具有始基性作用的过程中，证明改革开放前后两大历史时期在科学主义向度上的内在贯通性。从表面上看，新中国在 70 多年来的历程中，确实在基本经济制度、经济运行方式和对外联系的形式内容方面经历了重大的变化，以至于一些人在感慨于改革开放以来取得巨大发展成就的同时，不禁发出了类似"早知如此，何必当初"之类的、本质上乃是以改革开放后的发展模式来否定改革

---

① 《在中国共产党第十九次全国代表大会上的报告》，《人民日报》2017 年 10 月 28 日。

开放前三十年发展模式的声音。但结合社会主义在世界范围内的现实展开
及其所遭遇的悖论式发展难题来看，我们则必须看到以毛泽东同志为主要
代表的中国共产党人在完成新民主主义革命，建立中华人民共和国，确立
社会主义基本制度以及之后的实践探索"成功实现了中国历史上最深刻最
伟大的社会变革，为当代中国一切发展进步奠定了根本政治前提和制度基
础"；为"新的历史时期开创中国特色社会主义提供了宝贵经验、理论准
备、物质基础"[①]。因此，必须认知到改革开放前的实践探索在中国特色社
会主义实践进程中的始基性地位。

当然，我们必须实事求是地承认，由于在社会主义建设初期对搞建设
"懵懵懂懂"，以至于在此过程中虽有过诸如"论十大关系"，"三个主体、
三个补充"等积极有益的探索，但都因当时的整个认知更多沉浸固化在既
有的经典论断和"苏联模式"中不能有效自拔，并在"大跃进""文化大
革命"等曲折中付出了巨大代价。之后，在经历了巨大波折后通过对内改
革、对外开放日益生成的中国特色社会主义，则有效地破解了新中国在国
际体系中深入践行科学社会主义的悖论式难题，真正回归到了现实社会主
义的常态化阶段，即在与国际资本同存共长的世界体系中践行克服资本扩
张悖论、追求经济正义进而实现民富国强的社会主义政治经济学实践。中
国共产党在始终秉承科学社会主义价值观灵魂过程中通过自我革命和社会
革命来应对矛盾与挑战，从而通过重新设计、重新选择、重新变革、重新
创造来不断开创科学社会主义新境界的马克思主义政党品质，也在此过程
中再次得到了生动鲜活的展现。

---

① 习近平：《在庆祝改革开放 40 周年大会上的讲话》，人民出版社 2018 年版，第 5 页。

正是从这个意义上来讲，我们完全可以向世人宣告：中国特色社会主义绝不是如有些人所言的那样是当代中国日益走上了所谓的"资本社会主义""国家资本主义"或者"新官僚资本主义"①，也绝不是如英国"证伪主义"者卡尔·波普尔所言的中国特色社会主义是对马克思社会主义理论的证伪。恰恰相反，"中国特色社会主义是在改革开放历史新时期开创的，但也是在新中国已经建立起社会主义基本制度并进行了20多年的基础上开创的"。"改革开放前的社会主义实践探索为改革开放后的社会主义实践积累了条件，改革开放后的社会主义实践探索是对前一个时期的坚持、改革、发展。"②改革开放，两大历史时期在科学社会主义向度上具有无可否认的内在贯通性。

第三，必须通过对危机的辩证把握，掌握那种"解释过去、批判当下、预见未来"的历史唯物主义钥匙。曾经有一段时间里，我们一度片面地理解马克思的危机理论，即把危机看成是绝对的坏，无视危机与发展、危机与演化创新的关系，因而把危机看成资本主义社会的专利，坚决否认作为已经超越了资本主义的优质产品即社会主义会在自身发展过程中会出现危机。结果，在一些国家通过"直面危机—分析危机—化解危机"的过程中，自觉主动地进行着本国的社会经济变革，而我们却由于更多沉浸在既有的那种社会主义绝对好、没有任何危机的物性化认知中，忽视了从更为根本的社会生产和再生产方面进行自我革命和与时俱进的重要性。

事实上，如果再次审视马克思对社会发展与危机关系理论，我们就会

---

① 参见《习近平新时代中国特色社会主义思想三十讲》，学习出版社2018年版，第27页。
② 《习近平总书记系列重要讲话读本》，人民出版社2014年版，第18—19页。

发现，马克思关于危机的揭示并不仅仅针对资本主义社会，而应当包含任何社会形态。马克思在"我所得到的并且一经得到就用于指导我的研究工作的总的结果"的认知中，就反复强调："我们判断这样一个变革时代也不能以它的意识为依据，相反，这个意识必须从物质生活的矛盾中，从社会生产力和生产关系之间的现存冲突中去解释。无论哪一个社会形态，在它们所能容纳的全部生产力发挥出来以前，是决不会消亡的；而新的更高的生产关系，在它存在的物质条件在旧社会的胎胞里成熟以前，是决不会出现的。所以人类始终只能提出自己能够解决的任务，因为只要仔细考察就可以发现，任务本身，只有在解决它的物质条件已经存在或者至少是在形成过程中的时候，才会产生。"[1] 由此可见，无论在哪一种社会形态，随着生产力的发展，生产关系由"桎梏"转为"危机"将是迟早的事情。因此，必须对这种作为上层建筑的生产关系及其相关的社会认知进行辩证的否定性位移，从而达致适应新阶段要求的认知体系。

就此而言，在 20 世纪 80 年代末 90 年代初这段纷繁复杂的艰难岁月里，中国共产党在面对有计划的商品经济体制改革所带来的矛盾危机时，日益形成了用发展的办法来解决发展中的问题的思路，并将这一矛盾危机放置在了人类社会发展规律、社会主义建设规律和共产党执政规律的总体框架中去审视。而之后作出的"既不走封闭僵化的老路，也不走改旗易帜的邪路"的决定，而是通过社会主义市场经济来走中国特色社会主义道路的历史性抉择，则有力地证明了，中国共产党此时已经在深刻认识"危机"折射出来的重大历史哲学原理的基础上，对如何建设社会主义特别是

---

[1] 《马克思恩格斯选集》第 2 卷，人民出版社 1995 年版，第 83 页。

如何面对改革发展中遇到的矛盾问题，有了更为全面深刻的认知。正如邓小平同志所言："社会主义基本制度确立起来后，还要从根本上改变束缚生产力发展的经济体制，建立起充满生机和活力的社会主义经济体制，促进生产力的发展，这是改革，所以改革也是解放生产力。过去，只讲在社会主义条件下发展生产力，没有讲还要通过改革解放生产力，不完全。应该把解放生产力和发展生产力两个讲全了。"①在2001年建党80周年大会上，江泽民同志明确指出："无论什么样的生产关系和上层建筑，都要随着生产力的发展而发展。如果它们不能适应生产力发展的要求，而成为生产力发展和社会进步的障碍，那就必然要发生调整和变革。"②在党的十七大报告上，胡锦涛同志指出："必须坚持全面协调可持续发展。要按照中国特色社会主义总体布局，全面推进经济建设、政治建设、文化建设、社会建设，促进现代化建设各个环节、各个方面相协调，促进生产关系和生产力、上层建筑与经济基础相协调。"事实上，在全面深入推进中国特色社会主义的进程中，也正是由于我们党深刻认识到了"实践发展永无止境，解放思想永无止境，改革开放也永无止境，改革只有进行时、没有完成时，停顿和倒退没有出路，必须以更大的政治勇气和智慧推进全面深化改革，敢于啃硬骨头，敢于涉险滩，突出制度建设，注重改革关联性和耦合性，真枪真刀推进改革，有效破除各方面体制机制弊端"③，才使得党的十八大以来出现了全面深化改革不断向广度和深度进军，中国特色社

---

① 《邓小平文选》第3卷，人民出版社1993年版，第370页。
② 《江泽民文选》第3卷，人民出版社2006年版，第273页。
③ 《中共中央关于党的百年奋斗重大成就和历史经验的决议》，《人民日报》2021年11月17日。

会主义制度更加成熟更加定型，国家治理体系和治理能力现代化水平不断提高，党和国家事业焕发出新的生机活力的局面。

这也启示我们，没有危机与桎梏，也就没有社会主义生产力的质向飞跃，也就没有社会主义的阶段性质变。危机、桎梏并不可怕，因为它既是生产力被严重束缚的标志，也是一个社会即将进入新的演化创新阶段的重要信号，是一个社会步入发展新阶段的重要阶梯。特别是在当前生产力与旧体制、旧的社会结构发生激烈的矛盾冲突的情况下，要敢于承认矛盾，积极做好转化矛盾的工作，通过发挥自身的主观能动性，变束缚的生产力为解放的生产力，以此推动社会进步、历史发展；而不是相反，即面临着危机和桎梏时却刻意地回避它，不将其看成是社会进一步发展的机遇，而是看成局部范围的不适应，并试图通过渐进、缓慢的调整来加以改变。

第四，必须进一步思考如何更好发挥资本在当代中国经济社会发展中的关键作用。人类历史发展到今天，特别是在当下全球化、市场化、资本化的时代进程中，也许我们已不会再惊讶于下述事实：由于东方落后国家的社会主义实践和现代化道路的历史同构性，当今即使那些标榜正统的社会主义国家也对资本的强大魔力趋之若鹜，通过采取积极措施大力引进资本。对于越来越多的个人、团体、地区、民族和国家来讲，任何试图在根本上超越资本的举措都只会导致更糟的结果，而不是相反。而那些能够通过对资本内在矛盾的辩证把握来有效利用资本、发掘资本进而促成资本的发展路径，则已经成为了个体发展、民族振兴、国家富强的"通用方案"。相反，任何试图在根本上超越资本或无视资本存在的举措，都只会导致更糟的结果。

对当代中国而言，其在成功破解了践行社会主义的悖论式难题过程中探索出来社会主义市场经济这一"伟大创造"①后，资本存在的总体历史境遇以及我们在努力规避那种"只讲现代化，（而）忘了我们讲的现代化是社会主义现代化"②的过程中，已经在"为资本设置'红绿灯'，防止有些资本野蛮生长，依法加强对资本的有效监管，支持和引导资本规范健康发展，坚持和完善社会主义基本经济制度，毫不动摇巩固和发展公有制经济，毫不动摇鼓励、支持、引导非公有制经济发展，促进非公有制经济健康发展和非公有制经济人士健康成长"③等方面，进行了深入探索并取得了巨大成就。这也意味着中国共产党就如何在"以往发展的全部财富的范围内"通过"利用资本本身来消灭资本"这一问题，有了更为系统深刻的认知：其一，资本是现代社会的根本驱动力，现代社会的发展离不开资本。其二，资本的逐利秉性必然使其在实现自身扩张的过程中产生社会矛盾。其三，资本即矛盾、矛盾即资本，矛盾既是资本的根本特性，也是这个由资本所生成的时代的重要特征。其四，要解决现代社会中由资本生成的矛盾悖论，必须在进一步利用资本的过程中通过对资本已经生成的各种社会关系、力量、要素的辩证把握和否定性位移，达到对否定性对立面的克服，从而达致进一步地发展。其五，任何企图在资本及其生成的总体性环境之外，或者单纯依靠资本逻辑去寻求消灭资本的方式必将是一种徒劳或不尽合理的选择。其六，将来更高形态的人类社会，也必定是在有效克服、化解资本矛盾的辩证过程中生成。基于上述认识，我们在如何更好发挥资本在当代中国经济社会发展中的关键作用的问题上，必须有下述

---

①③《正确认识和把握我国发展重大理论和实践问题》，《人民日报》2022年5月16日。
②《邓小平文选》第3卷，人民出版社1993年版，第209页。

认知：

（1）必须最大限度地发挥资本在经济发展中的关键作用。鉴于以资本为核心的商品经济形态在人类历史进程中的关键作用，对当下在特殊国情世情中来建设本国特色社会主义的当代中国而言，决不能因为害怕由资本扩张而来的各种冲突矛盾而断然拒绝资本；相反，基于资本批判而来的历史应该让我们认知到，"现代化客观上是一个资本积累、技术进步的历史过程"，而且人们"至今也还没有发明一套能够完全代替资本的机制"①。因此，越是搞市场经济，就越是要利用资本力量，就越是要为各种关涉财富生产与发展的各类生产要素在国内国际、各种所有制之间、各种产权主体之间的顺畅流通提供完善的体制机制保障；并对在其中依法从事财富生产与发展的各生产主体都给予法律地位上的承认和政治地位上的认可。以此使整个国家在战略层面上获得发展之不竭动力的同时，也为有效培育、增强广大人民群众当家作主的经济基础和经济实力奠定坚实基础。

（2）必须强化社会主义性质的公有资本力量。资本要成为社会主义的建设力量，就必须接受社会主义"普照的光"的形塑与再造，进入以人民为中心的增值轨道。其一，毫不动摇壮大公有资本力量是社会主义驾驭资本的先决条件和巩固社会主义国家政权的前提。社会主义性质的公有资本能通过各类公共性质手段服务于整个社会经济系统的运行，防止私人资本损害劳动者权益，防范资本逐利对生态环境的破坏，避免国内外、境内外游资操控股市、房市的情况发生，最大化的捍卫国家整体利益并最大程度的加强社会公共产品和公共福利的建设，使经济社会发展成果公平、合理

---

① 鲁品越：《中国现代化悖论与和谐社会建构》，《上海财经大学学报》2007 年第 1 期。

地分配到每一个人民群众，确保我国社会主义市场经济的人民性。因此，毫不动摇的坚持土地等公共资源和关键性全局性行业的公有制，杜绝私人资本对这类资源的操控是维护社会公共利益的最高原则。其二，必须强化公有资本力量对全社会资本力量的吸纳和包容，这是社会主义驾驭、引导和监管资本的重要途径。当今社会，国有资本、集体资本、人力资本、大众资本和公共资本等在我国雨后春笋般的出现已是毋庸置疑的现实，用社会主义力量对资本运作的全过程进行规范化约束并将其引导至公共轨道，通过混合所有制经济形式将形态多样的资本产业链、信息链和资金链统合为服务于社会主义现代化建设的民族资本力量，这是防止各类资本侵害公共利益的重要一环。其三，21世纪资本追求剩余价值的秉性、追逐利润最大化的趋势没有变，社会主义市场经济条件也不可能拒斥资本逐利的秉性，但资本的异质化和任性运作却引发了诸多发展悖论。这客观要求我国在引导、保护、监管和鼓励多种资本力量发展的同时也不能放任私人资本逐利意志的蔓延，必须利用公有资本力量驯服和节制各类非公资本追求利润最大化的贪欲，将其置于社会总体的公有制经济的支配之下，利用公权对资本运作的全过程进行监督和制衡，使其在社会主义的框架内成为服务于人民和社会主义现代化建设的公共性力量。

（3）必须完善资本运作的制度保障。新中国成立70多年来，资本的运作逐渐贯穿至生产、流通、交换和消费等各个环节，同时也渗透到政治、经济、文化、社会、生态等各个领域。针对资本追求增值的秉性，我们既要发挥其文明性，又要抑制其野蛮性。其一，不断创新资本文明发展的市场体制，不断推出、完善既不损害资本所有者的根本利益，又使得资本能够在社会主义的阳光下理性运作的体制机制。为此，我们要利用全方位、多层次、多形式的对外开放政策来吸收外来资本和外来技术，并充分利用资本文明创造的一切优秀成果用于社会主义现代化建设；不断破除国内不利于资本积极运作的体制机制弊端，进一步激发资本创新活力的增值空间。其二，要建制完备的法律规范来规避资本的野蛮面，约束资本成为循规蹈矩的社会主义建设力量。马克思在《资本论》中曾引证道："资本害怕没有利润或利润太少，就像自然界害怕真空一样。一旦有适当的利润，资本就胆大起来。如果有 10% 的利润，它就保证到处被使用；有 20% 的利润，它就活跃起来；有 50% 的利润，它就铤而走险；为了 100% 的利润，它就敢践踏一切人间法律；有 300% 的利润，它就敢犯任何罪行，甚至冒绞首的危险。"[①] 没有完备的法律法规和市场机制，就不可能推动资本合理合法化运作，资本与人、社会、自然之间的关系必然处于一种恶的无限循环之中。要阻断资本越轨引发的权力腐败和道德滑坡现象，就必须进一步加强资本运作的制度法规建设，针对关键领域设定独立的法律规章并严厉打击资本越轨的行为，切断让资本与公权之间的利益链条，让资本"讲规矩、守道德"。

（4）必须明确资本运作的边界来克服资本悖论。把资本纳入到社会主义框架内最大化并最优化运行并不意味着资本通兑一切的秉性能穿透并主宰一切。尽管处于社会主义初级阶段的中国对资本存在制度保障，但要将资本规训至科学、理性的发展轨道，还必须划定资本发展的界限。因为一旦资本越界，它就会摆脱所有束缚并以独特的精神意志像吸血鬼般疯狂的吸取劳动者创造的剩余价值，进而在不断跨越生产、流通、交换和消费的

---

① 《马克思恩格斯文集》第 5 卷，人民出版社 2009 年版，第 871 页。

时空界限中奴役、剥削和占有劳动人民创造的成果。中国必须在导控资本运作的实践中规划资本运作的边界来克服资本悖论。其一，资本的运作断不能越轨进入政治领域。资本作为赋有现代性欲望的财富增值力量，这种经济杠杆拥有驱动商品世界运作的意志，它能为商品世界各类主体带来财富的扩张及其相应的名望与地位；一旦资本人格化代表的经济权力到达顶峰，它便希望从经济领域越轨渗透进政治领域，将本应为最广大人民谋利益的政治力量蜕化为异己的、为个人谋私利的、侵害公共利益的政治权力。政治权力作为一种公民确立、保障、维护和实现自身利益的强制性政治力量，它的运作必须符合最广大人民的意志而不能为私人所用。因此，资本在社会主义国家内的"狂欢"应仅限于技术空间和经济空间，社会主义国家必须给资本套上笼头，抑制资本权力勾兑政治权力合谋伤害社会公共利益的情况出现。其二，资本的运作断不能越轨进入法律和道德领域。马克思说："在资产阶级社会里，资本具有独立性和个性，而活动着的个人却没有独立性和个性。"[1]资本主义放任资本的自由扩张，结果却将人与人之间的关系甚至家庭关系都化为了赤裸裸的利害关系和冷酷无情的"现金交易"，把人的尊严变成了交换价值和机器单纯的附属品，把法律转变为个体资本家和金融集团谋私利的正义许可。因此，人口可以贩卖，公民的健康、教育和公共安全等基本权利可以被资本通约而配置，人的身体甚至可以被资本导控而不归自己所有，最终人类的德性却被俗性所侵染、形塑和摧毁。由此观照中国的现实，社会主义中国必须把最根本的政治权力、行政权力和立法权力掌握在国家和人民手中，如此才能阻止资

---

[1] 《马克思恩格斯文集》第2卷，人民出版社2009年版，第46页。

本权力与其勾兑，避免由此而来的社会矛盾与危机；同时要大力宣扬社会主义核心价值观和社会的公共美德来形塑资本的积极性质来进一步引导社会发展，如此方能阻止资本绑架公民道德力量，避免由此而来的道德滑坡现象。

（5）必须不断开辟资本运作的新经济发展空间。社会主义国家虽然为资本的运作划定了合理合法的界限，但资本的发展也并非毫无章法，它也需要载体。一旦社会不能提供资本扩张所需的市场空间，这不仅会阻碍经济的发展，而且还会使整个社会经济体面临危机。因此，开辟资本运作的新经济发展空间就极为重要，这种空间扩张聚焦在消费、生态、文化、社会等多个方面，但这并不意味着要以资本为主导，而是提供经济发展的可能。在消费空间的生产方面，我们要走新型工业化、信息化、城镇化、农业现代化的发展之路，它既为资本流转提供了发展的地域空间，同时也有利于社会主义国家力量帮扶下的资本作用于住宅建设、基础设施建设、商业建设和公用事业建设等方面，进而极大地消除贫富两极分化、城乡差距、地区差距和行业差距问题。在生态空间的生产方面，社会主义要驾驭和导控资本对资源和环境资源进行再生产，走可持续发展和循环经济发展之路。因此，必须在社会主义和资本力量结合中对同类工业污染物的企业进行区域集中发展和集中治理。同时，还可将生态空间纳入市场空间，将资本的扩张欲望与资源有限联系起来；建立排污权的总量控制和排污权市场，实现废弃物排放的市场化运作；建立生态资源再生产市场，鼓励民间投资建立从事生态环境生产的产业；等等。在文化空间的生产方面，在于用社会主义力量驾驭资本来开拓人类在精神文化上的发展空间：一是以各种书籍、电影、动漫、游戏、艺术画作等为代表的文化产业空间的生产；

二是以名胜古迹、山川景观、名人故地为代表的视觉化和景观化的社会文化共享空间的生产；等等。在"科技创新和社会经济空间生产方面"①，一轮轮科学技术的崛起，开拓了一个个资本扩张领域，创造了一批批创新型和高新尖就业岗位，它成功改变了人类的生活方式和思考范式，开拓了人与人之间的各种经济联系和经济关系，给市场带来巨大的繁荣。社会主义驾驭资本进行科技创新，在于打破原有的经济格局，带动我国生产力的发展和经济力量的提升。

第五，必须就社会主义市场经济背景下的共富何以推进进入深入思考。共同富裕是社会主义国家的本质规定和实现中华民族伟大复兴的基本要求。习近平总书记强调："实现共同富裕的目标，首先要通过全国人民共同奋斗把'蛋糕'做大做好，然后通过合理的制度安排把'蛋糕'切好分好。这是一个长期的历史过程，我们要创造条件、完善制度，稳步朝着这个目标迈进。"②结合中国特色社会主义在破解悖论式难题中开拓科学社会主义新境界的历程，以及在这一历程中我们对如何有效利用、引导和规范资本力量来为社会主义价值目标服务的探索认知，我们认为对社会主义市场经济背景下的共富何以推进这一重大理论和实践问题上，必须具有下述两大方面的认知。

（1）必须积极推动形成能够把"蛋糕"做大做好的新经济发展战略格局。具而言之，就是统筹好国内与国际两个发展大局。国内的新经济发展战略宏伟布局，主要体现在三个方面。一是创新驱动发展战略。这是指我

---

① 鲁品越：《鲜活的资本论》，上海人民出版社 2016 年版，第 507 页。
② 《正确认识和把握我国发展重大理论和实践问题》，《人民日报》2022 年 5 月 16 日。

国处于经济发展换挡期、结构调整阵痛期和前期刺激政策消化期"三期叠加"阶段，必须利用理论创新、科技创新、制度创新和文化创新来适应经济新常态、把握新常态和引领新常态时读写贯穿发展全局的大逻辑，其内在契合了中国实现共同富裕的目标追求。马克思论证了资本主义不可持续的工业资本全球扩张加剧了生态环境恶化和人的全面发展受限等后果，新时代中国特色社会主义的创新驱动发展战略正是在吸取资本主义工业化经验教训的基础上，顶层规划出的一条具有全局性的、普遍性的、可持续发展的中国特色社会主义共富道路，其必将为我国的共富实践创造充裕的物质条件。二是协调发展战略。这主要包括区域协调、城乡协调、乡村振兴、新型城镇化和产业协调发展战略等，其核心导向是解决共富实践中不充分不平衡的矛盾，进而在改善和消除地区、行业和人群收入差距的过程中追求财富向广大人民群众的复归。从根本上讲，这正是中国共产党在驾驭和导控资本的过程中，解决财富发展不均衡和利益分割体制机制不完善的共同富裕新战略。三是生态发展战略。习近平总书记提出要牢固树立"绿水青山就是金山银山"的经济发展意识，努力走向社会主义生态文明新时代，坚持把节约资源和保护环境的基本国策作为国民财富持续健康发展的支撑点，社会主义共富发展空间格局需要天蓝、山绿、水清和环境优美的战略基础。

国际的新经济发展战略宏伟布局主要体现在两个方面。一是以"一带一路"倡议。中国要实现共同富裕就必须融入国际资本主义体系并继承和发展资本主义创造的优秀成果，同时还要在克服资本扩张悖论的过程中实现社会主义发展的内在要求。党的十一届三中全会后，老一辈无产阶级革命家提出了建立经济特区、发展社会主义市场经济的对外开放战略；党的十八大以来，党中央将这一基本方略扩充为一系列的宏伟目标，包括两个市场、两种资源、双向开放、互联互通的建设思路，还有中美新型大国关系、"一带一路"倡议等，这是我国实现共同富裕的实践举措在国内、国际舞台上的鲜活展开。二是构建人类命运共同体的中国方案。马克思揭示出主要发达国家在机器大生产的条件下依靠巧取豪夺、强权占领和殖民扩张的方式实现了物质财富的巨大积累，这种霸权主义主导下资本全球积累结构造成了资本积累与贫困积累在世界范围内的扩展，中国要融入国际体系也不可避免遭受国际垄断资本的盘剥。党的十八大以来，以习近平同志为核心的党中央准确把握世界发展潮流，提出"你中有我、我中有你"的人类命运共同体概念，用国际经济发展面临的难题来阐释中国共富实践困境，进而倡议建立不冲突不对抗、相互尊重、合作共赢的新型国际关系，其深入推进，将有助于我们在共富实践中化解被国际资本力量盘剥的风险。

（2）必须积极推动形成能够把"蛋糕"切好分好的财富分配方式。无论是毫不动摇地利用资本手段来进行财富生产和发展，还是探索建立能够有效引导驾驭资本的所有制结构，为资本设置"红绿灯"，防止有些资本野蛮生长，其根本目的，都是为了最大限度地实现将整个社会创造出来的财富有效复归于广大人民，从而真正实现发展为了人民、让广大人民共享改革成果的宏伟目标。当然，在探索本质上作为"生产的产物"且其"结构完全取决于生产的结构"①的分配方式的过程，必然也是一个结合国情来探索如何能使人们各取所得的过程。

———————————

① 《马克思恩格斯全集》第30卷，人民出版社1995年版，第36页。

　　结合历史发展的进程以及社会主义市场经济运行的基本节律，我们首先可以肯定的是，这一目标的实现不可能完全靠行政手段来解决。因为身处如此生动复杂的利益格局和瞬息万变的市场环境中，单靠政府这只有形手通过财政转移支付（包括二次分配、三次分配）等手段来达到维护社会公平正义的目标固然具有重要意义，但显然会因信息不对称、运行成本过高以及制约民众的积极性等多种弊端而难以维系。因此，最重要的，就是要在市场机制与行政手段有机结合，并在正确处理好政府与市场关系的过程中，"构建初次分配、再分配、三次分配协调配套的基础性制度安排"①，从而形成一个类似于"君子爱财，取之有道"下的财富分配格局。所谓君子爱财，其所表征的是对利益动机和市场经济逻辑的肯定，正如马克思所言"人们奋斗所争取的一切，都与他们的利益有关""'思想'一旦离开'利益'，就一定会使自己出丑"②那样，无视利益动机和市场规律的驱动，财富的有效持续发展就容易陷入无源之水、无本之木的尴尬境地。而所谓"取之有道"，则正是对应上述"爱财"之前提，时刻提醒我们在实现财富复归于广大人民的过程中，必须建立起一套兼顾效率与公平的财富分配机制。以此认知逻辑出发，我们认为社会主义市场经济背景下指向"共富"的财富分配机制，应当是这样一种基本格局，即：

　　首先，必须继续坚持按劳分配之道。应该说，对任何一个社会主义国家来说，不管其具体境况如何，按劳分配都是其在财富分配中所必须遵从

---

① 《正确认识和把握我国发展重大理论和实践问题》，《人民日报》2022 年 5 月 16 日。
② 《马克思恩格斯全集》第 1 卷，人民出版社 1995 年版，第 82、103 页。

的基本原则。事实上，改革开放伊始中国经济界的拨乱反正，最初就是从打破"平均主义大锅饭"及为按劳分配正名开始的。当然，就当下而言，我们在理解和执行社会主义市场经济背景下的按劳分配时，必须正确把握好以下两大原则：

一是按劳分配中分配给人们的财富，根据的不是财富本身，而是财富创造。换句话说，就按劳分配对应的市场经济而言，由于其处于初次分配阶段，因此必须关注效率问题，讨论那些非经人力作用就已经存在的天然财富的分配是毫无意义的。因为这部分财富早已自然存在，与是否需要激励来促成财富的增长这一问题根本无涉。所以，按劳分配关注的重点，应该是那些被人们创造出来且在市场交换得到价值实现的财富如何来分配。因为只有将按劳分配原则理解为按创造出来的财富来进行分配的原则，财富的活力才会不竭长流。

二是被劳动者创造出来的财富也并非全部都拿来分配，其在涉及个人所得时，应该有一个权重问题。可以说，分配权重的合理配置是财富分配结构中一个非常重要的问题，鉴于财富价值的社会属性，一定要通过这一设置，确实起到在保证个人所得的增加一定是以社会财富的更大增加或更大多数人的普遍受益为基本前提。因此，为富者个人应拿小头，财富创造的大头应由社会大多数人通过初次分配或二次分配和再次分配获取。在此前提下，只要权重配置合理，那么就可以放心大胆地鼓励人们去发财致富。在这其中，为富者该拿多少就拿多少，再来议论收入过高或者采取类似"限薪"的举措，则已没有任何意义。这也正是当初邓小平同志强调的"共同富裕绝不等于也不可能完全是平均，绝不等于也不可能是所有社会成员在同一时间以同等速度富裕起来。如果把共同富裕理解为完全平均和同步富裕，不但做不到，而且势必导致共同贫穷"①，因此必须要先富"带"后富的本意所在。

其次，必须继续探索按资分配财富的有效路径。2012 年党的十八大报告中明确指出：要通过"完善劳动、资本、技术、管理等生产要素按贡献参与分配的初次分配机制"②，以此来千方百计地增加居民收入。如上所述，技术、管理等作为生产要素如用复杂劳动来加以衡量，其收益是可以纳入按劳分配范畴的。但是，劳动的内涵再丰富、外延再扩大，也不能将资本纳入其中，乃至于马克思将资本称之为"特殊的以太"③。

而通过对作为生产要素的资本参与财富创造的内在机理的分析，我们可以发现，尽管资本是现代经济发展的润滑剂，是经济发展的加速器和价值增值实现的倍增器。但这些都不能改变资本并没有创造价值的事实。相比劳动直接创造财富、是价值的源泉而言，资本在财富创造中更多对代表着一种为获取交换价值、更通俗地讲就是通过钱来生钱的财富运动。基于上述认知，我们认为就当下要兼顾效率与公平的按资分配而言，其除了要继续坚持被分配的对象必须是因资本参与其中且在市场交换得到价值实现的那部分被创造出来的财富，且为富者个人应拿小头、财富创造的大头应由社会大多数人通过初次分配或二次分配和再次分配获取的基本原则外，还要特别注意到，在经济全球化的时代背景下，中国已断无可能独善其身、自得其所。因此，必须全面防范并有效控制可能出现的金融风险，进

---

① 《中共中央文件选编》，中共中央党校出版社 1994 年版，第 287 页。
② 胡锦涛：《在中国共产党第十八次全国代表大会上的报告》，人民出版社 2012 年版，第 36 页。
③ 《马克思恩格斯全集》第 30 卷，人民出版社 1995 年版，第 48 页。

而通过有效的举措，力争将那种理性狡计充斥其间、道德风险不言而喻的虚拟财富增长过程中形成的有毒泡沫挤压出去，这也是我们在财富分配中必须直面的重大现实问题。

最后，结合市场经济背景下的按劳分配与按资分配原则的基本阐述，我们必须清醒地认识到：要缩小收入差距，让广大人民共享改革的成果，最终实现社会公平并达到共同富裕，就绝不能靠动摇初次分配中的按劳分配和按资分配的原则而单纯地通过政府行政手段来实现，而是必须要靠初次分配后的二次分配和再次分配。而其具体原则，就是要通过进一步"处理好政府和市场的关系"这一关涉经济体制改革的"核心问题"来"更加尊重市场规律，更好发挥政府作用"[1]，并在"坚持按劳分配为主体，提高劳动报酬在初次分配中的比重"的基础上，"发挥再分配的调节作用，加大税收、社保、转移支付等的调节力度，提高精准性"，"发挥好第三次分配作用，引导、支持有意愿有能力的企业和社会群体积极参与公益慈善事业，但不能搞道德绑架式'逼捐'"[2]，从而在既全力以赴又量力而行，既兼顾效率又能在各次分配中更加注重公平的前提下，使最广大人民在"学有所教，劳有所得，病有所医，老有所养，住有所居"的过程中共享改革发展的成果。

---

① 胡锦涛：《在中国共产党第十八次全国代表大会上的报告》，人民出版社 2012 年版，第 20 页。
② 《正确认识和把握我国发展重大理论和实践问题》，《人民日报》2022 年 5 月 16 日。

第 04 章

直面 21 世纪社会主义在世界范围内走向复兴的挑战

面对当下这个比马克思写作《资本论》时更接近于其分析模型的世界体系，我们可以清楚地看到，随着资本逻辑内含的利己主义基因、对抗基因和扩张基因不可持续发展的现实威胁在世界范围内得以日益清晰地彰显，再加之当代中国在世界范围内克服资本扩张悖论、追求经济正义、实现民富国强过程中凸显的智慧和方案正得到越发广泛的认可，曾经经历了巨大挫折的世界社会主义，确实面临着走向复兴的重大机遇。但我们同样也必须清楚地看到，由于整个世界体系并未在总体上超越垄断资本主义的框架和阶段，个别霸权国家无视历史发展大势、试图通过建立在金融科技军事基础上的优势，继续死守等级制积累结构的任性和偏见依然存在。有学者甚至认为，即将走到发展极限的资本主义，尽管很可能会在 40—50年后走向"更加倾向于平等正义的世界体系"，但仍不能排除其走向"以更强的等级制、压迫性为特征的世界体系"的可能性。①

---

① ［美］伊曼纽尔·沃勒斯坦等：《资本主义还有未来吗？》，社会科学文献出版社 2014 年版，第 35 页。

因此，在当前"资强社弱""西强东弱"的总体格局下，必须要清醒地认知到 21 世纪社会主义在世界范围内走向复兴必将面临的现实挑战。可以这么说，倘若看不到世界社会主义发展的新形势新机遇，肯定会成为历史保守主义者；但认不清世界社会主义发展的新问题新挑战，无疑会成为盲目的乐观主义者。在本章内容中，我们将继续遵循资本积累与贫困积累的这一分析框架，概要分析 21 世纪社会主义走向复兴遭遇的三重挑战，一是主要资本主义国家试图通过数字垄断来增强支配力，二是发达资本主义国家左翼的困境与迷途，三是众多发展中国家在推动社会主义复兴征程中尚面临困难挑战。

一、主要资本主义国家通过数字垄断增强支配力

在当前生产力飞速发展的新科技革命背景下，人类社会日益进入数字经济时代。综合来看，数字经济是继农业经济、工业经济之后的主要经济形态。这一经济模式以数据资源为关键要素，以现代信息网络为主要载体，以信息通信技术融合应用、全要素数字化转型为重要推动力。数字经济发展速度之快、辐射范围之广、影响程度之深前所未有，正推动生产方式、生活方式和治理方式发生深刻变革，成为重组全球要素资源、重塑全球经济结构、改变全球竞争格局的关键力量。[①] 确实，最近几十年来，从覆盖率看，互联网已由美国扩张到全球各个角落，网民总量接近 45 亿人。[②] 从网络基础设施看，服务器加速换代，云计算出现，移动通信技术

---

① 参见国发〔2021〕29 号《"十四五"数字经济发展规划》。
② 参见中国网络空间研究院编著：《世界互联网发展报告 2019》，电子工业出版社 2019 年版，第 4 页。

进入 5G 时代；从虚拟平台看，单一的万维网已经衍生成为社交网络、搜
索引擎、电子商务等多种功能性平台，渗透到传统行业的方方面面且颠
覆了业态格局。上述这些，都是催生社会发展进入数字经济时代的基本
条件。

也正是在上述数字经济生产和再生产的资本全球积累格局中，主要资
本主义国家利用自身在数字技术发现、制造进而占有剩余价值方面的优
势，日益在数字垄断过程中，构筑起了"运用数字技术发现、利用、创造
差异并获取利润，进而追求持续不断积累资本的体系"①。列宁帝国主义论
视域下的数字帝国主义，也由此生成。当然，正如之前所述的私人垄断、
国家垄断和国际垄断之间的区别联系那样，在新的历史条件背景下出现的
数字资本，也并不意味着之前的产业资本、金融资本被取代或被消灭。从
客观实然的角度来看，这些资本样态现在主要是在更高形态的数字垄断或
数字帝国主义范式框架下，进入到更多是由数字资本支配主导的资本增殖
甬道。相应地，主要资本主义国家以往主要依赖军事金融手段实现的经济
垄断，现在也愈发地朝着更好服务于数字垄断为中轴的数字帝国主义转
变。其中较有代表性且能为我们容易感知的，就是在全球数字产业市场
中，数量众多的中小型数字企业承担着数据生产和价值创造的节点。而它
们的关键技术、底层技术，却多被掌控在巨型跨国垄断资本手中。与此同
时，与数字垄断要求相匹配的政治、军事、文化和意识形态方面的系列新
垄断，也在不断得到形塑和增强。

---

① ［日］森健、日户浩之：《数字资本主义》，野村综研（大连）科技有限公司译，复旦
大学出版社 2020 年版，第 35 页。

首先，在生产端确立数字创新霸权。核心技术和先发优势的加持，确立了发达资本主义国家在数字生产供应链条上的"得天独厚"位置，生产端口数据供应和分配的不平等带来了各国数字技术研发创新的不平等，由此进一步确立了维系数字资本主义生产供应链的创新霸权。[①] 其中，数字寡头资本通过析取数据数字控制数字生产供应链；凭借数据、技术积累优势，不断在世界范围内扩张，收购兼并了大量业务同质的潜力型企业；掌握市场发展动向的基础资源开辟新的数字业务，从而进一步固化创新先发积累优势等，是当代数字垄断资本主义阶段的惯用伎俩。较有代表性的，就是这些年来美国在保护数字知识产权的系列举措。

一是控制技术标准。长期以来，美国一直致力于动用国家力量影响国际组织，阻挠他国特别是发展中国家参与标准制定。譬如，2005 年，中美开展了数年之久的无线局域网标准之争，但由于英特尔、博通、思科等美方公司组成的利益集团对国际标准化组织（ISO）等国际组织的影响以及美国的贸易施压[②]，无线局域网最终采取了美方的无限保真（Wi-Fi）标准。2019 年，有关 5G 的技术标准，特朗普政府再次借国家安全之名干预竞争，全面围堵华为公司，意图延续技术统治、操纵知识产权的野心昭然若揭。

二是利用或滥用专利权，限制他国创新。美国拥有在知识产权方面的先动优势，并且会利用这一优势持续地干扰他国后续创新，形成知识产权壁垒，譬如著名的"301 调查""337 调查"。相反，广大发展中国家在这

---

① 刘皓琰：《数据霸权与数字帝国主义的新型掠夺》，《当代经济研究》2021 年第 2 期。
② 参见李国武：《政府干预、利益联盟与技术标准竞争：以无线局域网为例》，《社会科学研究》2014 年第 5 期。

方面很难具有独立性，只能选择依附。例如，大量数据证明，印度等主权国家法务部门在制定相关数字经济有关的标准时，就不得不考虑 Facebook 等应用制定的标准。

三是以维护国家安全为由，影响国际人才的合理流动和商业交往。多年来，美国一直披着知识产权的合法外衣，以保护商业秘密和国家安全为由，限制人才外流，而且"双标"特征非常明显。如在美国的《经济间谍法》中，对商业秘密的认定标准极宽，这就给予了美国充分的解释空间，可以根据自身需要扩大保护范围。2018 年，针对中国的"科技斩首""人才斩首"行动屡屡上演。中国引进海外人才的"千人计划"，频遭美国《科学》杂志、《华尔街日报》发声反对，时任总统特朗普甚至声称"几乎每个从中国到美国来的学生都是间谍"[1]。为有效打压新兴国家数字技术发展对自身霸权地位的影响，从 2011 年起，美国政府对中兴的调查延伸到华为，当局明确对华为提出司法指控。随着"华为威胁美国国家安全"的认知日益被建构起来，2019 年 5 月 15 日，特朗普签署行政令，限制美国企业与"威胁美国国家安全"的企业的交易。2020 年 3 月 12 日，《安全可信电信网络法案》正式生效，在法律上限制美国企业利用普遍服务基金采购"威胁美国国家安全"的企业的设备与服务。2020 年 6 月 30 日，美国联邦通信委员会明确将华为列入"威胁美国国家安全"的黑名单，正式禁止美国企业利用普遍服务基金购买华为的设备或服务。[2]与此形成鲜明对

---

① 参见《特朗普：几乎每个从中国到美国来的学生都是间谍》，载百度网 https://baijiahao.baidu.com/s?id=1608300304536760314&wfr=spider&for=pc，2018 年 8 月 9 日。
② 参见李巍、李玙译：《解析美国对华为的"战争"——跨国供应链的政治经济学》，《当代亚太》2021 年第 1 期。

比的，则是美国本土企业向外扩张变得肆无忌惮。

通过这种垄断来达到自身霸权地位的"成效"是显著的。以苹果手机为例，由于对核心技术的垄断，使得其在进行商业定价时拥有了更大空间。垄断高价由此实现。2019 年新推出的 iPhone11 Pro Max 系列最高售价为 1449 美元，而其元器件成本只有售价的 1/3[①]，即使加上营销和售后成本，其定价也远远高出常规售价。另外，这种资本积累结构下内含的中心国家汲取超额剩余价值，数字奴役、数字剥削、劳动垄断带来的贫困积累则由外围国家承担的"中心—外围""发达—欠发达"结构，也表现得极为明显。世界知识产权组织曾在 2017 年发布了一份报告，详尽探讨了知识资产在全球价值链中的关键作用。在其销售的总价值中，苹果公司能够获得 42%，其他负责材料和分销的公司分别能获 22% 和 15%。而负责制作的中国一线劳动力，却只能仅能获得 1%。[②]

其次，在决定流通的平台端打造数字平台垄断。数字经济时代，数据作为核心商品的流通过程至关重要。无法及时获取消费者大数据和市场最新动向，就意味着商品流通效率难以获得保障。在数字经济发展历史进程中，专事数据处理和信息发布的平台，在市场交易过程中获得了至高地位。无论是传统产业还是新兴行业，都在探索主动顺应数字化潮流，借助互联网平台进一步畅通产品的交易流通环节，这推动了电子商务的爆炸式增长。互联网平台流通速度与数据规模成正比，越来越多的商户和消费者

---

① 参见《iPhone11 Pro Max 512G　成本曝光　仅为售价的 1/3》，载新浪网 http://vr.sina.com.cn/news/hot/2019-09-30/doc-iicezzrq9345744.shtml，2019 年 9 月 30 日。

② 参见《2017 年世界知识产权报告》，http://www.199it.com/archives/699497.html，2018 年 3 月 15 日。

"乐在其中"地聚集到了大型互联网平台。综合来看，作为主要资本主义
国家的美国，当前仍然在这方面占据着垄断霸权地位。

一是在网络基础设施方面的垄断。作为互联网的发源地，全球仅有的
13 个域名根服务器中，美国拥有唯——个主根服务器和 9 个辅根服务器，
这使得美国在控制全球互联网域名体系和分配网际互联协议（IP）地址时
拥有绝对的发言权。二是从底层平台也就是操作系统来看，无论是电脑端
还是移动端，没有任何国家可以撼动美国的绝对统治地位，世界几大操作
系统公司均来自美国。从电脑端看，截至 2019 年 8 月，微软的视窗操作
系统（Windows）、苹果电脑操作系统（OSX）、谷歌操作系统（Chrome
OS）总共占有全球 92.4% 的市场份额。在移动操作平台端，谷歌的安卓
系统、苹果手机操作系统（iOS）、黑莓系统等总共占有全球近 98% 的市
场份额。[1] 三是从功能性平台来看，美国同样处于全球领跑地位。根据恒
大研究院的统计，市值全球前 50 的互联网公司，美国拥有 33 家企业，在
电子商务、社交网络、娱乐、互联网金融等主要平台经济领域，美国的市
场份额均居于世界前两位。尤其是在海外市场方面，几乎覆盖了除中国之
外的所有主要国家和民族。从非本土市场来看，亚马逊在英国、德国、法
国的电子商务市场均为第一，脸书（Facebook）、瓦次普（WhatsApp）、照
片墙（Instagram）拥有大量的用户，脸书的月活跃最高用户数更是达到
24.1 亿人 [2]。由于拥有在互联网行业的先动优势和当前世界上最为先进的

---

[1] 参见兴业证券计算机团队：《操作系统产业深度：国产大潮起，海阔龙正跃》，载新财
富网 http://www.xcf.cn/article/3ef91821e03911e9bf3cd4c9efcfdeca.html，2019 年 9 月 26 日。
[2] 参见任泽平、连一席、谢嘉琪：《全球互联网发展报告 2019：中美 G2》，载搜狐网
https://m.sohu.com/a/349152697_467568，2019 年 10 月 24 日。

平台系统，美国在入侵他国市场时存在着显著便利，各大互联网公司也在21 世纪的前 20 年间迅速覆盖全球。根据视觉资本（Visual Capitalist）网站所作的 2019 年全球百大网站流量调查，世界前 10 家访问量最高的公司，美国独占 7 家，一些巨头譬如谷歌公司甚至几乎在全球各国都具有顶级流量。[①] 四是在平台数据通过互联互通链接虚拟和现实方面不断增强。2010 年，苹果公司发布的第四代智能手机，使手机真正从通信工具向智能产品过渡。随后 10 年，移动智能手机行业蓬勃发展。与此同时，各大公司还在持续推出更为轻便的智能手表、智能眼镜等设备，就是为了实现人与机器间真正全天候的信息交互。在此基础上，各类线下企业也在持续地加入平台，信用卡电子支付系统的普及，二维码、指纹、刷脸、刷手等技术的出现完全打通了线上线下，使得平台可以全方位地映射现实中的社会活动与经济活动。[②]

数字寡头通过平台信息、广告，以极低的成本获得了巨量的流通费用，最大限度的分割了流通过程中的剩余劳动价值。更值得关注的是，在当今数字经济背景下，传统行业虽然可以独立自主的开展生产经营活动，但在流通环节却无法在根本上摆脱平台控制。为赢得行业竞争优势，越来越多的商品生产企业通过控制生产成本而提升平台广告流量付出，平台以庞大的数据资源获得了电子商务中的高额信息服务费用。借此，平台介入了越来越多的实体和服务行业并越来越起到主导支配地位。在此过程中，

---

① 参见《Similar Web：2019 年全球百大流量网站排行榜》，http://www.199it.com/archives/923608.html，2019 年 8 月 14 日。
② 关于主要资本主义国家维护知识产权的三方面做法和平台垄断的四方面概括，主要参见刘皓琰：《数字帝国主义是如何进行掠夺的？》，《马克思主义研究》2020 年第 11 期。

工业资本家、文化资本家、金融资本家会竞相与数字寡头合作，利用互联网进行资本输出和掠夺，并向数字公司支付虚拟地租（所谓虚拟地租，是指个人或商家为了参与和占据网络空间而需要向平台支付的费用），数字垄断资本家因而成为数字帝国主义时代最大的获利方。据统计，"三成以上的全球互联网总收入以及四成以上的净收入由美国占有"[①]。最近发布的福布斯 2022 年全球亿万富豪榜显示，在 2668 名上榜富豪的前十名中，直接与数字经济数字科技有关的就高达 7 位，分别是位列第一的埃隆·马斯克（特斯拉、SpaceX，美国，2190 亿美元）；第三的杰夫·贝索斯（亚马逊，美国，1710 亿美元）；第四的比尔·盖茨（微软，美国，1290 亿美元）；第六的拉里·佩奇（美国，ALPHABET，1110 亿美元）；第七的谢尔盖·布林（美国，ALPHABET，1070 亿美元）；第八的拉里·埃里森（美国，甲骨文，1060 亿美元）；第九的史蒂夫·鲍尔默（美国，微软，914 亿美元）。20 世纪七八十年来以来日益彰显的"中心—外围""发达—欠发达"结构，在这种平台数字资本主义发展模式中再次得到了显现。

再次，基于数字技术而来的媒介殖民即媒介帝国主义愈演愈烈。所谓媒介殖民，实际上就是媒介帝国主义通过媒介对其他国家进行的文化殖民。首提媒介帝国主义的学者是美国传播学者赫伯特·席勒。在《大众传播与美利坚帝国》中，赫伯特·席勒在考察政府、军队、企业与大众媒介的深度关联后，从"文化帝国主义"视角深刻揭示了主要资本主义国家及其跨国企业通过争夺媒介霸权来使自己在全球扩张中"达到产品销售、企

---

① ［美］丹·希勒：《数字化衰退：信息技术与经济危机》，吴畅畅译，中国传媒大学出版社 2017 年版，第 156 页。

业运营以及操纵舆论的目的"①，并认为这种媒介霸权必然会加剧东西方国家之间的不平衡。为此，博伊德·巴雷特以不同国家在全球文化传播中的不平等现象，明确定义媒介帝国主义是"一个国家媒介的所有权、结构、发行或内容，单独或总体地受制于其他国媒介利益的强大压力，而受影响国家没有相应的影响力"②。媒介帝国主义的出现和发展，标志着资本主义生产和再生产出现了新变化。这也为把握当代资本与文化、资本与技术、资本与媒介的勾连以及由此导致的不平衡提供了生动鲜活的现实注脚。

从殖民的历史来看，无论是资本主义形成发展的早期阶段，还是资本主义发展到垄断阶段后，都需要借助暴力。在暴力征服和恐吓下，殖民者通过政治、军事等手段维系着有利于资本增殖的社会秩序。在早期，资产阶级倚赖政治和军事权力打破了本国封建主义的种种阻滞，为资本大工业扩张提供统一的市场、货币等保障。随着社会生产力的发展，资本主义进入垄断资本主义发展阶段。为了更加有效地将不同地区不同文明有效地纳入资本增殖体系，以暴力为核心的政治和军事等方式成为维系资本全球延展的核心手段。此时的资本主义，对内通过国家暴力机器维系资本生产需要的稳定秩序，对外则通过"舰炮政策"在世界范围内攫取剩余价值。二战结束以后，在凯恩斯主义盛行、社会主义力量兴起、各民族国家纷纷独立的背景下，以往依靠暴力、强权的"血腥殖民"手段维系资本全球获利的格局难以持续。资本主义开始转向以更为柔和、更为隐蔽的手段来实现

---

① ［美］赫伯特·席勒：《大众传播与美利坚帝国》，刘晓红译，上海世纪出版集团2006年版，第14页。
② 陈世敏：《大众传播与社会变迁》，三民书局1992年版，第40页。

资本增殖的目的，已经"很少再使用传统的殖民手段"①。也正是在此过程中，伴随着大众传媒、网络技术媒介的快速发展，资本主义巩固政治统治和资本获利的手段，开始全面实现了从政治、军事为主的方式向以传播媒介为载体的柔性化方式的历史性转换。"世界已经离开了暴力和金钱控制的时代，而未来世界政治的魔方将控制在拥有信息强权的人手中，他们会使用手中掌握的网络控制权、信息发布权力，用英语这种强大的文化语言优势达到暴力、金钱无法征服的目的。"②就信息化时代的统摄力而言，媒介霸权、媒介控制已成为资本主义全球获利、控制社会秩序的新手段，无论是媒介与政治勾连，还是政治对媒介施加影响，都表征着资本主义霸权控制社会手段实现了从政治军事到媒介的转向。

在资本主义国家内部，媒介承载着上传下达的信息传递作用，是巩固资本主义统治的重要载体。无论是在民众权益的表达上，还是在统治阶级意识形态的宣扬渗透方面，现代媒介都占据着得天独厚的优势。资产阶级希望发挥媒介的政治传播作用，借助媒介持续强化对民众的政治影响和控制，由此政治和媒介实现了深层逻辑关联。资产阶级向媒介领域渗透政治权力，目的在以媒介影响决策、控制民众进而维护巩固阶级统治。当媒介被视为传播资产阶级意识形态、控制民众思想的工具时，媒介实际上也就承担并发挥了思想灌输和政治控制的作用。无论是政治领域，还是日常休闲娱乐的信息传播，背后都深嵌着资产阶级意识形态编织的控制体系。

通过与资本主义内在逻辑相一致的日常生活话语体系建构，潜移默化

---

① 参见赵常庆：《新帝国主义的特点与发展趋势》，《马克思主义研究》2013 年第 4 期。
② 刘文富等：《全球化背景下的网络社会》，贵州人民出版社 2001 年版，第 116—117 页。

地影响民众思想和情感，促进了资本主义在意识形态上的统一和同质。其具体体现在：一是任何媒介传播的内容都要契合资本增殖权益，选择性筛选过滤报道信息、狭隘化的设置议题等，目的在于以预期的媒介议程设置[①]传播影响和控制民众的思想意识。也正是依赖信息筛选，资本主义在控制媒介基础上全面建构起了维护资本增殖的意识形态体系。二是从资本增殖逻辑出发创设媒介使用话语和传播形式，一切媒介信息传播内容都要接受资本增殖逻辑的规制。名目繁多、花式多样的商业广告，正是媒介建构消费主义文化、为资本增殖服务的现实体现。三是重大政治活动与媒介传播实现了双向互构，重大政治活动需要借助媒介争取民意支持，媒介传播需要借助重大政治活动提升影响力。通过这种方式，资本主义以更加隐蔽的形式实现了对社会的全面掌控，增强了对社会控制的权力要素。正如赫伯特·席勒指出的那样，"在 20 世纪 90 年代，有超过三分之二的美国数据库是面向市场大批量生产的"。而由此产生的社会影响，很可能比想象的"更加巨大、更加持久"[②]。可以说，媒介在主要资本主义国家内部已被规训为巩固统治、服务资本增殖的现代工具，并在此基础上建立了强大的信息传播和话语动员能力，这为媒介在世界范围内确立垄断霸权地位奠定了坚实基础。

从世界范围来看，资本主义通过媒介信息传播控制全球话语霸权、占有剩余价值。这种转向鲜明地表现在："一国或多国对其他国家的媒体系

[①]　所谓媒介议程设置功能，是指"媒介的一种能力，通过重复性新闻报道来提高某议题在公众心目中的重要性"。参见［美］赛佛林、坦卡德：《传播理论——起源、方法与应用》，郭镇之译，中国传媒大学出版社 2006 年版，第 189 页。

[②]　［美］赫伯特·席勒：《大众传播与美利坚帝国》，刘晓红译，上海世纪出版集团 2006 年版，第 34 页。

统、传播技术和传播内容的优势性输出、扩张、垄断和支配，尤其表现在发达国家与第三世界国家之间。"① 而与政治统摄、血腥殖民不同的是，媒介控制在逻辑层面要实现的是文化价值观念统一化，全面拓展巩固资本主义全球政治经济文化的主宰权，即媒介帝国主义是资本主义全球经济霸权的实施方式和关键依托。对此，有学者指出，"媒介帝国主义的话语经常回流而转成一种经济支配的关系"②。确实，资本借助媒介在全球东奔西走寻求发展空间，一方面需要建构起有利于其增殖的文化价值体系，另一方面需要媒介辅助资本最大程度地分割剩余价值。其具体体现在：一是通过国内建构起的发达媒介传播体系，以电影、广告、流行音乐等形式，将国内有利于资本增殖的文化价值体系拓展到了世界各地，全面建构起了服务资本扩张的社会环境。这方面最显著的表现，就是消费主义、新自由主义等思潮在世界范围内的渗透和蔓延。也正是在诸如"资本永恒""消费至上""我消费故我在"的系列话语传播构建中，资本主义不断在至关重要的思想文化层面上，以"一种隐蔽性的但更具欺骗性的方式企图延续帝国主义在经济上和政治上的全球统治"③。二是大众传媒等网络话语渠道，不断塑造出了在分配环节中最大程度占有剩余价值的品牌、文化、符号体系，为资本最大程度占有剩余价值提供了现实支撑载体。三是大众传媒可以通过"颜色革命"等方式，推翻不忠实的敌对政权而培植或者控制忠于资本扩张的傀儡政权，因为"强大的传播媒体能够横跨洲际，造成国家政

---

① 金苗：《媒介霸权论：理论溯源、权力构成与现实向度》，《当代传播》2010 年第 5 期。
② 汤林森：《文化帝国主义》，上海人民出版社 1999 年版，第 67 页。
③ 张小平：《当代文化帝国主义的新特征及批判》，《马克思主义研究》2019 年第 9 期。

治领导人与全球社会之间权力的转移"①。传媒的这种功用远比政治军事手段更为高明，因为"即便从物质意义上说，也能够比用别的方法获得更多。商业追随精神上的支配，比追随军旗更为可靠"②。

总之，发达资本主义国家借助强大的媒介技术和传播体系，在世界范围内进行媒介信息传播、垄断和支配，目的在于通过建立起垄断性文化价值体系，以"润物无声"的手段助推并不断夯实自身对国际政治经济文化事务的主导权，为维系资本全球获利提供坚实支持。可以说，面对这种正在生成发展，且又无孔不入、无处不在、增值性、隐蔽性、操控性极强的媒介帝国主义，无疑是 21 世纪社会主义必须直面的重大挑战。

最后，在技术平台和媒介垄断基础上的经济文化军事霸权复合体愈发凸显。主要资本主义国家通过数字垄断，使得自身在经济社会文化领域的影响力和操控力不断增强。伴随着这种数字帝国主义而来的数字霸权的崛起，它使整个世界"通过智能手机、各种平台软件以及各种数据流形成一个庞大而看不见的网络，这个网络正在凌驾于世界范围所有人之上，成为一种支配性的权力"③。在技术平台和媒介垄断基础上的经济文化军事霸权复合体，由此变得愈发凸显。

近几年来作为主要资本主义国家的美国对社会主义中国的围堵打压，就是一个鲜活的案例。如前所述，在当下由数字生产所构筑起的经济文化军事霸权复合体下，作为霸权国家的美国其借助于互联网物联网等现代通

---

① ［美］阿尔文·托夫勒:《权力的转移》，黄锦桂译，中信出版社 2018 年版，第 329 页。
② 转引自陈学恂编:《中国近代教育史教学参考材料》(下册)，人民教育出版社 1998 年版，第 283—284 页。
③ 蓝江、王欢:《从帝国到数字帝国主义——重读哈特和奈格里的〈帝国〉》，《求是学刊》2019 年第 2 期。

信和传媒技术，在强大军事实力和经济实力的支撑下，通过遍及生活方方
面面的"国际评价标准"形式，用普世价值占据"人类道德的制高点"，
在世界范围内垄断政治与思想文化话语权的套路已经非常娴熟。能否跨越
这一本质上乃是霸权国家千方百计打压资本主义世界体系外围的新兴国家
的陷阱，不仅事关中华民族能否顺利实现伟大复兴，同时也事关社会主义
能否在 21 世纪顺利走向复兴。

二、发达资本主义国家共产党及左翼力量的弱小

资本积累结构下的无产阶级及其政党力量，无疑是社会主义实践的主
体和领导力量，也是 21 世纪社会主义能否在世界范围内走向复兴的关键
乃至决定性变量。自 20 世纪八九十年代以来，随着新自由主义的战车在
世界范围内的突飞猛进，资本寻求、发展、制造进而占有剩余价值的空
间、领域得到了极大的拓展。时至今日，我们可以愈发清晰地感受到，这
种极大化的拓展，仍然在下述几大代表性的领域或向度上继续不断得到推
进。首先，在物理空间上，奔走于世界各地的资本力量，正在总体性地将
我们生活的这个星球卷入到自身增殖的体系中。其次，在时间向度上，借
助现代信息网络传播和精细化管理，资本在金融领域已经打破了自然时间
和地理区域的约束，"完美"地实现了全天候的金融交易。当下和未来之
间的沟堑，在金融的"完美"叙事中得到了有效贯通。再次，数字时代出
现的元宇宙概念，让我们突然发现，资本力量已经不再拘泥于之前那种物
理空间和时间维度的拓展，而是通过对生产力和生产关系的重新定义，再
造出与现实世界互联互通的虚拟世界，并进一步将人们的生命、意志、情
感等体验整合到资本增殖的逻辑甬道中去。

可以说，上述在物理空间、时间和生命情感维度上行进的资本扩张力量，客观上正在世界范围内生产出规模庞大的无产阶级群体。在此过程中，由发达资本主义国家的全球资本积累结构主导并由此形成的霸权主义世界秩序，目前正因其内在的系列矛盾而处于分崩离析的边缘，必将逐步退出历史舞台。但综合各方面情况来看，面对这一必然的历史趋势，主要资本主义国家的左翼政党、从事资本主义批判的左翼理论以及规模庞大的无产阶级还没有做好充分的准备。为此，必须通过对发达资本主义国家左翼力量面临的困境迷途以及由此导致的对广大无产阶级的影响，来揭示21 世纪社会主义在主要资本主义国家走向复兴所面临的挑战。

（一）发达资本主义国家左翼政党的困境与迷途

尽管左翼运动和左翼思潮并不等于社会主义运动，但无论是左翼运动还是左翼思潮，其与社会主义运动是密不可分的。在苏东剧变后的世界社会主义低潮阶段，无论是一般的左翼政党力量，还是作为左翼中的左翼或激进左翼的共产党力量，都没有放弃在本国国内开展社会主义理论和实践的探索。

根据国内学者的研究，自苏东剧变以来，西方左翼政党运动的历程，总体经历了从退却到右转再到回归的三大阶段。其中，第一阶段是在 1990—1995 年。苏东剧变后，西方左翼溃退、蜕变、分化，进入为谋求生存而苦斗的时期。在这一阶段，多数左翼开始否定过去，与苏联的社会主义划清界限，淡化自己的左翼意识形态色彩，有的还特别注意与"社会主义""共产主义"标识脱钩，因此在总体上陷入低潮。第二阶段是在1996—2007 年。这一阶段，以英国工党提出的"第三条道路"和法国共产党提出的"新共产主义"为标志，西方社会党和共产党两大左翼力量继续右转。而这一过程中欧盟 13 个上台执政的中左翼政党，却都是以放弃自己明确的左翼身份，大幅投向新自由主义怀抱为代价的。因此，这也是一个西方国家的左翼和共产党组织更加否定传统、在变革或革新的口号下更加屈从新自由主义，因而也是更加被边缘化的时期。第三阶段是 2008 年至今。随着 2008 年国际金融危机的爆发以及由此而来的资本内在否定性在主要资本主义国家内部和世界体系中清晰地呈现出来，确实给发达资本主义国家的社会主义发展带来了机遇。其主要标志，是西方在思想理论领域重新兴起了"马克思主义热"。共产党组织和左翼人士在资本主义危机背景下，对资本主义制度及其右翼势力进行了猛烈批判。30 多年来似乎已经被人遗忘的阶级、工人阶级、社会主义、替代资本主义等概念，又重新回到了政治讨论的话语中。但由于长期右转和理论上的准备不足，这些左翼政党力量仍难以在短时期内有效组织反抗资本主义制度及其右翼力量的能力。[①] 综合来看，当前发达资本主义国家左翼政党的困境与迷途主要表现在以下几个方面：

首先，在理论创新方面面临的困境和挑战。社会主义运动发展史证明，无论是执政的共产党还是在野的左翼政党力量，只有坚持以先进科学理论为指导，并不断结合本国历史实际国情开展斗争，社会主义发展才能呈现出旺盛的生命力。苏东剧变以后，传统社会主义理论不断被质疑解构。这些国家的共产党为更好拓展活动空间，开始在反思中纷纷进入了理

---

① 参见姜辉：《21世纪世界社会主义运动的新特点》，社会科学文献出版社 2016 年版，第 53—55 页。

论创新和马克思主义再阐释的进程。总的来看，左翼力量主要围绕"传统"和"创新"两条路径，对社会主义理论进行了创新发展。就发达国家社会主义运动发展的现实来看，不论是左翼坚守传统社会主义还是创新社会主义理论，都存在一定的偏向问题。

一是固守传统社会主义理论的左翼力量存在僵化倾向，在涉及共产党和社会主义发展的关键问题上，不能在时代发展中进行调整，固守马克思主义、不与时俱进地创新阐释现实，严重制约了社会主义运动发展的内在生机和活力。比如，希腊共产党就是固守传统社会主义的典型代表。它在党的纲领、政策主张等方面，均以传统社会主义为遵循，这也受到了许多社会主义政党的指责和批评。在 2008 年金融危机爆发后，针对希腊政府为应对债务危机而采取一系列紧缩措施，希腊共产党积极组织开展反对紧缩运动，是资本主义国家内部为数不多的旗帜鲜明反对新自由主义和资本主义的左翼政党，这也造成了其与政府之间的紧张对立。在 2012 年 6 月举行的希腊议会选举中，面对得票率居第二、获得入主政府机会的激进左翼联盟党，声称"拒绝参与一个旨在管理资本主义的政府"①的希腊共产党却坚决拒绝与之组建联合政府。可以说，如何在吸纳新的社会力量、如何处理好与当局资本主义政府的关系、如何与国内左翼政党进行联合等问题上进行突破，在化解保守和"关门"倾向的过程中发挥自己的影响力，无疑是当代资本主义国家内部的偏保守共产党需要直面的问题。

事实上，这些问题不仅导致希腊共产党在与国内国际其他左翼政党交

---

① ［希］吉厄戈斯·马瑞诺斯：《关于共产主义运动中的一些战略问题——从希腊共产党的经验出发》，李捷译，《马克思主义研究》2013 年第 4 期。

往时关系紧张，同时也导致了国际金融危机后，其在国内议会政治中的影
响力未能保持危机前的增长势头，反而呈现逐渐下降的局面。在 2007 年
的国内议会选举中，希腊共产党得票率还有 8.15%，赢得 22 个议席。但
国际金融危机爆发却使其议席不升反降，如在 2009 年的议会选举中，希
腊共产党赢得了 7.54% 的选票，获得 21 个议席，得票数居第三。[1] 在
2015 年 1 月 25 日举行的议会大选中，希腊共产党只获得 5.47% 的选票、
15 个议席。[2]

　　二是提倡创新社会主义理论的左翼力量存在妥协实用主义倾向。在重
要原则和关键问题方面，明显存在妥协、和稀泥现象，不断削弱了左翼政
党应该具有的政治取向。在创新社会主义理论的政党组织中，意大利和法
国共产党属于典型代表。苏东剧变后，意大利共产党采取了各种措施来适
应世界社会主义运动的变化，但却出现了不断弱化政党的阶级性和意识
形态性，抛弃明显社会主义取向的观点和原则是其典型表现。2008 年后，
意大利各共产党组织都曾与其他反资本主义的激进左翼力量组建联盟，但
在前共产党人党在与绿党的联合候选人名单上，就删除了党的镰刀斧头标
志。重建共产党在 2018 年组建的 "权力归于人民" 政治联盟中，没有再
强调党的身份特征和主导权，而是突出强调党应发挥协调和黏合作用。与
此同时，由于承袭了意共后期选举主义导向的组织结构，导致重建共产党
疏离劳动阶层，只有在选举时才关心选民的疾苦。这使得在 1996—1997
年期间拥有 13 万党员的意大利重建共产党，到 1999—2003 年间降至 9 万

---

[1]　参见英文维基百科 http://en.wikipedia.org/wiki/Communist_Party_of_Greece。
[2]　参见中华人民共和国驻希腊共和国大使馆：《希腊 2015 年议会选举结果》，http://www.
fmprc.gov.cn/ce/cegr/chn/mbtd/t1231895.htm。

左右，2008 年后更是断崖式下跌，到 2021 年仅剩下 9061 名党员。① 总的来看，当前意大利共产党各支力量总共不超过 2 万人，政治影响力也处于非常低迷的状态——支持率由此前的 6% 左右降至 2% 左右。②

相应地，发达国家共产党和左翼政在党理论创新过程中的上述境遇，也在下述这两次的国际论争中得到了体现。一是美国共产党关于 21 世纪社会主义看法引起的争议。2011 年，美国共产党前主席萨姆·韦伯围绕"21 世纪社会主义"这一主题，在美国共产党政治事务网站上专题发表了题为《21 世纪的社会主义政党应该是什么样的？》的长文。其中就 21 世纪后，特别围绕国际金融危机以来美国共产党的特征、性质和作用，就如何加强工人阶级联盟、和平过渡以及实现社会主义的复杂性长期性等问题阐明了主张。但该文刊发后，就引发了美国共产党内部的激烈反响。而且这篇文章很快在世界范围内掀起了大讨论，以希腊和德国为代表的共产党，纷纷以专题文章对韦伯关于社会主义的观点进行了批驳。二是关于指导国际共产主义运动发展的理论争议。2013 年 11 月在葡萄牙里斯本召开的第十五次国际共产党和工人会议上，希腊共产党公开批评某些国家左翼政党背离马克思主义，激化了各国共产党和工人党之间的矛盾。在这次大会后，希腊共产党拒不签署这次大会的《共同声明》，不仅如此，还出台了与大会完全不同的《新闻公报》。这次国际大会，凸显了资本主义国家左翼政党在国际共产主义运动发展方面存在的理论分歧。应该说，上述两次争议，不仅集中反映了发达资本主义国家共产党在社会主义运动理论方

---

① "Rinaldi/IIari—Circolare Tesseramento 2021，" http://web.rifon-dazione.it.
② 李凯旋：《意大利共产党百年社会主义探索：历史嬗变与现实挑战》，《马克思主义与现实》2021 年第 6 期。

面的争议，而且反映出了左翼力量在世界社会主义运动实践发展方面存在的深刻分裂。

应该说，不论是固守还是创新社会主义理论，其核心指向，都应该是为了拓展自身在 21 世纪进行社会主义定向探索的发展空间。违背了这一核心目标，就会走向社会主义的对立面。当然，由于缺少执政的实践磨炼，发达国家左翼力量在理论创新方面还未弄清为什么要固守、为什么要创新这个根本问题，这也制约了社会主义理论的发展。21 世纪发达国家左翼政党要想实现发展，就一定要全面理解认知社会主义运动高潮和低谷的关系，一定要始终坚持马克思主义指导并紧密结合 21 世纪社会主义的发展现实，进而在处理好变与不变关系的过程中，不断创造有利本政党和本国社会主义运动的空间。对占据主流的民主社会主义而言，并不能一味为了适应议会选举、强调选票，而丧失了马克思主义关于社会主义开展斗争的基本原则。未来发达国家左翼政党在理论创新方面依然任重道远，平衡好理论的持续性与实践的发展性，依然是值得深入思考和探索的重大问题。

其次，在实践发展层面面临的困境和挑战。 苏东剧变后，世界社会主义运动进入低谷，发达国家社会主义运动要想获得发展，就需要充分发挥本国乃至世界范围内的左翼政治力量。因此，在国家内部或世界范围内开展联合行动，必将成为发达国家左翼力量的重要行动策略。需要指出的是，从这些国家左翼力量的现实运动来看，并没有形成具有强大凝聚和向心力的政治力量，松散型的联合也影响了这些政党和社会主义运动的发展。综合来看，左翼政治力量在实践层面的困境主要表现在以下两个方面：

　　第一，左翼力量过于松散，在联合开展行动方面存在较大缺陷。欧洲是发达国家聚居地，有着数量众多的左翼政党，但这些政党之间联系较为松散，难以形成与区域发展相适应的影响力。一是左翼力量在区域层面的联合存在困境。在欧洲有议会党团联合的"联合左翼—北欧绿色联盟"组织，其中由于共产党和其他左翼性政党在意识形态方面存在较大差异，诸多方面难以达成共识，更毋庸说联合行动，因而这是一种极为脆弱的联合组织形式。尽管在批判自由主义和资本主义的政策方面能达成共识，但联合组织很少涉及意识形态和马克思主义方面的内容。在欧洲一体化发展的重大议题上，左翼政治力量存在较大分歧，加上对左翼政党角色定位问题的争议，左翼政治力量内部也存在较为明显的争议，消耗了左翼政治力量的实际影响力。二是在各国共产党之间，同样存在多方面的矛盾和对立。例如，希腊共产党是典型的列宁式政党，有着严格的入党程序、鲜明的政策主张；而法国、意大利等国家共产党改革幅度较大，在国际联合以及社会主义实践方面存在难以弥合的分歧。因此，当前最重要的，应该是如何实现发达国家共产党组织之间的联合，以一致口径向世界发出声音。苏东剧变以后，世界社会主义尊重多样化和平等发展。走向联合并不是建立领导政党，而是如何团结一致地反对资本主义，为世界社会主义谋取更大发展空间。在此过程中，激进的共产党组织希望摆脱低层次的话题团结、实现国际共产主义联合，全面推动世界社会主义的复兴；而改革的共产党组织则主张尊重差异，搁置意识形态争议，在反对新自由主义和资本主义实践中尽可能团结一切政治力量。因此，如何在尊重差异、独立探索适宜本国国情的发展方式过程中开展好与左翼政党间的国际合作，是化解上述分歧的重要路向。遗憾的是，尽管以共产党为代表的激进左翼政治力量存在

合作的可能性，但由于各方面的差异性，要达成真正的合作仍存在较大
困难。

第二，左翼政治力量在与工人和社会运动合作方面受到很大局限。左
翼政治力量开展政治活动需要获得支持，其中工人运动和社会运动是左翼
政党的重要力量来源。但从目前来看，共产党与这两方面运动合作都存在
很大局限。一是共产党和工会组织合作呈现出松散弱化的趋势。对于处在
政治边缘的左翼政党而言，本身就缺少资金、媒介的支持。因此，加强与
工人运动的合作，特别是建立与工会、群众组织的密切联系，对促进自身
发展而言就显得特别重要。相反，如果不能保持意识形态的连续性，不能
获得人民群众的积极支持，左翼政党力量就会失去发展空间。但在现实
中，由于共产党政治影响力的下降和经费不足，加上工会组织的独立自治
发展，共产党和工会之间的紧密联系不断弱化，甚至有逐渐发展成互不相
干的组织的趋势。二是共产党和社会运动之间的联系维持在低层次水平
上，限制了共产党和社会主义运动的未来发展空间。关注各类社会运动的
最新发展态势，及时介入社会运动，是发达国家左翼政治力量提升影响力
的重要途径。从已有的实践来看，共产党和社会运动之间的联系维持在较
低发展水平。西方社会运动整体具有反政党性，以章程等形式旗帜鲜明地
反对各类政治势力。共产党主要关注经济发展问题，对经济领域的发展变
化议题具有浓厚兴趣，而社会运动侧重关注最新最前沿的政治话题，共产
党和社会运动之间难以达成一致性。其中部分共产党组织甚至质疑社会运
动的合理合法性，认为社会运动属于暂时性、无组织的动员，难以对社会
发展产生正面影响。

以 2008 年国际金融危机爆发后的实践为例，这对世界社会主义运动

来讲，可以说是一次难得的揭示资本主义弊端，启发民众社会主义觉悟的机遇。总的来看，西方社会主义政党和左翼力量深刻揭示出了这次资本主义危机的本质，并围绕政治经济文化等相关议题开展了批判。面对危机，共产党和一些左翼政党也组织参与了游行示威等活动，一定程度上扩大了共产党组织的社会影响力。但由于长年来被边缘化所导致的领导经验的缺乏，西方左翼政党驾驭和利用资本主义危机的能力明显不足，难以提出应对危机、激发无产阶级反对资本主义的有效策略。利用危机开展斗争、争取人民群众支持、巩固阶级基础的能力明显不足甚至缺失。在议会中也难以获得竞争优势、难以发出自身声音。在议会制外的社会斗争中组织无效、活动失声是常态化的存在样态。因此，虽然广大民众在占领华尔街运动中提出了某些具有社会主义色彩的口号，但整个运动都处于无序、无目的、无组织发展的态势中。社会主义政党没有能力将其引导或结合社会主义运动开展斗争。关于社会主义的核心政策主张和举措，也并未在此过程中得到有效宣传，广大民众只在游行示威过程中释放出了不满情绪。共产党提出变革资本主义的政策主张或开展社会主义革命的方针政策，更是被民众视为天方夜谭般。面对这种困局，共产党组织纷纷改变了自身的政策主张，试图获得更多发展。例如，有的共产党组织抛开马克思主义政治立场，倒向了民主社会主义；还有部分共产党组织固守传统止步不前，导致社会中没有呼应支持的力量而失去了生存和活动的群众基础；更有部分共产党组织分裂成多个派系且之间斗争不断，严重削弱了共产党领导社会主义开展斗争的向心力。① 此外，在金融危机爆发后，面对国内出现的问

① 关于2008年国际金融危机爆发后西方左翼运动实践困境的相关表述，主要参见姜辉：《21世纪世界社会主义运动的新特点》，社会科学文献出版社2016年版，第32—33页。

题，西方右翼政党迅速对此前奉行的新自由主义市场化改革路线进行了调整，并将左翼政党长期坚持的国有化、社会福利和社会保障以及市场干预党方案纳入自己的政策工具箱内，这反而使得左翼政党的活动空间被进一步限制挤压。在当前西方主流民主政治框架下，代表资产阶级利益的党派轮流上台政治仍是常态，"共产党等社会主义党派和力量大多处于边缘化地位"①。

（二）发达资本主义国家左翼学者理论认知的局限性

在世界社会主义运动中，具有左翼认知倾向的学者始终是批判资本和资本主义的主力军，是在资本主义制度框架内探索社会主义新文明类型的重要力量。习近平总书记指出："对国外马克思主义研究最新成果，我们要密切关注和研究，有分析、有鉴别，既不能采取一概排斥的态度，也不能全盘照搬。"②总的来看，发达资本主义国家左翼学者对资本主义的批判以及对社会主义的认识，对深化研究资本主义的特征趋势具有重要借鉴意义，也是我们了解世界社会主义思潮并把握世界社会主义运动趋势的重要参考要素。当然，如果批判只是停留在马克思当年对资本主义的论断层面，不结合资本主义的发展变化创新社会主义理论，就很难解释现实、说服群众。当前，无论是从这些学者较为关注的计划、民主、公平、自然生态等关键词研究来看，还是从他们对未来社会主义发展前景的市场社会主义、生态社会主义、后工业社会主义等观点论述来看，虽然这些都对推动传统社会主义转型发展，形塑 21 世纪社会主义理论起到了重要推进作用。

---

① 姜辉：《当代世界社会主义通论》，中国社会科学出版社 2020 年版，第 498 页。
② 《习近平谈治国理政》第 2 卷，外文出版社 2017 年版，第 67 页。

但这些左翼学者关于社会主义认识中存在的空想色彩、修修补补的改良主义倾向，以及某些观点脱离现实走向虚幻甚至偏离放弃社会主义的现象，无疑对 21 世纪世界社会主义的发展造成了消极影响。

第一，探索市场和社会主义制度融合的市场社会主义及其弊病。经济发展中的计划行为，是发挥社会主义优势的一种实施路径。特别对在经济文化落后环境中建设社会主义的国家而言，计划经济对其在早期发展阶段的建设发展具有重要作用。但在现实社会主义实践中，由于计划经济在完成工业体系和国防体系建设后，并没有持续发挥出如之前那般的显著优势，反而因为国防和军工的发展制约了民用工业的发展，导致人民生活水平长期在低水平上徘徊。为此，国外左翼理论工作者在反思苏联模式的基础上，提出了市场社会主义理论。总的来看，"'市场社会主义'这一术语，泛指主张通过市场机制来实现某些社会主义目标（如社会平等和工人参与）的经济模式"[①]。市场社会主义深入探讨了资本主义走向社会主义的可能，为社会主义创新发展市场经济提供了重要参考。通过对资本主义和社会主义经济发展模式的对比，市场社会主义理论认为将市场和社会主义实现结合，可以全面推进社会主义发展，并能够弥补社会主义的不足。市场社会主义认为，人类的理想社会发展形态是社会主义，但苏联模式并不是社会主义的理想形态，因此提出将市场机制引入社会主义。市场社会主义不断论证了市场并不必然等于资本主义，为社会主义利用市场作了前期理论铺垫。市场社会主义主要是一种理论建构，并没有在现实环境中得到

---

① ［西］马克西·涅托：《市场社会主义理论的一个评论性考察》，范连颖译，《世界社会主义研究》2022 年第 2 期。

全面实践。还要注意的是，尽管市场社会主义对社会主义市场经济发展具有一定借鉴价值，但他们主要思考的是如何在资本主义社会中开展社会主义建设。总的来看，市场社会主义理论对革新资本主义、推动社会主义发展具有借鉴意义，但其同时存在着不可回避的理论不足。其一这是对社会主义本质认识的倒退。市场社会主义的提出经历了近百年的发展过程。传统的、早期的市场社会主义遵循马克思关于社会主义本质的认识，而当代市场社会主义已经抛开了对社会主义本质的把握，认为生产资料公有制等不是实现社会主义的必备条件。市场社会主义在百年发展过程中，最终成为了要在资本主义架构内不断增加社会主义要素，而不是实现社会主义目标。有着明显的改良主义和新自由主义倾向。例如当代西方市场社会主义理论的倡导者约翰·罗默就明确表示："在对待财产关系的态度上，社会主义者应该是折中主义者：可能有许多种所有制形式比传统的生产资料国家所有制形式更服从于社会主义的目标。"[1] 其二，这种理论对如何发挥市场作用提高社会主义生产效率作了深入探讨，但在如何推进方案落实方面缺少可行性对策。关于市场如何与社会主义相结合的实践，始终停留在理论研究层面，表现出了空想主义和乌托邦色彩。进入 21 世纪以来，市场社会主义学者开始探索如何进行实践，但就具体内容的落实来看显得比较被动。他们认为在现有的资本主义制度架构内，很难推进经济体制改革，只有在资本主义大崩溃的时候，才可能出现对市场经济体制的调整。因此，市场社会主义一直难以走向实践。

---

[1] ［美］约翰·罗默：《社会主义的未来》，张余鉴译，重庆出版社 1997 年版，第 6 页。

　　第二，探索社会主义与自然生态环境共生的制度设计及其不足。资本为追求自身增殖不断吮吸自然资源、破坏生态环境，而资本主义以制度架构固化了资本增殖逻辑，导致了人类社会对自然生态环境的掠夺性、破坏性开发。由于资本无休无止地向自然攫取资源，同时不计代价地向自然界排放废弃物，自然生态平衡系统不断被打破，这种生态上的贫困积累以及由此而来的生态危机，使得人与自然环境间整体呈现了紧张态势。西方部分学者试图在资本主义框架内，寻求化解生态环境的问题，生态马克思主义批判了这种忽视生态根源问题的理论主张，认为在资本主义制度架构内，生态环境问题无解，只有超越资本主义制度，才能真正化解生态环境问题。由此，在国外左翼理论工作者中，生态马克思主义成为关注人与自然关系，并探索如何实现人与自然和谐共生的学派，且日益成为一个不断发展壮大的全体。2001 年出版的《生态社会主义宣言》和 2008 年出版的《贝伦生态社会主义宣言》的起草者之一、全球生态社会主义者网络（Global Ecosocialist Network）指导委员会成员米歇尔·洛伊指出，生态社会主义运动意味着全球社会大转型，从当前的资本逻辑主导的社会转变为全新的社会和全新的生活方式。克里斯·萨尔特马什（Chris Saltmarsh）在《绿色社会主义》一文中也指出，气候问题成为当今西方正在发展中的社会主义战略要考虑的最重要的因素之一。① 总的来看，生态社会主义或生态马克思主义是建立在对资本和资本主义批判基础上的，在根源层面揭示出了资本主义制度和生态环境的关联逻辑，对深化认识生产力和生产关

---

① Chris Saltmarsh, "Green Socialism", in Grace Blakeley eds., *Futures of Socialism: The Pandemic and the Post-Corbyn Era*, New York: Verso, 2020, p.75.

系做出了新的探索。从其最新关注的内容领域来看，则主要抓住气候变化
问题，猛烈批判资本主义的合法性；注重现实的生态社会主义运动的发
展，谋求全球尤其是南方国家反抗资本主义运动之间的联合；思考生态社
会主义的战略规划，推进生态社会主义思潮进一步深化；同时对中国的生
态文明建设及其世界影响也给予了高度关注。[①]就他们的核心思想主张来
看，这些批判对生态社会主义本身的建构较少，其理论的系统性、完整性
存在较大不足。此外，生态社会主义内部也存在较大思想分野，特别在如
何激活工人阶级的作用方面存在争议，难以形成发动无产阶级参与生态社
会主义建设的合力。

总之，在当今全球化时代，特别是在整个人类社会还没有找到可以有
效替代资本来进行财富生产和发展的境遇下，科学把握并正确处理好生态
问题和无产阶级的辩证关系问题，将是推动生态社会主义运动发展的关键
所在。这其中，既要在国内向度上避免简单地将生态问题与工人阶级从事
的行业挂钩，进而将责任推给工人阶级，这种生态社会主义无疑会将工人
阶级推向资产阶级的怀抱。在国际向度上，则同样要在国内向度这一注意
事项的基础上，特别对主要资本主义国家打着保护生态环境旗号来打击制
裁发展中国家、进而侵犯这些国家中下层民众利益的实质予以深刻揭露，
并通过相关国际组织来推动形成符合历史经纬的全球生态治理机制。

第三，关于后工业化社会与社会主义文明的设计及反思。丹尼尔·贝
尔提出的后工业社会理论，为审视和深化认识社会主义提供了新的视角，

---

① 参见张剑：《2020年生态社会主义发展前沿动态》，《世界社会主义研究》2021年第1期。

为社会主义关注资本主义社会结构变化起到了重要理论指导作用。后工业社会是不同于工业化社会发展模式和特征的社会，其社会结构、意识形态等方面均发生了深刻变化。左翼理论工作者把丹尼尔后工业社会和社会主义结合在一起，提出了后工业社会主义，引发了各界的广泛关注。后工业社会主义主要内容涉及科技革命、实践主体力量等。科技革命带来的变化是深刻的，对社会主义影响最明显最深刻的是由科技革命带来的社会生产和社会结构变化。这要求社会主义理论和实践工作者从后工业社会特点出发，结合生产、生活以及意识形态的变化来研究新兴科技革命对社会发展带来的影响。总的来看，后工业社会是建立在对工业社会扬弃基础上建构起的新型社会形态，在资本主义社会和社会主义之间，后工业社会主义选择了社会主义方向，将社会主义现实发展与后工业社会进行了结合，试图在解构工业资本主义社会基础上进入理想社会形态。当然，后工业社会主义进入社会主义社会还需要有主体力量依托。由于物质基础条件和社会结构的变化，工人阶级在后工业社会开展社会主义运动过程中的地位退到了相对次要的地位。传统意义上的工人阶级在新兴革命热潮中不断分化，阶级意识不断被削弱，工人去技能化现象越发明显，工人阶级内部力量呈现分散化状态。上述种种现实，使得工人阶级已无力发挥后工业社会主义运动的主体作用。能够掌握一定技术、一定创造力的中等收入群体地位越来越突出。

后工业社会主义同时也重视生态环境建设，重视人与自然的和谐共生关系，强调在社会干预下建构良好的社会生态环境。他们还主张在充分发挥市场积极作用的基础上，重视计划经济建设，不断推动混合所有制经济建设。后工业社会主义围绕社会主义建设作出了积极探索，看到了新科技

革命带来的变化，对资本主义的种种问题作了新的剖析。但后工业主义的
空想主义色彩比较浓厚，同时对社会主义革命主体存在一定认知偏差，在
社会主义实践方面难以成为现实。对科技革命的影响存在夸大效应，认为
科技进步可以改变资本主义生产关系，缺少充分的理论支持和实践依托。

综上所述，西方左翼学者通过理论批判揭示了当代资本主义存在的种
种困境，解释了变革资本主义的种种可能。他们对社会主义的探讨不断细
化，在微观层面丰富和发展了社会主义理论。马克思主要从宏大叙事层面
批判了资本主义存在的种种问题，描述社会主义未来图景。但对社会主义
究竟以何种状态出现，只是作了一个方向性的预测和描述。对照于此，西
方左翼学者则以马克思的预测为基础，从相对中观和微观层面探讨了社会
主义发展可能涉及的方方面面，推动了对社会主义可能性前景的理解认
知。但我们同样必须认识到，这些认知中存在的空想化、改良化、书斋化
倾向，还是非常明显，指导现实的能力还是非常有限。

其一，关于社会主义基本问题的认识偏离了社会现实，明显呈现出空
想化特征。空想社会主义被冠之以空想修饰，主要原因在于其理论无法在
实践中推行，但他们的理论对科学社会主义提供了重要借鉴。同样，国外
左翼理论学者深入揭示了当代资本主义社会发展过程中存在的矛盾问题，
在资本主义新变化新发展的基础上探索社会主义发展的新局面，无疑为社
会主义发展提供了重要启迪。但由于西方左翼学者深度聚焦资本主义社会
变化的表层现象，逐渐偏离了引发资本主义社会问题的根源而呈现出了空
想化特征。如引发生态环境问题的根源在资本主义制度，但生态马克思主
义主张在不触动资本主义制度基础上，以较为激进、较为表层化的绿色运
动来化解，就不可避免地陷入了道德层面的批判，最终导致其思想主张陷

入空想化状态。

其二，对社会主义社会的未来表现出不确定性，试图改良资本主义来实现社会主义。在社会主义运动中，国外左翼理论工作者的主要问题在于不突破资本主义制度，试图在资本主义框架内修修补补，以此推动社会主义的发展。国外左翼学者理论研究的改良主义倾向，在西方马克思主义主流派中彰显出的问题更为明显。他们主要聚焦资本主义社会的某个方面问题，从某个领域出发深入批判资本主义存在的问题，试图以局部改革推动整体变革，并试图以某一领域的改良来完善资本主义制度架构。回避了资本主义的根本矛盾。

其三，对社会主义研究呈现出明显的理想主义色彩，书斋化现象较为严重。马克思曾指出，哲学家们只是用不同的方式解释世界，而问题在于改变世界。因此，缺少为现实服务的理论并不是真正的马克思主义。马克思、恩格斯、列宁、毛泽东等经典作家们，都是在社会主义实践运动中开展研究的，他们非常熟悉所处时代工人阶级和社会主义运动发展的基本和前沿问题。在纪念马克思诞辰 200 周年大会上，习近平总书记指出："马克思的一生，是为推翻旧世界、建立新世界而不息战斗的一生。"[①] 遗憾的是，由于苏东剧变，国外左翼理论工作者主要回到书斋中研究马克思主义，缺少对工人阶级和社会主义最新实践发展的关注。现有的研究难以直接切中现实，因而也难以在形成理论和现实的互动中有效进行实践斗争。

以此反观曾经轰动一时且为左翼学者关注评析的"占领华尔街运动"，

---

① 习近平：《在纪念马克思诞辰 200 周年大会上的讲话》，《人民日报》2018 年 5 月 5 日。

对于为什么会发生这次抗议、为什么这次抗议并没有进一步发展成为革命、这次抗议对社会主义运动有何种启示等，西方左翼学者都缺少有力的解释。左翼学者的理论研究，暴露出他们在理论解释和实践发展方面的不足，很难以他们的研究来推动发达国家社会主义运动发展。在此背景下，我们也就不难理解，尽管以齐泽克、巴迪欧、朗西埃、哈特、奈格里、柄谷行等人为主要代表的西方激进左翼学者为了恢复被污名化了的共产主义观念，试图基于激进的革命主体性话语和替代性政治建构一种"新共产主义"，并分别在伦敦（2009）、柏林（2010）、纽约（2011）和首尔（2014）召开了世界范围的"共产主义观念"大会，并成为了重新激活马克思共产主义话语的革命性叙事和主体性力量。但由此吹响的集哲学先验论、激进政治学、新政治经济学批判、辩证法等多元理论范式于一身的共产主义"集结号"，其"乌托邦特质"[1]仍然非常明显。正如有学者指出的那样，由于西方马克思主义者们脱离政治、脱离群众、脱离阶级斗争，力图通过个人努力而不是唤起全体无产阶级和人类解放（这恰恰是马克思主义的最大优越性）来改变现状。结果就变成了在奉行物质主义和拜金主义的修正主义者们成功挽救了资本主义经济之后，西方马克思主义研究者们再来试图挽救资本主义政治、文化、社会和生态的尴尬局面。[2]

（三）西方右翼民粹主义快速兴起带来的冲击挑战

应该说，在 21 世纪以来新自由主义全球扩张的进程中，客观上也不

---

① 参见胡绪明：《当代西方激进左翼学者"新共产主义"评析》，《黑龙江社会科学》2018 年第 2 期。
② 参见马拥军：《新时代世界社会主义运动的生机与活力》，《学术前沿》2019 年第 9 期。

断生产出规模庞大的无产阶级群体。但总的来看，除少数国家和民族外，全球规模庞大的无产阶级尚处于自在状态，尚未形成明显的全球无产阶级意识。具而言之，就是当年马克思、恩格斯关于资本主义国家内部劳资对立的阶级矛盾，现在已更多地通过民族间的矛盾冲突展现出来。但吊诡之处在于，当今不同民族国家冲突纷争的背后，却无时无刻不在显示这样一个事实，那就是：客观存在的无产阶级，其对阶级身份认识并不强，走向联合的自觉性也不高，有些甚至还在客观上扮演了一国无产阶级反对另一国无产阶级的角色。而这其中，尤以 2008 年国际金融危机以来在英、美、法、德等西方发达资本主义国家强势出现的右翼民粹主义最为显著。

第一，无产阶级从国际联合走向民族国家。按照马克思关于资本主义危机的论述，危机之下作为无产阶级和中下层民众利益代表的共产党，理应获得较大的发展空间。但为什么危机之下，西方左翼政党没有获得预期发展？不仅如此，客观上是无产阶级的广大下层民众力量，反而走上了右翼民粹主义道路，进而严重影响到社会主义和左翼力量在西方资本主义国家的健康发展？可以说，这里面的原因是深刻且复杂的，既有这些资本主义国家左翼政党自身发展的内部原因，也有这些国家和民族资本积累结构调整所带来的系列外部影响。

如前所述，在资本积累和贫困积累的框架中，马克思和恩格斯坚信资本主义国家内部的矛盾对立，必然会导致作为革命主体条件的无产阶级与资本意志执行者的资产阶级的矛盾对立。这种对立，也必将会在资本内在否定性的充分彰显中，逐渐走向更高的新文明类型。正是基于这一认知，两位出生于主要资本主义国家的马克思主义经典作家奔走于世界各地，进而不断在使东方从属于西方的历史进程中，敏锐地意识到资本主义扩张、

资本主义世界体系形成、劳工阶级反抗运动之间的有机关联，并在工人
阶级革命理论中，明确提出了"工人没有祖国""全世界无产者联合起来"
等激动人心的号召。

总的来看，马克思、恩格斯提出"工人没有祖国""全世界无产者联
合起来"的核心论断，建立在对现代世界体系发展的这样一种认知基础
上。首先，资本主义的全球扩张，从生产和消费上将世界连为一体，这是
劳工阶级实现国际团结的时代背景。要言之，"不断扩大产品销路的需要，
驱使资产阶级奔走于全球各地。它必须到处落户，到处开发，到处建立联
系。资产阶级，由于开拓了世界市场，使一切国家的生产和消费都成为世
界性的了"[1]。其次，资本主义内部的竞争压力将劳工阶级驱使到了同质化
的轨道之上，"机器使劳动的差别越来越小，使工资几乎到处都降到同样
低的水平，因而无产阶级内部的利益、生活状况也越来越趋于一致"[2]。再
次，劳工阶级同质化的发展，使得工人与资本家之间的冲突越来越具有阶
级对抗的性质，因为同质化提供了共同的阶级觉悟生长的土壤，也提供了
阶级觉悟能够蔓延的"类似于传染病广泛传播的环境"[3]。最后，资本主义
剥削在劳工阶级的生活世界中成为最重要的事实，"现代的工业劳动，现
代的资本压迫，无论在英国或是法国，无论是在美国或是德国，都是一样
的，都使无产者失去了任何民族性"[4]，于是劳工阶级的国际团结即将破茧
而出。

---

① 《马克思恩格斯选集》第 1 卷，人民出版社 1995 年版，第 276 页。
② 同上书，第 281 页。
③ David Gordon, Richard Edwards and Michael Reich, *Segmented Work*, *Divided Workers*,
Cambridge：Cambridge University Press，1982，p.126.
④ 《马克思恩格斯选集》第 1 卷，人民出版社 1995 年版，第 283 页。

　　20世纪初的列宁，将马克思、恩格斯的上述分析框架拓展到了整个资本主义世界体系，并在充分把握资本主义社会经济和政治发展不平衡特征的基础上，提出"变帝国主义战争为国内战争"，"社会主义可能首先在少数甚至单独一个资本主义国家内获得胜利"，进而点燃世界范围内资本主义国家革命战火的思想。当然，其中隐含的前提也是明确的。首先，作为一种生存状态存在的无产阶级，其能否有客观的存在转变成一股认知世界进而改造世界的力量，有没有先进理论的组织和领导是至关重要的。事实上，在马克思的阶级理论分析中，政治因素和经济因素从来就是须臾不可分离的，并且也是同样重要的，劳工阶级的日益强大和成熟不是指同质化的劳动力大军在规模上的迅速膨胀，而是指劳动力大军在更为广泛的范围内有效地组织起来了，组织起来无疑是理解劳工阶级的国际团结最重要的政治维度。[①] 其中，劳工阶级的政党特别是共产党的领导作用，无疑在此过程中发挥着不可或缺的作用。其次，各国劳工阶级要在世界范围内走向国际团结，取决于这些劳工对自身所处的民族国家的不认同。换句话说，只有民族国家不能很好解决由资本积累带来的贫困威胁，才是推动劳工阶级走向国际联合的决定性要素。这也意味着，民族国家将对劳工阶级的国际团结产生极大的破坏作用。马克思较早就清醒地意识到了这一点，他指出，民族国家是"以其无处不在的复杂的军事、官僚、宗教和司法机构像蟒蛇似的把活生生的市民社会从四面八方缠绕起来（网罗起来）的中央集权国家机器"，并且社会发起的"所有的革命只是使国家

---

① Stuart Hall, "The 'Political' and the 'Economic' in Marx's Theory of Classes", in Alan Hunt, eds., *Class & Class Structure*, London: Lawrence and Wishart, 1977, pp.19—28.

机器更加完善"①。因此，劳工阶级不仅要超越民族国家的政治框架，而且
要在夺取民族国家政权的基础上进一步彻底打碎国家政权，否则也不可
能实现劳工阶级的国际团结，即使暂时实现了，也会被国家政权分割为
民族主义。

但二战结束以来资本全球不对称积累结构，以及由此凸显出的类似
"两头在内、中间在外"的生产结构，使得我们更加清楚地看到，在当前
民族国家至上的价值体系下，主要资本主义国家通过形成"政府—资本—
劳动"之间的有机关联，事实上越来越形成这样一种国际劳动分工体系。
国际劳动分工从经济维度将世界经济体区分为中心地带、半边缘地带以及
边缘地带，中心地带由于占据了国际劳动分工体系中的优势地位，故而能
够持续不断地从半边缘地带和边缘地带汲取生产剩余。当国际劳动分工进
入民族国家时代时，世界经济体中的中心地带、半边缘地带和边缘地带，
也就相应转化为核心国家、半核心国家和边缘国家。②民族国家组成的国
际体系，实质上就是核心国家支配和剥削半核心国家以及边缘国家的等级
性结构体系，核心国家依靠强大的国家力量，保障中心地区对于世界范围
内的生产剩余的提取，从而持续不断地巩固它们在国际劳动分工体系中的
优势地位。所以，沃勒斯坦将"国家的现代史看作是一种长期的追求，以
建立强大的国家机构来保护世界经济体中的一些所有者—生产者的利益，
反对另外一些所有者—生产者，当然还反对工人"③。

---

① 《马克思恩格斯选集》第 3 卷，人民出版社 1995 年版，第 91—92 页。
② ［美］伊曼纽尔·沃勒斯坦：《现代世界体系》第 1 卷，社会科学文献出版社 2013 年
版，第 463 页。
③ 同上书，第 129 页。

　　在此过程中，主要资本主义国家通过下述几个方面，日益将广大无产阶级收归了到了民族国家的体系框架。首先，是赋予劳工阶级以政治权利。二战之后，欧美工业国家纷纷落实劳工阶级的政治权利，从而为民族国家整合劳工阶级迈出了关键的一步。其次，是区别对待劳工阶级。一种是对本国劳工和外国劳工进行区别对待；另外一种，则是将本国劳工划分为核心工人与边缘工人进而区别对待。这不仅在世界范围内和民族国家内强化了劳工阶级的分裂，而且在民族国家的层面上，也制造了劳工阶级对民族国家的屈从甚至依附。再次，建立社会福利制度。这直接制造了作为工人而存在的生产领域与作为公民而存在的政治领域相互分离的假象，有效阻碍了劳工阶级在形成阶级意识中走向国际团结从而充当推动革命性变革的主导力量。复次，塑造民族国家认同。政治权利和社会福利，是民族国家在劳工阶级之中塑造民族认同的现实基础。这也使得极少数坚持国际主义的劳工成为了"面临灭绝的残余物种"。最后，就是重构劳资冲突的政治生态。一个层面，是灌输劳工阶级只是一个特殊利益集团的价值观念；另一个层面，则是强调全球化对于劳工阶级既得利益的损害，推卸民族国家在此过程应该承担的责任。① 可以说，近些年来出现的各个民族国家的劳工阶级之间的分裂，劳工阶级反抗运动同其他新社会运动的交叉、融合，都同这一阶段上主要资本主义国家对内外政策的塑造有着不可分离的关系。

　　在这种格局下，我们可以看到，自19世纪末至20世纪初各主义资本

---

① 关于主要资本主义国家将广大无产阶级收归到民族国家体系框架的表述，主要参考汪仕凯：《在国际团结与民族国家之间》，《世界经济与政治》2017年第11期。

主义国家提高工资福利日渐由点到面的普及，作为革命主体的工人阶级也逐渐在从"绝对贫困"到"相对贫困"的转换中，产生了工人阶级贵族化以及阶级意识日渐淡化、改良之声完全压过革命诉求的燎原态势。面对这种蔓延地"特别迅速"因而也是"特别可恶"的"机会主义"，尽管列宁曾在《帝国主义论》中予以痛斥，并坚称两大阶级间的实质性对立"决不能保证机会主义取得巩固的胜利"[1]，但上述走向修正和改良主义的燎原态势并未得到根本性的改观。其实，从第一次世界大战的炮火将劳工阶级推到了民族国家的怀抱开始，劳工阶级国际主义联合的难度已经充分凸显了出来，这也使得列宁"希望欧洲国家快速进行革命的预见只是一种空想"[2]。

可以说，资本不对称积累结构下的国际劳动分工体系，并没有在世界范围内制造一个统一的劳工阶级。相反，我们可以清楚地看到，一方面，二战结束以来，主要资本主义国家已经通过"政府—资本—劳动"的互动结构，部分地修复了国内劳资对立和系列社会问题，这些国家的无产阶级也在生存境遇的日益改善中，消磨了斗争意志和阶级认同；另一方面，20世纪80年代左右开启的新自由主义全球化进程中，"临时契约"取代了"长期制度"，"弹性积累"取代了福特主义积累体制，由此对传统国家主权形式的挑战和对分国界的劳动和环境监管的颠覆，不仅摧毁了二战后形成的福利制度框架，同时还带来了全球劳动分工、生产关系、福利供给、生活方式的全方位巨变。主要资本主义国家内部的阶级矛盾，此时

---

① 《列宁专题文集（论资本主义）》，人民出版社2009年版，第211页。
② ［俄］E.普里马科夫：《十月革命的历史是不能改写的》，《俄罗斯研究》2011年第3期。

已愈发清晰地展现为资本全球积累格局下不同国家和民族间的矛盾。相应的，同民族国家而不是同具有竞争关系的其他国家和民族捆绑在一起，同本国政府而不是客观上也是受国际资本压迫但与自己有竞争关系的他国无产阶级联合在一起，则更有可能成为现有资本积累格局下的"真理"。这一局面，无疑对当今世界范围内的劳工阶级造成了巨大的分化效应。无数事实"证明一个劳工命运共同体的出现，仍然前路甚远，充满不确定的挑战"①。

这种分化效应带来的不确定性和现实挑战，再结合第一、第二、第三国际先后解散的现实经历，很大程度上回应了本章内容中涉及的主要资本主义国家左翼政党在领导本国劳工阶级进行抗争，特别是走向国际联合时面临的困境和认知上分歧和实践上困境的根源。正如有学者所指出的那样，在国际共产主义运用已经不可能再走回头路的现实背景下，既有历程中的"统一中心""领导国"和"领导党"模式，已不再具备现实可能性。对发达国家的共产党及其左翼力量而言，如何在处理好统一的意识形态和战略目标与结合本国实际实现最低程度的团结一致间的关系，将是其能否更好发挥历史作用地关键所在。当然，诚如原意大利共产党人党中央委员弗朗西斯·马林乔在谈及意大利共产党人党和重建共产党之间合作的可能性时所指出的那样，"共产党思想、组织方面的统一，是一项很复杂的工作。虽然存在着合作的可能性，相关方面也在沟通努力，但由于差异巨大，通道狭窄，最终实现合作非常困难"②。在左翼联合问题上，主要资本

---

① Margaret Levi and David Olson, "The Battles of Seattle", *Politics and Society*, Vol.28, No.3, 2000, p.313.
② 转引自姜辉：《当代世界社会主义通论》，中国社会科学出版社 2020 年版，第 228—229 页。

主义国家的共产党和劳工力量仍然面临着严峻考验，要实现根本性改观无疑还有很长的路要走。

第二，主要资本主义国家的右翼民粹主义挑战。根据一般的历史经验，资本主义世界爆发经济危机，往往是共产党及左翼力量发动中下层民众对既有制度进行反思重构的大好时机。但自 2008 年国际金融危机爆发以来，虽然我们看到了主要资本主义国家共产党及左翼力量活跃度有所提升，但其在对现有社会发展样态明显不满的中下层民众力量的号召力领导力方面，却呈现出力不从心的状态。右翼民粹主义的兴起，就是这一现状的突出反映。宣扬"美国优先"的特朗普在广大"铁锈地带"的中下层选民支持下登上总统宝座和英国通过公投成功脱欧，标志着西方在 2016 年正式进入了右翼民粹主义政治的元年。由此而来的问题是，在资本主义制度明显出现问题，广大中下层民众为什么会选择根本上代表资本主义制度的右翼而非左翼力量？特别是，由这种选择后续而来的系列生产交往举措，对 21 世纪社会主义走向复兴的征程又会带来怎样的影响？可以说，这些都是必须引起我们高度重视的问题。

从历史唯物主义高度审视发达资本主义国家的民粹主义，其本质上是尚未上升到阶级意识的群众自发性运动。但如前所述，主要资本主义国家内部的"政府—资本—劳动"运行结构对广大民众阶级认同的影响，苏东剧变后共产党和左翼力量在这些国家和民族的衰微、左翼学者的引导启蒙力不强，再加之新自由主义时代民族国家力量和媒介帝国主义的强势存在，使得各方面均被垄断资本支配束缚进而自觉自为性被不断遮蔽的劳工大众，很容易在历史错觉中迷失方向。

具而言之，就是在上述呈现的从国际主义走向民族国家的总体氛围中，面对本质上是由资本主义制度的结构性矛盾带来的系列消极因素，自身福利受损因而怨声载道的广大中下层民众在国内非主流右翼政党的鼓吹下，不是从资本主义制度本身出发找问题，而是直观感性地将其归咎为制度外的因素。就如像某些西方非主流右翼政客所经常宣扬的那样，中下层民众生活陷入困顿的根源，从外部而言，主要是受到了来自某些新兴国家崛起带来的威胁冲击，抢走了这些国家的国民本应享有的就业机会和发展空间；从内部而言，则是国内主流的资本主义右翼政党的相关政策（如移民、教育和福利政策等）不利于这些国内民众共享社会发展的成果。而要改变这种局面，最好的办法就是通过国内现有的民主程序，让承诺改变现行状况的非主流右翼政客上台执政。可以说，正是这种从直观感性而不是从历史本质出发的现状，也就出现了我们当下所看到的，即广大中下层民众不是把选票投给国内的中左翼政党，而是投给本质上仍然是执行资本主义意志但更显激进的非主流右翼政客的"奇特"景观，非主流右翼政客 + 中下层民众的右翼民粹主义潮流或运动便由此生成。无论是 2016 年的特朗普上台还是英国的脱欧，还是 2022 年法国大选中宣称"法国优先"的"国民阵线"灵魂人物玛丽娜·勒庞对金融精英的代表人物马克龙的现实冲击，都可以看到右翼民粹主义的现实存在及其力量。

从目前来看，这股力量推行逆全球化，实行单边主义、霸权主义的倾向非常明显。一方面，这再次鲜明地凸显了主要资本主义国家只想从全球不对称积累结构中获得好处，却不愿承担由此而来的资本扩张悖论的惯有逻辑，确实没有发生根本改变。另一方面，若从资本内在否定性的客观定

律来讲，我们也坚信，在日益撕裂的当代西方社会中形成发展起来的右翼
民粹主义，其不仅严重冲击了现行的新自由主义秩序，而且必然使这些国
家在内部撕裂对立中加速变革。从长远趋势看，"金融资本帝国支配下的
自由主义向右翼民粹主义的转化，进而右翼民粹主义向社会主义转换也将
不可避免"①。当然，就接下来一段时期而言，这一并不根本反对资本主义
制度的右翼民粹主义，其对 21 世纪社会主义复兴带来的下述挑战，同样
也是值得我们关注的问题。

　　首先，右翼民粹主义分流了中下层工人阶级和劳动人民的选票，严重
冲击了社会主义走向复兴所需的左翼政党力量。按照社会主义实践的要
求，引导并动员广大中下层民众参与带有社会主义定向的左翼政党，是社
会主义复兴的必备条件。但在社会撕裂的大背景以及广大中下层民众阶级
意识被遮蔽的境况下，现实政治生活中形成的右翼民粹主义在严重冲击主
流右翼政治力量，甚至取代其而执政的同时，还造成了传统左翼政党支持
者的大量流失。

　　需要特别指出的是，在民粹主义强势兴起的欧洲，除了上面提及的
早已成为建制性政党的右翼民粹主义政党外，还存在着另外两类民粹主
义政党。综合来看，其对中下层民众的吸引以及由此带来的对传统左翼
政党的影响也是明显的。其中，一种是左翼民粹主义政党对传统左翼政
党带来的影响。从表面上看，这类政党在政治主张方面与共产党有着许
多相似的主张，如反对自由主义，反对美国霸权，捍卫劳动者利益等，

---

① 宋朝龙：《西方金融资本帝国民粹化趋势下社会主义运动的复苏》，《学术前沿》2022
年第 2 期。

主张提高最低工资和加强社会保障。以希腊为例，长期以来，希腊共产党一直是国内最主要的激进左翼政党，在历次议会选举中均获得可观议席。但强势崛起的左翼民粹主义政党即希腊激进左翼联盟，却比希腊共产党获得了更多的社会支持，在议会中的影响力也不断扩大。经过2015年5月和6月的两次议会选举，希腊共产党迅速从国内第三大党降格为第七位。在激进左翼联盟上台执政的背景下，希腊共产党很难在短时期内扭转自身的边缘化地位。二是新型民粹主义政党。这类政党的特点是反对建制，不以传统的左右翼范式来划界，组织化程度很低，运动性远大于政党性。意大利五星运动党是此类民粹主义政党的典型代表。这一政党的出现，同样也使意大利的两个共产党影响力迅速下滑。从目前的情况来看，在原来在很长一段时期内走过社会主义道路的东欧社会主义国家，近些年来兴起的民粹主义也在不断夺取这些国家的共产党的传统支持者，使得共产党在该地区依然延续着自苏东剧变后的那种艰难发展的处境。

可以说，在当前新自由主义秩序内在矛盾正在充分显示出来的历史时刻，如果这些资本主义国家的共产党组织或左翼政党不尽快通过革新来增强对中下层民众的影响力号召力，进而在政治上有所作为，那么，广大下层民众因为迷失方向投入民粹主义怀抱的情况就会继续延续下去。这必将会使社会主义思想和共产主义思想的载体陷入深刻的危机中。

其次，西方右翼民粹主义在维护新帝国主义的统治中，会加大发生国际冲突的风险。尽管"右翼民粹主义并不等同于极端排外、极端排斥民主和自由的法西斯主义，故而欧洲不太可能再重蹈覆辙，然而这并不意味着右翼民粹就不会发展成法西斯主义，毕竟前者是后者的温床沃土"①。倘若右翼民粹主义成为西方资本主义国家的政策主流，其极端的国家主义政策和民族主义政策在面对全球化或全球主义的发展潮流时，将不可避免地引发国家与国家之间、民族与民族之间、特别是霸权国家与新兴大国间的激烈对抗，危害和平发展的世界潮流和国际关系现状，甚至通过裹挟民意走向极权和专制主义并导致擦枪走火、引发战争。对处于新帝国主义阶段的资本主义国家而言，它们致力于维护既有的全球资本积累结构并倾向于"霸权稳定论"，通过"两头在内，中间在外"的方式获取国际金融垄断资本带来的利润，并将国内产生的新帝国主义危机转嫁至世界体系的外围国家。他们既不想承担金融垄断资本带来的结构性危机，又想通过右翼民粹主义维护现有的资本不对称积累结构进而维护自身霸权。以此逻辑，西方资本主义国家在面临新兴大国的崛起时，右翼民粹主义主导下的政治力量，将更趋向于不遗余力地通过各种手段（包括政治施压、经济制裁、贸易保护、军事霸权、意识形态渗透、科技断供、教育限制等）来遏制新兴大国的崛起。新兴国家和守成大国之间的矛盾将突破以往那种非主流的、可忽略的、局部的、零散的、弱关联的、易应对的矛盾样态，呈现出更深刻、严峻、复杂、艰巨的结构性矛盾与冲突。这必将对全球政治气候和国际秩序造成剧烈影响，甚至产生诱发国际冲突的风险。因此，除了认清右翼民粹主义对资本主义国家的社会主义探索带来的影响冲击外，还必须高度重视其对新兴国家特别是作为新兴大国的中国特色社会主义在复兴社会主义征程中的负面影响。

---

① 杨军：《当代西方右翼民粹主义的危害及应对分析》，《国外理论动态》2017 年第 12 期。

三、发展中国家推动社会主义复兴征程中的困境

　　按照资本全球不对称积累格局下社会主义的实践区域来讲，区别于发达资本主义的外围国家是最有走社会主义道路的迫切要求的。当然，在20世纪70年代以来特别是苏东剧变后，这些国家和民族的社会主义运动与思潮陷入低潮，同时在新自由全球化的背景下更加深入地成为了现代世界体系的一部分，大规模建立民主政体的集体尝试，即如亨廷顿所言的"第三波民主化"，也在亚非拉以及东欧地区的一百多个国家出现。但中心与外围、发达与欠发达、支配与被支配的新帝国主义结构持续性存在的事实，再加之广大发展中国家和民族对自身在这种不对称积累结构中发展限制的真切感受，客观上也使得曾经在资本主义意识形态营造出的虚幻边缘走了一遭的广大发展中国家，增强了对资本主义局限性的认知。与此同时，通过对比借鉴中国特色社会主义在现代化道路和文明新样态的开拓历程，也大大增强了一些发展中国家和民族对既能够加快发展、同时又能保持自身独立性的现代化新路径的渴求。

　　当然，在这种具有探索推动社会主义走向复兴的主客观条件背后，结合之前关于当下国际垄断阶段经济、政治、文化以及社会认知等总体样态的分析，我们也必须实事求是地看到，发展中国家虽然进行了具有社会主义性质的探索，但要真正开展社会主义运动、走向社会主义道路，则依然面临重重困境。非洲和拉丁美洲是典型的发展中国家聚集地，也是21世纪探索推动世界社会主义走向复兴的重要地区。本节主要以非洲和拉美地区左翼及社会主义运动发展为例，分析其面临的困境。

（一）非洲社会主义发展面临的主要困境

非洲在世界近代发展史过程中占有特殊地位，主要原因在其长期深受殖民主义危害，直到二战以后才进入独立主权国家发展阶段。上文已经介绍过，非洲社会主义与民族独立属于同期发展，相对民族独立发展的呼声而言，社会主义的呼声并不明显。有学者认为："21 世纪非洲社会主义运动呈现局部有推进与整体仍艰难并存的特征。即从局部看、从个案看，非洲社会主义运动取得了一定的进展；但从整体上看、从多数看，非洲社会主义运动仍然举步维艰。"[①] 综合来看，非洲在推动社会主义复兴征程中主要面临着以下多重困境。

第一，非洲社会主义面临着不利于其发展的"资强社弱"总体格局，影响了其独立自主地进行社会主义探索。非洲社会主义运动受民族独立和解放的影响，社会主义运动发展总体态势比较缓慢。苏东剧变以后，资本主义成为强势主导世界发展的一方，社会主义运动进入低谷发展阶段，并且世界总体格局都表现出了不利于社会主义发展的趋向。与社会主义国家相比，资本主义国家拥有更为雄厚的政治、经济和文化实力。从强权政治和霸权主义出发的美国，甚至可以通过公司实现对社会主义国家的金融主权干预。非洲独特的地理位置和富饶的矿产资源，获得了资本主义的高度重视，为更好控制这些国家，苏东剧变后，主要资本主义国家通过各种形式的措施加大了对非洲社会主义的打击力度。比如，面对南非共产党快速崛起，美国就通过利益集团输入、资金项目扶持来遏制南非共产党的发

[①] 程光德、侯文清：《21 世纪非洲社会主义运动总体特征及其发展趋势》，《社会主义研究》2021 年第 5 期。

展。此外，据非洲国家的债务问题也非常严重。非洲是当今全世界负债最高的区域。自1970年以来，非洲外债总额增长了24倍，2002年达到了令人吃惊的3500亿美元，相当于全非洲一整年的收入。研究表明，近些年来非洲经济的对外依赖不是削弱，而是加强了。从世界银行公布的2018年非洲发展统计数据看，非洲的外债存量达到5830亿美元，负债率即非洲外债占国民总收入的比值高达134%，偿债率（还本付息占出口收入的比值）仅14%。[①]同时，非洲的饥饿问题仍然严重。国际粮食政策研究所在之前做的《2020年全球粮食展望报告》中称："如果没有大规模灌溉、道路和耕种研究方面的投资，非洲在2020年会有约4900万营养不良的儿童。"[②]可以说，战乱、贫困、债务、饥饿等问题显示出的种种巨大弱势，使得发展艰难的独立政权不得不继续依靠国际社会的援助来化解内部问题，这也使得非洲社会主义不得不放弃原来的主张，或自觉调整到西方所期望的轨道上来。

第二，非洲长期受殖民统治，经济结构主要以原材料和简单加工原材料为主，这种以落后农业为主体的非洲很难具有鲜明阶级意识和阶级觉悟的产业工人。由于历史上长期受殖民掠夺，非洲国家主要承担资本主义市场原材料供应地和商品倾销地的角色。在21世纪的今天，非洲经济诸多传统行业都未发展起来，依然是以原材料和简单加工原材料为主的经济结构，对资本主义经济具有高度的依赖、依附性。以农业为例，非洲国家主

---

① 张宏明主编：《非洲发展报告No.22（2019—2020）》，社会科学文献出版社2020年版，第49—50页。
② 转引自［加纳］乔治·B.N.阿耶提：《解放后的非洲　非洲未来发展的蓝图》，周蕾蕾译，民主与建设出版社2015年版，第354页。

要类型为落后的农业生产国，虽然能够为世界市场供应原材料，但粮食生产困难，很多国家需要依靠国外援助来维持人民群众生活。社会主义运动的发展需要依赖觉悟性更高的工人阶级，以落后农业为主体的非洲很难具有鲜明阶级意识和阶级觉悟的产业工人，社会主义运动的发展缺少阶级基础、革命发展缺少核心主体支持。

第三，在全球经济发展困局影响下，非洲经济艰难发展加速了产业工人的分化。 国际金融危机爆发的影响是全局性的，为了更好更快地走出经济发展困境，资本主义国家通过一系列政策和手段，将危机转嫁给了广大发展中国家和民族。非洲属于资本主义分工体系的末端，是承受转嫁负担的最后一环。在国际金融危机的影响下，非洲经济发展愈加困难，失业和贫困问题困扰着产业工人的日常生活，进一步加剧了社会主义实践的发展难度。由于失业和贫困的困扰，产业工人内部开始出现分化，拥有不同经济地位的产业工人具有不同的诉求，因而对共产党和社会主义运动的态度不尽相同。如就南非而言，由于南非政府对高层管理者进行了"契约化"管理，使得一小部分工人转化成为正式而"固定"的高级阶层，这直接导致了我们所熟悉的那种历史上曾经出现过的工人运动过程内部发生分化的情况发生。另外，由资本主义政府主导的一系列"福利化"政策，也使得共产党在这一过程的作用被弱化和替代了。这也直接导致了部分工人阶级的政治意识和阶级斗争意识被遮蔽，工人阶级不同阶层对争取社会主义的斗争持不同立场、态度的情况也大大增加，这给南非共产党最大限度调动工人阶级力量以争取社会主义的努力增加了很大难度。

第四，非洲国家共产党和社会主义运动发展自身内在存在诸多问题。目前，非洲比较有影响力的共产主义政党不多，"几个坚持争取社会主义的共产党（工人党）都处在困境中"[1]。综合来看，除了南非共产党、坦桑尼亚革命党、苏丹共产党和留尼汪共产党等几个比较重要的共产主义政党外，其他 5000 人以上的组织只有摩洛哥进步与社会主义党，以及埃及的社会主义力量联盟，其余政党和组织的力量微乎其微。与此同时，不论是在开展社会主义运动还是加强组织建设抑或统一指导思想方面，南非共产党组织内部都存在较大分歧。如在意识形态领域，目前的非洲共产党（工人党）就有共产主义、马列主义、社会主义、斯大林主义、毛泽东思想、反资本主义、反帝国主义、反自由主义等十几种派别。这种"多而乱"的现象无疑影响了非洲共产党的战斗力。更为致命的是，南非共产党组织内部的腐败、与国大党之间的矛盾等问题愈发不可调和。尽管联合执政在一段时期内让南非共产党获得了发展空间，但联合执政各方在长远发展目标上存在根本性分歧。南非共产党和工会组织力主加大对工人阶级的维护力度，以国有化来实现关键部门发展、为工人提供必要保障，但国大党却主张市场自由政策，二者无法达成一致。这种情况下，一方面，共产党的主张很难真正得到落实；另一方面，这种多党制结构下共产党组织虽然得以保留并具有开展活动的合法性，但由于其更多的是被限制在服务于资本主义政权稳定性的框架内，因此也面临着结构性障碍。

非洲国家共产党和社会主义在新的时代背景下面临着重要发展机遇，但依然难以获得较大发展空间。2008 年国际金融危机为非洲开展社会主义建设提供了重要历史机遇，但由于非洲落后的经济社会发展基础特别是阶

---

[1]　程光德、侯文清：《21 世纪非洲社会主义运动总体特征及其发展趋势》,《社会主义研究》2021 年第 5 期。

级力量难以获得突破性发展的困境，让非洲共产党和社会主义运动始终徘徊在较低发展水平。作为非洲最具有发展前景的两个共产党组织，南非共产党和留尼汪共产党是未来非洲社会主义发展的希望所在。特别是南非共产党作为联合执政党获得了一定政治经济地位，未来在与国大党分歧不可协调的基础上，极有可能进行独立执政的探索实践。留尼汪共产党是一国内部探索社会主义建设的典型，以省为地域基础、灵活制定发展政策，获得了选民的广泛支持。用一句话来描述非洲共产党和社会主义发展，即前途是光明的、道路是曲折的，非洲社会主义将在 21 世纪呈现出更多新的特点和趋势，将与广大发展中国家和民族一道为世界社会主义运动作出积极贡献。

（二）拉丁美洲社会主义发展面临的主要挑战

从世界社会主义运动发展实践来看，拉丁美洲社会主义运动发展成效明显，既有拉美 21 世纪社会主义理论的创新，还有委内瑞拉等国家的社会主义实践探索，是社会主义发展进程中难得的一面旗帜。二战以来，拉丁美洲经济发展速度较快，诸多国家一度进入了"中等收入国家"行列。但由于对资本主义生产体系的高度依赖，加上产业结构的单一化，20 世纪在 70 年代滞胀危机冲击下，拉丁美洲经济很快陷入了困境，长期陷入"中等收入陷阱"，至今都没有走出困境。近几年来受国际金融危机和国际民粹主义影响，拉丁美洲的社会主义发展出现了动荡反复，不论是作为主体的共产党组织还是作为整体效果的社会主义运动，都面临着前所未有的挑战。

第一，拉丁美洲共产党面临的主要挑战和困难。拉丁美洲地区的共产党组织建设，先后经历了几个不同的历史发展阶段。尽管今天已经走过苏东剧变带来的最艰难时期，但拉美国家共产党面临的发展形势和政治生态并没有获得实质性改变，各国共产党组织依然要面对来自国内外的重重压力。面对席卷全球的资本主义现代化，拉美地区各国共产党既无法回避现代化建设这个现实问题，但又很难提出有效应对资本主义现代化的具体方案。更让拉美地区共产党感到棘手的是，党组织建设和活动开展方式不能很好适应拉美地区经济社会发展现实。如何与时俱进地调整共产党组织活动模式以适应拉美地区实现现代化的要求，在推动经济社会发展过程中实现共产党组织发展的转型升级，是拉美地区共产党首先需要面对的现实挑战。在此之外，还有世界社会主义运动的遗留影响、拉美地区现实境况以及拉美地区共产党自身建设问题等。

其一，苏东剧变对拉美地区的消极影响并没有完全消除。与其他地区共产党组织建立发展状态类似，共产国际和苏联对拉美地区共产党组织建立起到了重要推动作用，主要共产党组织都是共产国际组织成员，接受共产国际对党的建设和社会主义运动的指导。当时为帮助亚非拉地区开展社会主义运动，苏联对拉美地区共产党发展方面投入了大量的直接支援，既包括对党组织建设和政策制定的指导，还包括社会主义运动发展需要的物质资源。共产国际和苏联对拉丁美洲地区国家共产党帮助消失了，但拉美地区共产党对其依赖的惯性并没有阻断，特别是消极影响在运动低潮中依然很难消弭。

其二，拉美地区现实发展变化对共产党开展社会主义运动产生了负面影响。在全球科技革命迅猛发展的现实背景中，经济结构、产业模式不断被重塑，并制造出了日渐小型、分散生产的趋势。这也意味着产业工人数

量在减少、中间社会阶层力量在扩大，同时产业工人的组织化程度被全面
弱化了，共产党依靠和组织产业工人的社会基础不断被新型科技革命抽
离，更无需说组织工人开展社会斗争。另外由于拉美地区经济发展水平不
高，主要经济支柱为农业和简单工矿业，工人队伍组成和来源都较为复
杂。除产业工人外，农业等领域的工人阶级意识薄弱，具有较高的流动
性，难以有效组织并开展思想动员、发展党员等工作。

　　其三，拉美地区共产党自身建设存在较大不足，难以应对严峻的外部
环境。拉美地区除古巴共产党外，大部分共产党自身理论和组织建设薄
弱，普遍缺少有影响力的、有领导才华的领导人，党内各种宗派林立，凝
聚力和战斗力较为欠缺。同时，在现实政策和行动中极容易出现分裂。比
如，许多政党缺乏基本的制度建设，处于"有纲领无制度"的状况。其具
体表现，就是党员的吸收和登记随意性大；党内选举制度不规范、干部制
度和党内生活制度不健全，没有定期的代表大会制度、缺乏规范机构运作
和党员行为的法定程序与规则；议事规则和决策程序松散，对于民主集中
制贯彻不利。[1] 此外，由于历史上对苏联和共产国际的依赖，拉美地区共
产党组织处于缺少经费、缺少指导的困境中。这几种因素叠加，使得拉美
地区共产党更加难以应对社会现实发展带来的复杂影响，如信息革命带来
的各种无政府主义、民族主义等对工人阶级产生了负面影响。这也进一步
削弱了共产党开展工人运动的基础。用著名科学社会主义学者高放的话来
说，拉丁美洲共产党发展的最大问题，在于未能有效处理好革命和共产主

---

[1]　李紫莹：《新时期拉美地区共产党的发展状况与理论探索》，《马克思主义研究》2018
年第 9 期。

义的关系，太着急建设社会主义，却未能在民族革命基础上提出符合民族发展现实的革命纲领，因此无法获得最广大人民群众的支持，最终失去了可持续发展空间。①

第二，拉美地区探索"21世纪社会主义"面临的重重困难。 上文已经阐述过"21世纪社会主义"的主要基本内涵和意蕴，拉美地区各国共产党在苏东剧变以后，尝试结合21世纪的新发展来阐释马克思主义并推动社会主义。就现实影响和效果来看，拉美地区"21世纪社会主义"影响和作用的范围主要局限在委内瑞拉、玻利维亚、厄瓜多尔等中小型国家，在拉美地区国家的影响力和范围有限，难以扩大并对社会主义建设产生更深层影响。当前21世纪社会主义至少面临来自美国境外势力敌视、国内右翼势力破坏以及经济发展衰退等因素的影响。

其一，以美国为首的西方敌对势力采取各种措施打压"21世纪社会主义"的发展。拉美地区在历史上曾是欧洲殖民地，其社会主义运动的发展一直受到西方势力的打击。而作为美国的后院，拉美地区社会主义的发展更是受到美国的严密监控。一旦出现向上的发展势头，美国就会通过与拉美地区反动势力勾结，采取阴谋破坏甚至颠覆活动。为阻挠委内瑞拉马杜罗当选、逆转选举结果，美国曾策划暗杀反对派候选人来降低民众对委内瑞拉左翼势力的支持力度。委内瑞拉在查维斯去世后逐渐进入不稳定态势，游行示威、局部冲突不断，对此美国公开支持反对派别，不断加大了对委内瑞拉的制裁力度。自特朗普执政以来，对古巴的政策不断收紧，向委内瑞拉施压并企图拼凑反委联盟，2018年2月美国时任国务卿蒂勒森

① 高放：《拉美共运特点和拉美发展前景》，《拉丁美洲研究》2002年第3期。

访问拉美时重提"门罗主义"使得对拉美的干预主义势力抬头等,均构成了对拉美共产主义运动发展极为不利的外部因素。

其二,国内右翼势力持续不断打压和破坏,试图阻断"21世纪社会主义"的发展进程。在拉美地区,委内瑞拉、阿根廷、玻利维亚等国家属于左派执政,但中右政治势力始终没有放弃对政治权力的争夺。在经济社会发展过程中,中右政治势力通过多种形式的斗争不断积蓄力量,充分利用国内国际危机在国内引发的矛盾问题对左翼力量展开攻击,这无疑对拉美地区左翼政治力量和社会主义运动发展造成了巨大压力,严重影响了社会主义实践探索和改革进程。在全球民粹主义兴起的背景下,拉美地区在野政治力量的右翼不断通过组建政党联合达成联盟,主要通过议会选举等逐渐改变了拉美国家的国内政治力量对比,甚至改变了国内政治局势。2015年以来,处于内外困境中的拉美地区社会主义发展遭遇了新的挫折,巴西、阿根廷、玻利维亚等左翼政党由于经济政策失误、忽视中产阶级利益、庇护主义的政治文化影响和制度式腐败等因素叠加,不同形式、不同程度地失去了部分民众的支持。他们或者像阿根廷、智利那样,先后在2015年10月和2017年12月的国内大选中失利,在阿根廷执政长达12年左翼政党联盟被当选的右翼总统毛里西奥·马克里取代;或者如巴西前总统罗塞夫那样,在2016年8月遭到弹劾被罢免之后,2018年10月28日由巴西右翼总统候选人雅伊尔·博尔索纳罗当选新一任总统;或者如委内瑞拉那样,在2015年遭遇了经济的严重衰退和社会局势动荡的挫折,委内瑞拉反对派表示已经启动了更换马杜罗政府的机制,随时准备改变委内瑞拉的政治方向。上述这些,对拉美左翼政党来说无疑都是新时期面临的巨大挑战。

其三，受制于经济发展总体形势的制约，"21世纪社会主义"的政治经济基础不断被弱化。拉美地区经济结构失衡，生产、消费和投资三个方面都存在较大不足。在生产方面，由于过度依赖农产品和工矿原材料初阶产品出口，导致国内经济发展受制于全球资本市场，同时国内消费供给不足，严重制约了拉美地区经济发展的转型升级。在消费方面，由于外向依赖型生产结构，加上产品附加值低等问题，拉美国家收入长期处于中等收入水平、内生消费需求不足，经济发展内生动力缺位。在投资方面，拉美地区外向型经济结构主要为全球市场供应初级产品，对外资依赖程度高，难以从内部产生促进经济发展的驱动力量。例如委内瑞拉开展"21世纪社会主义"探索的主要经济基础来自石油出口，由于全球经济形势衰退导致原油价格持续下跌，严重威胁了委内瑞拉的财政收入。此外，为更好地收割全球剩余劳动价值，美国通过调整美元在拉美地区"剪羊毛"，大幅度侵占了原本用于改善拉美人民群众福祉的资金。

综合来看，以委内瑞拉为代表的拉美国家通过"21世纪社会主义"建设，在政治经济文化等方面取得了显著成果，为改善拉美地区经济发展形势作出了重要贡献，推动了拉美地区社会主义的发展。但由于其范围较小，且主要靠领导人政治理念来推进，导致其缺少必要的群众力量基础和社会认同度，发展前景呈现出了不稳定、不确定的状态，一旦左翼政党在选举中失利，社会主义探索将难以为继。而面对左翼力量遭遇的挫折，右翼势力趁势纷纷传言左翼退潮、左翼终结、左翼崩溃等消极言论，这对拉美地区共产党组织发展的冲击是不言而喻的。当然，虽然"21世纪社会主义"的探索可能进入了新的低谷时期，但这并不意味着左翼势力全面崩溃：其主张公平正义为人民谋福祉的理念，深受中下层民众欢迎，具有鲜活的生命力。在经过总结经验教训基础上，拉美国家左翼力量仍将发挥更大作用，仍将会为拉美地区乃至世界社会主义运动发展作出更大贡献。

总之，从当前的国际大背景来看，尽管资本主义制度及其内在矛盾在国际垄断资本主义阶段有了更为全面的体现，但发达资本主义国家和发展中国家的共产党及左翼力量在社会主义运动中仍然遭遇着内外困境，也是一个不争的事实。此外，原苏联和东欧这些传统社会主义国家的共产党和左翼力量，其要在新的历史背景下通过理论创新和实践探索形成推动世界社会主义运动的星星之火，仍然还有很长的路要走。同时，对于诸如古巴、越南、老挝、朝鲜这些现实社会主义国家而言，其在推动世界社会主义复兴征程上的挑战，更多的还是来自如何化解美西方国家的孤立牵制。与此同时，如何化解因自身体制机制不完善、改革不到位带来的矛盾与冲突，始终也是这些国家必须直面的问题。因此，如何在现有世界体系中处理好与不同制度国家间合作交流与矛盾斗争间的关系，如何在坚持好社会主义基本原则的前提下守正创新，如何在自我革命和社会革命的辩证运动中全面深化改革进而不断提升广大人民的生活水平，从而在巩固筑牢现有建设成就的基础上使得克服资本扩张悖论、追求经济发展正义的能力更上一个台阶，将是这些现实国家在 21 世纪深入推动世界社会主义走向复兴征程中必须直面的问题。

第 05 章
21 世纪促进社会主义在世界范围内复兴的应有自觉

    1848 年 2 月 21 日《共产党宣言》首次在伦敦以单行本的形式问世,意味着科学社会主义发展以及世界社会主义运动以一种不可遏制的历史潮流登上了历史舞台。特别是从俄国十月革命爆发后日益凸显的资本积累与贫困积累在世界范围内的分离,更让我们看清了现实中东方落后国家的社会主义革命,本质上乃是这些国家在面对资本全球不对称积累结构中出现的日益严重的贫困积累威胁后,必然出现的对社会主义新文明类型的迫切诉求。

    当然,这也要求我们对十月革命以来社会主义实践的历史评价,一定要放在东方落后国家面对具体历史境遇选择如何通过变革创新、从而有效克服资本扩张悖论的总体进程中去考察,决不能因苏东剧变就彻底清零。同时也必须清醒的认知到,通过守正创新不断推进马克思主义中国化时代化而来的中国特色社会主义,其不仅是社会主义充满具体生机活力的重要展现,同样也是科学社会主义在 21 世纪走向复兴的鲜活展现。这一过程中走出的中国式现代化道路和创造的人类文明新形态,拓展了发展中国家走向现代化的途径，给世界上那些既希望加快发展又希望保持自身独立性的国家和民族提供了全新选择。相反，那种离开现实社会主义生成机理而来的断章取义、管中窥豹式的观察，要么把科学社会主义的变革创新与基本原理对立起来，要么把苏东剧变理解为社会主义的终结，要么把中国特色社会主义解读为对经典理论的重大背离，不可能得出令人信服的结论。当然，在总体把握世界范围内不同国家和民族对社会主义既有探索，客观分析当下不同国家和民族在推动社会主义复兴征程中面临现实挑战的基础上，总结世界社会主义发展的历史经验，把握 21 世纪推进社会主义走向复兴的总体要求，展望 21 世纪社会主义走向复兴的可能样态，同样也是需要我们重点关注的问题。

一、把握世界社会主义发展的历史经验

回顾历史，社会主义在 500 多年的历史长河中，经历了从空想到科学、从理论到实践、从运动到制度、从理想到现实、从一国到多国的发展历程。在此过程中，如何做到社会主义原理的实际运用"随时随地都要以当时的历史条件为转移"，进而在全球资本不对称积累结构中始终秉承社会主义价值观，敢于直面时代挑战进行伟大斗争、结合具体境遇生成新思想来引领伟大实践，则无疑是我们在不同时代推动发展社会主义的基因密码。结合这一基因密码来全面反思世界社会主义发展的历史经验，做到下述六大坚持无疑非常重要。

（一）坚持在无产阶级政党领导下坚定社会主义理想信念

社会主义事业的核心在于共产党，没有共产党的领导，社会主义的伟

大事业是不可能取得成功的。"国际共产主义运动的一个最重要的经验是：革命能不能得到发展和胜利，取决于有没有一个无产阶级的革命党。"① 历史和现实都已经告诉我们，随着资本积累结构的变化发展，不管是世界范围社会主义实践的大环境也好，还是某个国家和民族的社会主义实践的小环境，都会在这种现实的调整变化中迎来新机遇，但有时也是血雨腥风的巨大挑战。在这种变是最大不变的背景下，任何一个社会主义国家或政党，倘若放弃马克思主义政党的领导或忽视马克思主义政党的自身建设，放弃或边缘化马克思主义在意识形态领域的根本指导地位，必然会在社会主义理念信念的动摇下导致社会主义事业的失败。20 世纪 90 年代末期，苏联就因为放弃了马克思主义政党的领导，导致了自身解体的恶果，目前仍旧处在以美国为首的发达资本主义国家的经济制裁、政治打压、军事挑衅、意识形态夹击中而难以有效应对。就中国而言，我们为何能在建成社会主义制度之后，尽管在此后的不同时期都面对着国际国内的各种挑战，并在短短的几十年内取得了资本主义在几百年内创造的物质文明和社会进步，关键就在于我们做到了始终坚持中国共产党的领导地位。社会主义在中国的成功实践也已经证明，中国共产党为什么能，社会主义为什么好，归根到底就是因为马克思主义行。倘若不坚持或忽视共产党的领导，我们就必将会在资本全球扩张以及由此而来的总体境遇中重新被资本主义的利己主义、扩张主义、霸权主义基因支配和遮蔽，对人类新文明类型的探索和追求也必将沦为堂吉诃德式的空想。

在庆祝中国共产党成立 95 周年大会上的讲话中，习近平总书记明确

---

① 《建国以来重要文献选编》第 16 册，中央文献出版社 1997 年版，第 461 页。

指出："中国共产党领导中国人民取得的伟大胜利，使具有 5000 多年文明历史的中华民族全面迈向现代化，让中华文明在现代化进程中焕发出新的蓬勃生机；使具有 500 年历史的社会主义主张在世界上人口最多的国家成功开辟出具有高度现实性和可行性的正确道路，让科学社会主义在 21 世纪焕发出新的蓬勃生机；使具有 60 多年历史的新中国建设取得举世瞩目的成就，中国这个世界上最大的发展中国家在短短 30 多年里摆脱贫困并跃升为世界第二大经济体，彻底摆脱被开除球籍的危险，创造了人类社会发展史上惊天动地的发展奇迹，使中华民族焕发出新的蓬勃生机。"① 在建党 100 周年的庆祝大会上，习近平总书记更是把"必须坚持中国共产党坚强领导"放在了九个以史为鉴的首位，并再次强调指出："中华民族近代以来 180 多年的历史、中国共产党成立以来 100 年的历史、中华人民共和国成立以来 70 多年的历史都充分证明，没有中国共产党，就没有新中国，就没有中华民族伟大复兴。历史和人民选择了中国共产党。中国共产党领导是中国特色社会主义最本质的特征，是中国特色社会主义制度的最大优势，是党和国家的根本所在、命脉所在，是全国各族人民的利益所系、命运所系。"② 历史正反两方面的经验教训已经证明，一个国家的社会主义事业想要发展壮大，都不可缺少一个强大的领导核心，这个领导核心不是别的，正是坚定马克思主义理论、坚定共产主义理想信念的共产党。

对世界各国马克思主义政党而言，无论在什么时候，都不能放弃共产党的领导，不仅不能放弃共产党的领导，相反还要采取各种举措加强共产

① 习近平：《在庆祝中国共产党成立 95 周年大会上的讲话》，《人民日报》2016 年 7 月 2 日。
② 习近平：《在庆祝中国共产党成立 100 周年大会上的讲话》，人民出版社 2021 年版，第 10—11 页。

党的领导。只有不断强化党的领导，才能把党员团结起来，才能把群众紧密团结到党的周围，从而形成巩固进而推动社会主义走向复兴的磅礴伟力。反之，如果党中央没有权威，那么党的理论方针政策就不能坚定地贯彻下去，如此也不可避免地会产生政策不执行，党组织纪律涣散，大家自行其是、各自为政，想干什么就干什么，不想干就不干的不良风气。倘若如此，党就会变成一盘散沙，不仅党的领导会成为一句空话，而且崇高的社会主义事业也会成为泡影。因此，对世界各国马克思主义政党而言，必须在结合本国实际推进社会主义实践探索的过程中注重强化全党的政治意识、大局意识，坚持从严治党，不断净化党内政治生态，不断提升适应新情况解决新问题的能力，从而为本国社会主义事业的开拓发展奠定政治基础。

（二）坚持马克思主义理论与本国实际情况相结合

马克思主义揭示了人类社会发展的历史规律以及资本主义运行的特殊规律，为21世纪的世界各国共产党及其左翼政党探索人民自由解放的道路、探索从必然王国向自由王国的飞跃提供了科学的武器。马克思主义是人民的理论、实践的理论、开放的理论，不断推动着世界各国人民探索实现自身解放和历史前进的道路，不断为世界各国人民认识世界和改造世界提供科学的方法论和精神动力。历史已经证明，要更好地推动和发展马克思主义，决不能僵化、机械、教条地理解和运用马克思主义。在本质上，马克思主义理论是开放的、包容的和革命的。坚持理论联系实际是马克思主义最鲜明的理论品质。任何国家、任何民族、任何地域的马克思主义政党在坚持马克思主义推动发展社会主义的过程中，必须要将这一理论与本国历史实际联系起来。

　　恩格斯曾明确指出："马克思的整个世界观不是教义，而是方法。它提供的不是现成的教条，而是进一步研究的出发点和供这种研究使用的方法。"① 除此之外，列宁也强调将马克思主义同民族国家的具体实际相结合，反对独立地、无条件地将一些经典原理复制到具有自身特点的国家的实际情况之中，在他看来，"我们绝不把马克思的理论看作一成不变的和神圣不可侵犯的东西……它只是给一种科学奠定了基础，社会党人如果不愿落后于实际生活，就应当在各方面把这门科学推向前进……这些原理的应用具体地说，在英国不同于法国，在法国不同于德国，在德国不同于俄国"②。对马克思主义而言，其真正的有生命力的东西决不是能够适应一切时期和时代的不变公式，这也很好地说明了为何西方马克思主义鼻祖卢卡奇要将方法作为马克思主义真正有生命力的遗产。

　　中国共产党人始终坚持了理论与实际相结合的优秀品质，并将此作为指导中国革命、建设和改革的方法论武器。在延安整风时期，毛泽东就曾对马克思主义与中国具体实践之间的密切关系作出过深刻的理论阐释，在他看来，中国共产党的二十年就是把马克思列宁主义的普遍真理同中国的革命具体实践相结合的二十年，正是在与马克思列宁主义的普遍结合中，中国革命的面貌才焕然一新。③ 毛泽东注重要有目的地去研究马克思列宁主义，从研究经典理论中为中国的革命发展寻找立场方法，在此过程中，必须将中心确立为中国的革命实际问题，将方针确立为马克思主义基

---

① 《马克思恩格斯选集》第 4 卷，人民出版社 2012 年版，第 604 页。
② 《列宁全集》第 4 卷，人民出版社 2013 年版，第 161 页。
③ 《毛泽东选集》第 3 卷，人民出版社 1991 年版，第 796 页。

本原则，摒弃孤立静止地研究马克思列宁主义。正如列宁的帝国主义论是马克思主义俄国化的第一个理论成果并成功领导发动了十月革命那样，作为马克思列宁主义与中国国情相结合的第一个理论成果即毛泽东思想，则在遵循马克思列宁主义基本原理的基础上，通过与当时国内盛行的走欧美资本主义道路错误思潮的斗争，通过与从苏联"学成"归国的"28个半布尔什维克"的激烈博弈，一改曾被奉为经典教条的"无产阶级推翻资产阶级，城市包围农村"的传统认知，并在结合中国半殖民地半封建社会基本国情的基础上，走出了一条无产阶级领导的，人民大众的，反对帝国主义、封建主义和官僚资本主义的新民主主义革命路线。可以说，在此过程中形成的新民主主义革命理论，既是中国共产党人对科学社会主义在现实展开过程中所应具有的一般发展要求的有效贯彻，也是在此过程中"因事而化、因时而进、因势而新"的生动展现。

在此问题上，邓小平也曾作出过非常深刻的阐释，在他看来，"马克思去世以后一百多年，究竟发生了什么变化，在变化的条件下，如何认识和发展马克思主义，没有搞清楚。绝不能要求马克思为解决他去世后上百年、几百年所产生的问题提供现成答案……真正的马克思列宁主义者必须根据现在的情况，认识、继承和发展马克思列宁主义"[1]。这表明，一方面，我们必须坚信对马克思列宁主义的科学真理力量；另一方面，我们也必须将马克思列宁主义同中国的具体实际相结合，只有同中国的具体实际相结合的马克思主义，才是我们需要的马克思主义。除此之外，江泽民和胡锦涛都非常注重从中国的具体实际出发去思考马克思主义理论的运用。

---

① 《邓小平文选》第 3 卷，人民出版社 1993 年版，第 291 页。

他们时刻反对那种孤立静止的研究马克思主义的做法，更反对那种教条主义和本本主义的态度。

　　"一个民族要走在时代前列，就一刻不能没有理论思维，一刻不能没有正确思想指引。中国共产党为什么能，中国特色社会主义为什么好，归根到底是因为马克思主义行。马克思主义之所以行，就在于党不断推进马克思主义中国化时代化并用以指导实践。"① 习近平总书记更是明确指出，党的指导思想和基本理论与时俱进的历程说明，每一次理论创新都是把马克思主义基本原理同中国具体实际相结合而不断追求真理、大胆探索的结果。掌握马克思主义，最重要的是掌握它的精神实质，运用它的立场、观点、方法和基本原理分析解决实际问题，并郑重告诫全党："当代中国正在经历人类历史上最为宏大而独特的实践创新，改革发展稳定任务之重、矛盾风险挑战之多、治国理政考验之大都前所未有，世界百年未有之大变局深刻变化前所未有，提出了大量亟待回答的理论和实践课题。我们要准确把握时代大势，勇于站在人类发展前沿，聆听人民心声，回应现实需要，坚持解放思想、实事求是、守正创新，更好把坚持马克思主义和发展马克思主义统一起来，坚持用马克思主义之'矢'去射新时代中国之'的'，继续推进马克思主义基本原理同中国具体实际相结合、同中华优秀传统文化相结合，续写马克思主义中国化时代化新篇章。"②

　　对世界各国马克思主义政党而言，也必须根据本国的具体国情来运用

---

① 参见习近平总书记在省部级主要领导干部学习贯彻党的十九届六中全会精神专题研讨班开班式上的重要讲话，2022 年 1 月 11 日。

② 习近平：《继续把党史总结学习教育宣传引向深入　更好把握和运用党的百年奋斗历史经验》，《人民日报》2022 年 1 月 22 日。

马克思主义的立场、观点和方法，在具体实践中更好地将科学社会主义的基本原则贯彻下去。在探索适合本民族的社会主义建设道路的过程中，中国、越南、古巴、老挝、朝鲜都取得了重大的建设成就。对当今世界社会主义建设发展而言，一方面，必须坚持马克思主义和科学社会主义的基本原理不动摇；另一方面，在推动本国社会主义建设发展中也必须从理论和实践两方面创新马克思主义，既要避免走封闭僵化的老路，又要避免走改旗易帜的邪路。对其他各国左翼马克思主义政党而言，在未能取得执政地位且面对机遇与挑战同在、希望与迷茫共存的复杂背景下，更要积极探索马克思主义与本国具体实践相结合的道路。

（三）坚持在社会演进变化中创新发展社会主义理论

任何一种有生命力的理论、任何一个生机勃勃的社会、任何一种先进的制度从来都不是停滞的，必定是随着社会条件和时代变化不断向前推进和发展的。结合现实来看，基于社会主义基本原理方法而来的社会主义相关理论实践，事实上都处于不断变化、发展和完善的过程中。我们熟悉的在不同历史时期形成的经典社会主义论断，事实上就是经典作家结合不同时代特征与时俱进的成果。因此，发展社会主义理论并不是抛弃社会主义的基本原理方法或科学社会主义的基本原则，而是在秉承社会主义原理方法和科学社会主义基本原则的基础上，根据时代条件和实践发展情况来书写社会主义理论的时代新意。

在社会演进变化中创新发展社会主义理论的鲜活展现和典型代表，就是当代中国在破解世界体系中践行社会主义悖论式难题过程中进行的开拓创新。如前所述，所谓社会主义在现实展开过程中遭遇的悖论式难题，就是其在没有经历商品经济充分发展的情况下，既要进入世界体系向西方资本主义国家学习交流，又要为了防止被强大的国际资本力量支配而重新陷入贫困积累境地，因此又必须在相对封闭条件下尽快为自己在国际体系中的出场奠定坚实基础的矛盾状态。如何破解这一悖论式难题，不仅是社会主义中国需要直面的难题，同样也是在资本全球不对称积累格局下走上社会主义道路的东方落后国家能否成长壮大的关键所在。

综合来看，在这一点上，中国的马克思主义者没有简单延续中国历史文化的母版，没有简单套用马克思主义经典作家设想的模板，也没有简单模仿其他国家社会主义的实践或国外现代化发展的一般样态。在经历了为自己在国际体系中的出场奠定现代工业化基础所必须经历的社会主义计划经济时代后，面对计划经济时代后期出现的矛盾问题和复杂的国际环境，我们既没有在挫折困难面前止步不前，也没有囿于先走一步的苏联模式而放不开手脚，而是在始终注重理论与实践结合的过程中，开拓出了在全球化市场背景下通过引导进而规范各种资本力量来为社会主义价值目标服务的新路。虽然这一新路在形式和内容上与之前关于社会主义的相关认知和实践间存在着巨大反差，但从现实社会主义实践遭遇的悖论式难题来看，这无疑是中国共产党在秉承社会主义价值立场、原理方法和目标导向基础上进行守正创新的典范。中国特色社会主义就是社会主义而不是什么其他主义的认知，也越来越成为社会主义开拓创新进程中的历史性共识。

上述克服悖论式难题而来的开拓创新，其中涉及的现实社会主义在不同发展阶段所应遵循的基本节律，特别是在经历计划经济体制后通过对内改革，对外开放而来的系列创新，无疑是当代中国给正在走和即将走上社会主义道路的国家提供的宝贵经验。其中，在处理好计划和市场关系的过

程中坚持以公有制为主体、多种所有制经济共同发展，按劳分配为主体、
多种分配方式并存的分配制度以及坚持社会主义市场经济体制的社会主义
基本经济制度；毫不动摇巩固和发展公有制经济，毫不动摇鼓励、支持、
引导非公有制经济发展，支持国有资本和国有企业做强做优做大，建立现
代企业制度，增强国有经济竞争力、创新力、控制力、影响力、抗风险能
力的既有探索；构建亲清政商关系，促进非公有制经济健康发展和非公有
制经济人士健康成长；坚持实施创新驱动发展战略，把科技自立自强作为
国家发展的战略支撑，健全新型举国体制，强化国家战略科技力量，加强
基础研究，推进关键核心技术攻关和自主创新，强化知识产权创造、保
护、运用，加快建设创新型国家和世界科技强国等；以及为了达至上述目
标进行的全面深化改革、全面依法治国、全面从严治党、全面推动建设新
型国际关系等重大理论创新尤为值得借鉴。当然，对世界上那些尚未取得
执政地位马克思主义政党而言，如何在面对党情国情世情不断坚持理论和
实践创新，从而在成为真正有影响力的马克思主义政党的基础上推动21
世纪社会主义的复兴，则是其必须直面的问题。

（四）坚持在资本存在的总体境遇中直面矛盾挑战

一百年来的社会主义实践历程已经证明，现实中的社会主义实践并不
是在扬弃资本的前提下进行的。因此，不是要不要资本、有没有资本而是
如何在与国际资本同存共长的世界体系中规范引导资本来为社会主义的本
质要求服务，构成了社会主义政治经济学的核心内容。当然，资本存在的
上述总体境遇，毫无疑问印证了如下这样一个基本事实：无论对中国还是
世界而言，由于人类"至今还没有发明一套能够完全代替资本的机制"，

当今社会在利用资本来进行发展的这一现代性"共同逻辑"的核心前提依然没有改变；这也意味着：那种"资本既不是生产力发展的绝对形式，也不是与生产力发展绝对一致的财富形式"①的极限时刻还没有到来；当今人类社会依然处在自身发展提升所须经历的以物的依赖为特征的商品经济发展阶段上，以资本为核心所构建出的"资本生态系统"是当今一切社会经济现象的本体论根源。

而这在更为深刻的历史哲学层面也意味着：我们当下对资本的批判绝不意味着对资本及其铸就文明的单向度否定；或对其进行简单的、未经反思的善或恶、好或坏、美或丑的价值争论；相反，我们必须在马克思所创建的历史唯物主义高度上，在资本存在与人类提升自我、否定自我进而超越自我的那一度中去理解认知把握资本与中国特色社会主义的内在关联，以此来真正达到通过对当今资本社会的批判来深刻透视其内在悖论并在此基础上坚定社会主义的立场信念，并以一种更加科学包容的心态来地直面如下这一基本事实：

我们现在已不是生活在一个理想纯粹的社会形态中，也不可能重新回到利用资本前的那种"原始的丰富"中。恰恰相反，我们现在已经生活在了一个经由市场化、全球化、资本化构建而成的，本质上乃是由资本扩张而生成的更为深刻的"总体性"矛盾状态中。财富与贫困、价值与虚无、异化与进步、否定与超越……无不表现出人类社会在各个领域被资本深度中介后所呈现的矛盾状态。正因为如此，我们必须来直面当下整个社会在市场经济过程中因为利用资本来实现民族振兴、国家富强过程中已经出现

---

① 《马克思恩格斯全集》第30卷，人民出版社1995年版，第396页。

和正在出现的系列矛盾悖论，实事求是地承认为此付出的巨大历史代价，从而在此过程中真正做到把对实现人类幸福和个性自由的价值追求与对资本悖论的忧患反思有机贯通起来的过程中，进一步坚定对中国特色社会主义的道路自信、理论自信、和制度自信，从而真正做到在既要看到成绩和机遇，更要看到短板和不足、困难挑战和风险的过程中，从最坏处着眼，做最充分的准备，朝好的方向努力，争取最好的结果。

（五）坚持在全球两大制度共存背景下处理好两制关系

当今世界是社会主义制度与资本主义制度两制共存的世界，如何处理两制之间的关系以及如何认识两制之间的关系，不仅对世界社会主义的发展和建设特别重要，对世界各国马克思主义政党也特别重要。十月革命胜利以来，资本主义一统天下的格局被打破了，社会主义与资本主义之间开启了以斗争、竞争与合作为表现形式的共处模式，实际交往情形中则呈现出更加复杂的关系样态。在社会主义诞生初期，社会主义与资本主义之间的关系主要表现为斗争，世界各资本主义国家都力图将新生的社会主义政权扼杀在襁褓之中，甚至采取武力方式直接打压社会主义政权并颠覆之。二战结束后，社会主义与资本主义之间的关系不再以热战为主，因为此时的社会主义阵营的力量已经发展壮大起来了，此时的资本主义国家转变了"斗争姿态"，进而以包围、孤立和封锁社会主义为主，形成了以美国为首的和以苏联为首的两大阵营的冷战格局。冷战结束后，社会主义与资本主义之间的关系貌似呈现出缓和趋势，但资本主义国家从未放弃对社会主义国家的意识形态渗透，东欧剧变、苏联解体都与资本主义国家的意识形态渗透之间有着紧密关联。当前，两大社会制度之间尽管表现出经济合作及和平共处的姿态，但贸易摩擦和经济交涉中仍充满着大量的意识形态因素。

　　既然社会主义代表了人类历史发展的必然规律，那么当下的各国马克思主义政党应该如何处理两制之间的关系呢？其一，丢弃幻想，树立与资本主义斗争的必胜信念。其二，不可丧失马克思主义基本原理的指导，坚定为共产主义事业永久奋斗的理想信念。其三，在和平与发展时代，通过国与国之间的战争来推翻资本主义制度和建立社会主义制度断不可取，但要在武力上做好与资本主义斗争的一切准备。其四，既然现在是一个两制共存的时代，必须合理利用资本主义创造的一切优秀成果来建设社会主义，其中最为重要的就是合作共赢。"从国际关系的实践来看，社会主义国家与资本主义国家的互利合作具有现实基础，其中联合国是组织基础、世界市场是经济纽带、全人类面临的挑战是共同关切问题。"① 其五，资本主义制度的灭亡和社会主义的胜利都是不可避免的，因此必须不断增强社会主义制度的优越性，让社会主义在引领世界历史发展上更具有话语权。世界社会主义的发展历史深刻表明，要促进社会主义的发展，必须处理好与资本主义之间的关系，此间的关键之点就在于利用资本主义建设社会主义，不断增强社会主义相较于资本主义的优越性。

（六）坚持促进全世界马克思主义政党之间的合作交流

　　社会主义事业不是某个国家、某个政党、某个民族的历史使命，而是一项国际性的伟大使命。马克思和恩格斯在《共产党宣言》中就明确指出，全世界无产者联合起来反对资本主义的统治。历史表明，全世界资产

---

① 孙来斌：《人类命运共同体视域下的"两制共处"问题》，《马克思主义与现实》2022年第2期。

阶级在剥削无产阶级上早已达成了国际联盟，那么，推翻全世界资产阶级
的剥削就必须依赖全世界无产阶级的联合反抗。当然，经典作家号召全世
界无产阶级联合起来的关键，并不在于资产阶级实现了全球联合，而在于
社会主义社会和共产主义的实现乃是一项国际性的事业，马克思主要要解
放的也并不是某个民族地域内的无产阶级，而是要解放全世界的无产阶
级，"过去的一切运动都是少数人的或者为少数人谋利益的运动。无产阶
级的运动是绝大多数人的、为绝大多数人谋利益的独立的运动"①。因此，
全世界无产阶级在目的和任务上具有同一性，要推翻具有同一性宰制力量
的资本的剥削压迫，只有依赖全球联合才能完成。历史同样表明，为了推
动世界社会主义发展和人类社会的进步，必须强化世界马克思主义政党之
间的交流、团结与合作，并在不同的历史条件下制定符合时代要求的斗争
策略和斗争纲领。

全世界马克思主义政党和进步力量之间的团结合作是推动世界社会主
义从低潮走向高潮的内在要求。自科学社会主义诞生以来，"在马克思、恩
格斯、列宁、斯大林的推动下，从第一国际、第二国际，到共产国际、世
界反法西斯统一战线、社会主义阵营，在不同时期制定了不同的战略和策
略，积累了丰富的团结和联合经验"②，正是在世界社会主义和进步力量的
团结与合作中，科学社会主义的发展迈向了新境界，人类历史发展进入了
新阶段。当然，二战结束以来的历史进程中，虽然在各国"政府—资本—
劳动"的互动格局中出现了各国马克思主义政党和广大无产阶级联合性互

---

① 《马克思恩格斯选集》第 1 卷，人民出版社 2012 年版，第 411 页。
② 姜辉：《当代世界社会主义通论》，中国社会科学出版社 2020 年版，第 482 页。

动性认同性降低的态势，社会主义的实践也越发清晰地展现为某个国家和民族结合本国实际的探索实践，尽管如此，我们认为世界各国马克思主义政党之间的合作交流仍然必不可少。只是结合以往的经验教训和当下资本全球不对称积累格局下社会主义实践的具体特征来看，这种交流与合作必须建立在无产阶级相互尊重、相互学习和独立平等的基础上。也就是说，各社会主义国家间的团结、合作与交流必须建立在完全平等、尊重领土完整、尊重国家主权和独立、互不干涉内政的基础之上，无论大国与小国、经济发展状况如何，都必须以此基础为前提。在世界各国马克思主义政党之间的团结合作，也必须保持自身的独立，不论资排辈，不存在一个中心党或外围党，各国马克思主义政党之间都是平等的，拥有充分发表自身意见的权利，尊重各国马克思主义政党根据本民族的实际情况制定科学正确合理的发展规划。如果各国马克思主义政党在相互关系中把自己的意志强加给别人，或者干涉他国马克思主义政党的内部事务，那么世界马克思主义政党之间的团结就会遭到破坏。这也深刻表明，世界范围内的进步力量必须求同存异，在反对帝国主义、争取和平、民族解放、民主和社会主义斗争的共同立场上团结一致和相互支持。在此过程中，必须旗帜鲜明地反对狭隘民族主义和大国沙文主义，坚持爱国主义和国际主义相结合的原则。社会主义作为一项国际性的共同事业，断不能掺杂任何狭隘民族主义和大国沙文主义，否则就不是在推动世界社会主义的发展，而是在破坏世界社会主义的发展，这样只会给世界社会主义的发展带来危险和否定因素。

二、把握全面复兴社会主义的总体要求

2008 年国际金融危机爆发后，发达资本主义国家仍旧没有从危机中

挣脱出来，由此导致世界人民对资本主义社会制度和资本主义道路产生了深深的怀疑甚至否定，在反复比较中，中国模式、中国道路、中国方案、中国智慧更具有合理合法性。那么，中国模式到底是怎样一种模式呢？中国采取的这种模式又在何种维度上能够得更加有利于世界最广大人民实现对美好生活的向往和追求呢？归根到底，中国模式就是中国共产党在百年实践中探索开创出来的中国特色社会主义道路。这条道路之所以更加有利于世界最广大人民实现对美好生活的向往和追求，就在于这条道路所秉持的发展理念、发展举措、发展方向符合世界各国人民的共同利益。正如习近平总书记在党的十九大报告中所指出的那样："中国特色社会主义进入新时代，意味着近代以来久经磨难的中华民族迎来了从站起来、富起来到强起来的伟大飞跃，迎来了实现中华民族伟大复兴的光明前景；意味着科学社会主义在二十一世纪的中国焕发出强大生机活力，在世界上高高举起了中国特色社会主义伟大旗帜；意味着中国特色社会主义道路、理论、制度、文化不断发展，拓展了发展中国家走向现代化的途径，给世界上那些既希望加快发展又希望保持自身独立性的国家和民族提供了全新选择，为解决人类问题贡献了中国智慧和中国方案。"①

关于中国特色社会主义道路取得的伟大成就，我们当然可以从经济、综合国力、社会发展、现代化建设或全球治理角度进行解读。但我们同样也必须清醒地认知到，所有这些都必须放置在作为方向和道路的中国特色社会主义理论和实践这一框架下来审视，必须放置在能够取得这些伟大成

---

① 习近平：《决胜全面建成小康社会　夺取新时代中国特色社会主义伟大胜利》，《人民日报》2017 年 10 月 28 日。

就的基因密码中来解读。可以这么说，当代中国的成功，不仅仅是中华民族、中国人民的成功，而且是社会主义的成功，是世界社会主义运动的成功，是中华民族走向伟大复兴和当代中国推动社会主义走向复兴这一双重飞跃要求的集中体现。鉴于当代中国在资本全球不对称积累结构中对现实社会主义遭遇的悖论式难题的有效化解，特别是在破解这一悖论式难题过程中，我们面对资本总体存在境遇形成的克服化解资本扩张悖论的智慧方案对现实社会主义国家、广大发展中国家乃至整个资本世界在追求人类文明新形态上的指导借鉴价值，因此，全面系统总结新时代中国特色社会主义推进社会主义的总体要求，无疑对当代中国社会主义实践的深入推进，抑或世界范围内的社会主义复兴而言，都具有重大意义。

（一）国内向度上：落实好五大发展理念

要发展，必须树立系统、科学、正确和具有一般性的发展理念。通过考察世界各国在发展理念上的异同，可见，中国提出的五大发展理念乃是最具一般性价值的发展理念，值得世界各国借鉴，对世界社会主义发展也具有非常重要的意义。党的十八届五中全会通过的《中共中央关于制定国民经济和社会发展第十三个五年规划的建议》明确提出："实现'十三五'时期发展目标，破解发展难题，厚植发展优势，必须牢固树立并切实贯彻创新、协调、绿色、开放、共享的发展理念。"[1]《中华人民共和国国民经济和社会发展第十四个五年规划和2035年远景目标纲要》再次指出，要"坚定不移贯彻创新、协调、绿色、开放、共享的新发展理念，坚持稳中

---

[1]　《中共中央关于制定国民经济和社会发展第十三个五年规划的建议》,《人民日报》2015年11月4日。

求进工作总基调，以推动高质量发展为主题，以深化供给侧结构性改革为主线，以改革创新为根本动力，以满足人民日益增长的美好生活需要为根本目的"[1]。落实好五大发展理念，不仅是推动中国特色社会主义在新时代取得更大胜利的关键，而且也是旨在克服资本扩张悖论的新型现代化道路和人类文明新形态所应具有的重要遵循，理应成为世界各国在探索实践新文明类型征程中的重要借鉴。

第一，要在21世纪推动社会主义深入发展，必须坚持创新发展。在人类历史上，一部大国崛起史，其实就是一部创新发展史。作为主要资本主义国家典型代表的英美两国，都是凭借强大的科创实力崛起的，英国的相对衰落也是由于科技创新高地向美国转移所导致的。倘若社会主义国家在21世纪能够掌握科技创新的主动权，无疑是推动世界社会主义复兴的最好路径。习近平总书记深刻指出："创新是民族进步的灵魂，是一个国家兴旺发达的不竭源泉，也是中华民族最深沉的民族禀赋。"[2]抓住了创新也就抓住了民族的未来，谋划创新发展的路径举措也就是谋划民族发展的路径举措。坚持创新发展，就必须把创新摆在全国经济发展中的核心地位，既要从理论、制度、科技、文化等方面强化创新，同时也要使创新思维贯穿至党和国家工作的全局之中，让创新发展在全社会、全领域中蔚然成风。在此过程中，理论创新具有引领作用，制度创新是重要的推动力量，科技创新是推动全社会经济发展的重要推手，文化创新是国家实现系统发展的精神动力。坚持创新发展的关键就在于高质量的发展，把发展效

---

[1] 《中华人民共和国国民经济和社会发展第十四个五年规划和2035年远景目标纲要》，《人民日报》2021年3月13日。

[2] 习近平：《在同各界优秀青年代表座谈时的讲话》，《中国高等教育》2013年第10期。

益摆在更加突出的位置。值得一提的是，主要资本主义国家之所以能够通过"政府—资本—劳动"互动下的积累结构进行调整来维系自身的存在发展，与它们在技术、管理等方面的创新基础以及由此而来的在全球不对称积累格局中有效获利是紧密关联的。

对社会主义国家而言，更要把创新发展作为重中之重。在创新发展道路上，必须贯彻尊重劳动、尊重知识、尊重人才、尊重创造的方针，深化人才发展体制机制改革，全方位培养、引进、用好人才，充分发挥人才第一资源的作用。任何科技创新都离不开科技人才，而科技人才又离不开教育，只有注重人才教育，才能搞好科技创新。为此，我们要采取国内国际双重培养的模式，造就一批又一批走在世界科技前沿位置的领军科技人才，强化知识型、应用型、技能型、复合型人才培养，既要注重理工科人才培养，同时也要注重人文社科人才的培养，只有两手一起抓，才能构建系统、完备、梯层化的人才队伍。要出台人才激励和奖惩举措，丰富配套设施，积极引进国际人才，解决科研人才的后顾之忧，让其安心搞科研，全身心投入科技创新之中。要注重关键核心技术的突破，比如在数字经济、人工智能、芯片、医疗器械、生物科技、海洋航空等方面的原始性创新，针对西方发达资本主义国家对我国的技术封锁，要花大力气进行突破，发挥社会主义制度集中力量办大事的制度优势，尽快解决卡脖子问题。针对国家长远发展的科技需求，要搞好基础理论、基础技术研究。只有把基础打牢了，才能有更大的突破。西方发达资本主义国家几百年来，从未忽视过基础理论研究，并且现代科技都建立在这些基础理论研究之上，因此它们有支撑科技创新的基础。中国在这一方面，一定要走好基础学科人才自主培养之路，坚持面向世界科技前沿、面向经济主战场、面向

国家重大需求、面向人民生命健康，加快建设高质量基础学科人才培养
体系。

第二，要在21世纪推动社会主义深入发展，必须坚持协调发展。毋
庸置疑，发达资本主义国家的发展注定是不协调的，为何这么说呢？关键
在于它们的发展是以服务资本逻辑资本积累的社会整体结构为主导的。哪
个领域赚钱，他们就把这个领域作为经济发展的主导领域。这种不协调的
发展通过实体经济领域和虚拟经济领域之间的差别，就能够充分呈现出
来。协调发展注重解决经济高速发展和经济发展结构之间的矛盾，聚焦经
济社会发展的整体性和协调性。习近平总书记明确指出："协调既是发展
手段又是发展目标，同时还是评价发展的标准和尺度，是发展两点论和重
点论的统一，是发展平衡和不平衡的统一，是发展短板和潜力的统一。"①
坚持协调发展，也就是说在社会主义建设全局中，要科学合理处理不同经
济领域之间的关系，着力突破片面追求物质文明的发展导向，同时注重政
治、文化、社会、生态文明等方面的发展，走出一条不同于资本主义国家
的发展道路。

首先要推动城乡均衡协调发展，其中重中之重是推动户籍制度改革，
赋予农村进城人口相应的权利，提升他们的生活质量和生活水平。同时，
还要健全城乡一体化发展规划，推动城乡之间的要素实现平等互换、流通
和互鉴，发展现代农业，推动农业农村农民的现代化，提升农产品的质
量。其次要推动区域之间实现均衡协调发展。在这一方面，必须要强化顶

---

① 《总书记新年第一课：必须下功夫领会透"五大理念"》，载人民网 http://cpc.people.
com.cn/xuexi/n1/2016/0119/c385475-28067574.html，2016 年 1 月 19 日。

层设计，围绕国内大型和超大型城市形成都市圈，围绕大城镇形成村落、社区与城镇相互结合的城镇圈，深化长三角地区建设和"一带一路"建设，特别是要贯通国内统一大市场的同时进一步加大与"一带一路"沿线国家和民族的建设交流。通过这种协调发展来加快建设高效规范、公平竞争、充分开放的全国统一大市场，全面推动我国市场由大到强转变的同时，积极构建"区际间要素自由流动、基本公共服务均等化、资源环境承载能力增强的协同发展格局"①。最后，要推动物质文明和精神文明的均衡协调发展。在过去要实现"富起来"的过程中，实事求是地讲，我们更多地还是强调用发展的办法解决前进中的问题，把更多的精力放在了经济发展方面。伴随西方意识形态渗透进入中国，这种发展样态也导致了功利主义、利己主义、享乐主义和消费主义等思潮。可以说，不管是从当代资本主义国家乃至新兴发展中国家存在的无产阶级意识形态被遮蔽被边缘化的情况来看，抑或是这一本质上乃是由资本逻辑渗透蔓延对社会主义中国主流意识形态的影响与冲击来看，我们都必须在推动物质文明和精神文明均衡协调发展中，始终坚持以马克思主义意识形态来引领多元价值观，通过强化精神文明建设，弘扬社会主义核心价值观，推动中国传统文化的创造性和创新性转换，统筹协调推动马克思主义本土化、时代化、大众化。

第三，要在 21 世纪推动社会主义深入发展，必须坚持绿色发展。西方自文艺复兴宗教改革以来，伴随着第三等级的兴起和工场手工业的发展，一种旨在追求、发现、制造进而占有剩余价值为核心的资本主义生产

---

① 谷亚光、谷牧青：《论"五大发展理念"的思想创新、理论内涵与贯彻重点》，《经济问题》2016 年第 3 期。

方式,日益在社会中占据主导地位。相应地,人的自然力和、社会的自然
力以及自然界的自然力都在这一服从于资本增殖的逻辑中,被纳入了大肆
开发利用的总体性框架中。日益严重的生态问题和资源枯竭危机,从此开
始出现在了近现代以来的资本主义世界中。无论是马克思关于由资本积累
所导致的生态贫困积累进而生态危机的揭示,还是恩格斯提出的两个和解
即人与人和人与自然和解的思想,事实上都包含着对资本主义生态问题的
批判及其超越的根本指向。恩格斯曾指出:"我们不要过分陶醉于我们对
自然界的胜利。对于每一次这样的胜利,自然界都报复了我们。每一次胜
利,在第一步都确实取得了我们预期的结果,但是在第二步和第三步却有
了完全不同的、出乎预料的影响,常常把第一个结果又取消了。"[1] 在《人
类的出路》一书中,加拿大学者马克・德・维利耶就揭示了 200 多年来,
世界上已经消失了一半的森林、一半的湿地和三分之一的红树林,并指出
以往离我们似乎非常遥远的各种灾难,如今已越来越频繁地出现在我们的
生活中。可以说,生态环境问题如此重要,以至于当下的话语体系中,这
是为数不多的一个可以超越左右意识形态而为大家共同关注的问题。

当然,这里需要特别指出的是,就当下而言,由于资本逻辑仍然是人
类社会运行发展的主导方式,由资本扩张所带来的生态环境问题依然是全
人类的共同挑战。尽管当代主要资本主义国家非常重视对本国生态环境的
保护,并且在技术手段和治理方式上也都进行了创新,但若从资本全球积
累结构的视角而言,当代主要资本主义国家主要是通过产业链的转移,实
现了服务资本积累而来的生态危机在外围国家和民族的转移。在主要资本

---

[1] 《马克思恩格斯全集》第 20 卷,人民出版社 1971 年版,第 519 页。

主义国家产业空心化和日益金融化数字化的背景下，广大发展中国家和新兴国家的生态环境压力并不是变小，相反则是在经济快速发展、人的消费欲望变大的背景下变得越来越大了。可以这么说，当下为世界各国人民所共同关注的生态环境问题的大面积发生，其根源主要在于现实中的资本主义制度。但作为一种现实的压力，则主要是由广大发展中国家和新兴国家地区来承担的。因此，通过深入参与现代生产方式并旨在克服扬弃资本主义生产方式的中国特色社会主义，其通过自身实践摸索出的有效解决人与自然问题的绿色发展理念及其系列举措，必将因其在现实中的自觉性以及可复制能推广性，而必须在推动社会主义走向复兴征程中得到根本贯彻。为此，当代世界社会主义及各国马克思主义政党必须坚持马克思主义的生态思想，为推动人与自然和谐相处贡献力量，为达到自然主义与人道主义的统一不断奋斗。习近平总书记特别指出："要树立大局观、长远观、整体观，坚持节约资源和保护环境的基本国策，像保护眼睛一样保护生态环境，像对待生命一样对待生态环境，推动形成绿色发展方式和生活方式，协同推进人民富裕、国家强盛、中国美丽。"① 为了保护生态环境，各国应该制定最严格的生态环境保护制度，以法律保护生态环境，推动低碳绿色发展，深化新能源技术的创新和应用，改造甚至关停传统高污染高能耗的产业，打造绿色低碳循环发展的生态文明体系，理顺生态文明管理体制机制，构建人与自然和谐相处的生态文明建设新格局。

第四，要在 21 世纪推动社会主义深入发展，必须坚持开放发展。在

---

① 《总书记新年第一课：必须下功夫领会透"五大理念"》，载人民网 http://cpc.people.com.cn/xuexi/n1/2016/0119/c385475-28067574.html，2016 年 1 月 19 日。

与国际资本同存共长的世界体系中实现开放发展，是我们实现从站起来到富起来的关键一招。事实上，对于在资本主义世界体系进行社会主义建设的东方落后国家而言，其面临的两难境遇以及由此而来的既要封闭又要开放的悖论式难题，也根本地规定了开放发展、融入世界体系进而向包括主要资本主义国家在内的各国学习交流，本应就是东方落后国家如何建设社会主义以及怎样建设社会主义的题中之义，同时也是能否实现自身成长壮大的关键所在。事实已经证明，任何一个国家要想取得伟大的建设成就，都不能局限于自己狭隘的小圈子之内，只有融入更大的世界舞台，才能取得更加辉煌的历史成就。马克思主义者则在历史唯物主义的更高层级上，看到了经济全球化是生产力和生产关系协同发展的必然结果。只有进入这一平台，把握其内在节律，才有可能在学习借鉴进而掌握这一文明范式的前提下，走向新的更高的人类文明新形态。

改革开放初期，我们就是在始终坚持从基本国情出发，在"三个有利于"思想指导下秉持了开放合作、互通有无、互利共赢的发展理念，在一步步地探索前行中取得了前所未有的发展奇迹。进入新时代，习近平总书记进一步提出"四个有利于"：多推有利于增添经济发展动力的改革，多推有利于促进社会公平正义的改革，多推有利于增强人民群众获得感的改革，多推有利于调动广大干部群众积极性的改革。在"十四五"规划中，党和国家明确指出要全面提高对外开放水平，推进贸易和投资自由化便利化，持续深化商品和要素流动型开放，稳步拓展规则、规制、管理、标准等制度型开放。《中共中央关于党的百年奋斗重大成就和历史经验的决议》更是明确提出，开放带来进步，封闭必然落后。发展要赢得优势、赢得主动、赢得未来，必须顺应经济全球化，依托我国超大规模市场优势，实行更加积极主动的开放战略。要坚持共商共建共享，推动共建"一带一路"高质量发展，推进一大批关系"一带一路"沿线国家经济发展、民生改善的合作项目，建设和平之路、繁荣之路、开放之路、绿色之路、创新之路、文明之路，使共建"一带一路"成为当今世界深受欢迎的国际公共产品和国际合作平台。要坚持对内对外开放相互促进、"引进来"和"走出去"更好结合，推动贸易和投资自由化便利化，构建面向全球的高标准自由贸易区网络，建设自由贸易试验区和海南自由贸易港，推动规则、规制、管理、标准等制度型开放，形成更大范围、更宽领域、更深层次对外开放格局，构建互利共赢、多元平衡、安全高效的开放型经济体系，不断增强国际经济合作和竞争新优势。可以说，我们对开放发展来推动社会主义深入发展的认识把握是相当清晰全面的。

第五，要在21世纪推动社会主义深入发展，必须坚持共享发展。共享发展是马克思主义理论的内在要求，也是马克思主义中国化时代化进程中形成的新认识新实践。邓小平曾明确指出，解放生产力、发展生产力、消灭贫穷、消除贫富两极分化、最终实现共同富裕，就是社会主义的本质。在党的十六大报告中，江泽民强调指出："制定和贯彻党的方针政策，基本着眼点是要代表最广大人民的根本利益，正确反映和兼顾不同方面群众的利益，使全体人民朝着共同富裕的方向稳步前进。"在处理公平与效率问题上，科学发展观提供了新的思路，胡锦涛提出"妥善处理效率和公平的关系，更加注重社会公平"①的思想，把维护社会公平实现共同富裕放到了更加突出的位置。党的十八届五中全会指出，要坚持共享发展，必

① 《十六大以来重要文献选编》(中)，中央文献出版社2006年版，第604页。

须坚持发展为了人民、发展依靠人民、发展成果由人民共享，作出更有效的制度安排，使全体人民在共建共享发展中有更多获得感，朝着共同富裕方向稳步迈进。习近平总书记提出："共同富裕是社会主义的本质要求，是中国式现代化的重要特征，要坚持以人民为中心的发展思想，在高质量发展中促进共同富裕。"可以说，共享发展是走向共同富裕的社会主义的内在要求，同时也是社会主义相较于资本主义的优势所在。就资本主义的总体发展进程来看，其所能实现的只是少数人的富裕和多数人的贫穷。而且，这种少数人的富裕，不仅建立在国内不平等的基础上，而且从资本全球积累结构来看，这种不平等结构能够得到巩固和延续，更多地还要依赖于当今世界体系中仍旧存在的这种中心与外围、支配与依附、发达与欠发达的不对称结构。换句话说，资本主义自身根本无法自动地实现真正的共享发展。一个最简单明了的例子，就是随着当今大工业时代背景下的物联网和数字经济的发展，整个世界共享发展的物质基础、技术平台保障和实施途径应该是越来越充分了，但与这种物质丰富和技术发达同时并存的技术鸿沟数字鸿沟贫富鸿沟并没有得到有效解决，以至于我们不得不感慨，对比与 21 世纪以来巨大的物质丰裕和技术进步而言，这个时代在化解贫富差距、实现共享发展的进步显然是微不足道的。

对比资本主义的这种历史局限性，社会主义在走向富裕践行共享发展上，无论在基本制度和运行体制上，都有着明显的优势。特别是在通过改革开放来有效破解现实社会主义面临的悖论式难题过程中，中国特色社会主义政治经济学通过引导驾驭资本力量来为社会主义本质目标服务，进而迈向共同富裕、共享发展的步伐举措变得越来越坚定有效。当前，中国已经消除了绝对贫困，全面建成了小康社会，正在迈向全面建设社会主义现代化的新征程。就未来而言，包括中国在内的广大国家和民族若要真正实现可持续发展，就一定要在共同富裕和共享发展上做出更多努力。通过大力推动乡村振兴，不断消除贫富差距，完善分配制度等，在就业、收入、教育和社会保障等方面给予更多关注，朝着共同富裕共享发展迈出决定性的步伐。当然，就如任何实践都是一定历史阶段的具体实践，由主客观条件制约的自由也必然是具体的、历史的，超越社会发展阶段、超越实践能为与实践发展水平的自由是不可能实现的那样，对于在资本总体存在境遇下探索推动共享发展的广大发展中国家而言，一定要处理好两个问题。一是全力以赴与量力而行之间的关系。"我们不能做超越阶段的事情，而是要根据现有条件把能做的事情尽量做起来，积小胜为大胜。"① "共享发展必将有一个从低级到高级、从不均衡到均衡的过程，即使达到很高的水平也会有差别。"② 二是要实事求是地探索构建与现有阶段财富生产结构相匹配的分配结构，兼顾效率与公平，统筹好一二次分配以及再次分配，不断在创新体制机制中，将发展成果复归于广大人民群众，让最广大人民共享改革发展的成果。

（二）国际向度上：推动构建人类命运共同体

为什么在 21 世纪推动社会主义走向复兴的征程中，我们必须在国际向度上落实好推动构建人类命运的伟大构想？从历史唯物主义高度审视，这与人类命运共同体伟大构想在科学社会主义发展史上的历史地位密切

---

① 《习近平谈治国理政》第二卷，外文出版社 2017 年版，第 214—215 页。
② 同上书，第 216 页。

关联。

回顾科学社会主义发展史，我们依然清晰地记得，曾几何时，《共产党宣言》《帝国主义论》以及新民主主义革命论中的全世界无产者联合起来推翻资产阶级，社会主义取代资本主义的过程中所必然要求的"革命斗争"而不是"和平发展"，"激烈对抗"而不是合作共赢的"推动构建人类命运共同体"，才是指导我们进行科学社会主义实践的主导性认知。以至于赫鲁晓夫在1956年苏共二十大上提出了与西方资本主义国家"和平过渡、和平竞赛、和平共处"的所谓"三和"理论后，被包括中国共产党在内的许多共产党组织视为走上了修正主义道路。那么，现实中的"和平和发展"进而"你中有我、我中有你的命运共同体"是如何形成的呢？

如前所述，结合马克思、列宁逝世后，特别是二战结束以来的社会生产和再生产样态，整个世界日益在主要资本主义国家主导、各类型国家和民族共同参与的那种"两头在内、中间在外"的积累结构中，日益生成了一段时期内同时为各类型国家和民族共同需要的交往发展共同体。对于主要资本主义国家而言，这一结构能够使其在中心与外围、支配与被支配的全球不对称积累格局中有效获取超额剩余价值，进而在"政府—资本—劳动"的互动结构中有效对冲自身的制度成本。相应的，对于走上现代化道路的诸多发展中国家而言（当然也包括社会主义中国），确实也能够在这一框架中获得程度不等的发展机会，"和平发展"进而"利益高度融合，彼此相互依存"的共同体由此逐渐生成。

当然，这一由主要资本主义国家推动并服从于其资本扩张意志的积累特质，也决定了对于世界体系中的绝大部分发展中国家而言，其取得自身经济社会发展成就的"和平与发展"条件，必须以根本上不影响妨碍发达资本主义国家的全球绝对获利为基本前提。否则，一旦出现不利于发达资本主义国家资本扩张的局面，那么，现有积累结构中的霸权国家就会凭借在既往规则下积累建立起来政治经济领域的话语权，以及与维护这一话语权密不可分的军事科技实力，来强势维护既有利益格局。这也是我们当下看到的，即一方面，世界各国在日益密切的生产交往基础上"已经成为你中有我、我中有你的命运共同体，利益高度融合，彼此相互依存"[①]，但另一方面，"以大欺小、以强凌弱、以富欺贫"的"不平等、不平衡"[②] 现象依然广泛存在的根本原因。近几年来在主要资本主义国家内部掀起的逆全球化运动以及与此伴随的贸易、汇率、货币、金融战以及"科技斩首""人才斩首"等系列"没有硝烟的战争"，甚至挑拨发动局部热战，就是其其典型表现。

值得注意的是，对比历史上曾经发生过的几次反全球化运动，这次的行动主角居然是曾大力倡导全球化的主要资本主义国家。其行为的初衷，似乎也主要表现为这些国家的某些政客在争取选票的压力下，积极响应本国部分民众的需求，通过公投或立法的形式打破国际间既有的双边或多边合作框架，强制性地为本国产业工人讨回被别国特别是新兴发展中国家"抢去"的就业机会。很多人因此也将其看成是民粹主义的表现。但若结合全球化进程中资本积累的结构特征来看，这一行为产生的深层原因，则与主要资本主义国家通过金融资本和国际产业链攫取他国廉价劳动力以获取超额剩余价值，但同时国内财富分配却严重不公并造成社会撕裂的社会

---

① 《习近平总书记系列重要讲话系列读本》，人民出版社 2016 年版，第 481 页。
② 同上书，第 265 页。

矛盾有着本质关联。可以说，这种矛盾无疑是资本内在否定性在国际垄断资本主义阶段上的具体展现，也是建立在各国普遍联系交往与生产基础上的全球经济基础，对现有的旨在维系少部分国家和少部分人群利益的资本主义全球上层建筑发出向文明新形态迈进的历史信号。

但正所谓历史不允许没有悲剧的变革，历史同样也不会为那些思想被遮蔽因而没有做好充分准备的普罗大众提供本质性跃升的便利那样，在西强东弱依旧存在、主要资本主义国家广大民众的无产阶级意识被严重遮蔽的境况下，国际垄断资本主义阶段上的这一资本内在否定性并没有倒逼这些资本主义国家通过改变国内的基本经济政治制度马上走向社会主义，而是仍旧如以往那样，以当前的这种"逆全球化"样态表现出来。因此，"逆全球化"绝不意味着主要资本主义国家要脱离全球进行孤立发展。恰恰相反，它正是这些霸权国家在既有思维定势下，企图通过修改世界范围内的经贸规则，为自己在新一轮全球布局中争取更多有利砝码的过渡性阶段。其历时长短，则根本地决定于发达资本主义国家消化既有资本积累结构的系列内在否定性因素，进而重新确立新的全球资本积累结构所需要的时间。而这也必将意味着相关国家和民族会在更高更新的阶段上，进行系列极为复杂的力量博弈。无论是"没有硝烟的战争"，还是通过设置议题盘活矛盾存量来激发一些地区的"局部热战"，很可能成为未来一段时期内的大概率事件。

特别需要指出的是，一旦主要资本主义国家能在现有国际角力中总体上实现自己的利益诉求，则必将意味着当前历史背景下"资本积累"与"贫困积累"结构升级版的形成。这势必会对众多发展中国家经济社会的可持续发展、进而对人类文明新样态在世界范围内的广泛实践产生严重冲击。主要资本主义构架既想通过以往的霸权主义继续在国际体系中得到好处，但却又拒绝为此付出任何代价的利己主义基因、扩张基因和对抗基因，再次在世界范围内得到了全面展现。

可以说，当今世界历史发展进程日益显示出，由发达资本主义国家主导的资本全球积累格局以及由此形成的霸权主义世界秩序，其在本国内部造成的社会撕裂和世界范围范围的矛盾动荡，正日益严重地阻滞着全球绝大多数人们对美好生活的向往与追求。这也预示着这一已经处于分崩离析边缘的霸权主义世界秩序，必将逐步退出历史舞台，人类社会由此也热切地呼唤新型世界秩序的出现。因此，在这一历史节点上提出的推动构建人类命运共同体的伟大构想，其在科学社会主义的视域下无疑具有下述几个历史意蕴。

第一，充分彰显了当今时代的历史方位。作为国际垄断资本主义阶段上的资本内在否定性逻辑中的一个发展环节，推动构建人类命运共同体无疑是科学社会主义本质要求在 21 世纪最为鲜活的表达。这是中国共产党面对国际垄断资本主义阶段上的内在悖论，以共商共建共享方式来进一步推动人类社会走向新的历史发展阶段的尝试。

第二，充分体现了这一实践的历史本质。这是当代中国面对国际垄断资本主义阶段上的内在悖论，通过传承中华优秀传统文化并始终在"以人民为中心"的前提下克服资本扩张悖论、追求经济发展正义进而实现民富国强过程中形成的中国特色社会主义政治经济学，进一步在世界范围内付诸实施的伟大实践。从资本内在否定性视角而言，如果说 20 世纪四五十年代，主要资本主义国家通过政府的行政力量来协调本国内部的资本与劳动之间的矛盾，进而在形成"资本—政府—劳动"的发展结构中，不但化解了私人垄断阶段上的危机并走向了"福利国家"那样,那么,当今的人类命运共同体伟大构想,则恰恰是当代中国在直面国际垄断资本主义阶段内在矛盾的基础上,通过努力推动反映全球最广大人民意愿的全球治理体系变革,来实现"从福利国家走向世界福利社会"①的伟大实践。毕竟,"世界长期发展不可能建立在一批国家越来越富裕而另一批国家却长期贫穷落后的基础之上。只有各国共同发展了,世界才能更好发展"②。也正是从这个意义上来讲,从"新自由主义的全球化困境"到"推动构建人类命运共同体"的"中国方案",这两者间并非外在对立,而是世界历史在辩证运动中走向更高阶段的必然要求。

第三,全面彰显了这一实践的重大意义。除了客观上具有的克服国际垄断资本内在矛盾进而构建新型发展格局和世界秩序外,这一伟大构想在思想理论上的重大价值在于,这是在 1917 年十月革命成功,进而在世界范围内开启具有社会主义定向的 100 多年后,当代中国开始把迎来"站起来""富起来""强起来"过程中探索到的社会主义政治经济学内在规律,以人类命运共同体伟大构想的形式导向世界体系的伟大思想启蒙运动。这必然会为推动 21 世纪科学社会主义在世界范围内的全面复兴提供强大的精神动力。

正因为推动构建人类命运共同体具有如此意蕴,对当代社会主义国家以及世界各国的马克思主义政党而言,一定要将旨在推动实现共商共建共享的人类命运共同体理念落实到本国的社会主义运动和发展中去,并着力

---

① 沈斐:《人类命运共同体:世界福利社会的一个建设方案——基于资本逻辑的辩证考察》,《毛泽东邓小平理论研究》2020 年第 1 期。
② 习近平:《论坚持推动构建人类命运共同体》,中央文献出版社 2018 年版,第 7 页。

做好下述几点：

第一，世界社会主义要在 21 世纪走向复兴，必须在经济层面谋求开放创新、包容互惠的发展前景。 在资本主义社会中，积累的社会结构不可避免地产生了贫富两极分化、金融危机、实体经济空心化危机、生态危机以及人的发展危机，为了掩盖这些后果，资本主义不遗余力地将这些危机转移到世界各地，同时将自身出现的问题归咎于发展中及其边缘落后国家。为了维护金融垄断资本的受益局面，发达资本主义国家不惜走向提高关税、贸易保护主义、单边主义、以邻为壑的经济发展导向，以牺牲他国利益来谋求自身利益。习近平总书记深刻把握世界经济发展的历史潮流，正面看待全球贫富差距现象，积极落实开放包容的新发展理念，致力于打造互利共赢而非单赢多输的世界经济发展新格局，在避免资本扩张悖论、追求经济正义、实现国富民强的历史进程中共同建构"持久和平、普遍安全、共同繁荣、开放包容、清洁美丽的世界"，在交流互鉴和求同存异中构建互惠、创新和开放的经济合作框架，为解决资本扩张带来的国与国之间的贫富差距问题贡献中国智慧和中国方案，从经济层面为世界绝大多数人谋利益。

第二，世界社会主义要在 21 世纪走向复兴，必须在政治层面谋求平等相待、合作共赢的伙伴关系。 资本主义政治是一种霸权政治，其凭借雄厚的资本实力、前沿的科学技术和完善的金融体系将资本主义意识形态、"普世价值"和政治模式推广到世界各地，甚至不惜采用武力方式在他国复制自身的政权组织形式来压制他国人民。习近平总书记提出的人类命运共同体这一伟大构想，突破了发达资本主义国家在政治上打造一种模式、一种声音的企图，彰显出社会主义中国把握历史发展潮流的高超智慧。

习近平总书记指出："我们应该求同存异、聚同化异，共同构建合作共赢
的新型国际关系。国家不论大小、强弱、贫富，都应该平等相待，既把自
己发展好，也帮助其他国家发展好。大家都好，世界才能更美好。"[①] 尊重
各国国情差异，以交流协商解决问题，既是对资本主义那种你不听我的我
就打压你、毁灭你的强权政治和霸权政治的突破，也代表着一种优于资本
主义建构的国际秩序，必将推动国际政治朝着更加平等、更加和谐和更加
稳定的方向发展。对世界社会主义的发展而言，也要尊重各个国家民主政
治上存在的差异，尊重他国传统和基本国情，有事大家商量着办，在求同
存异中将世界社会主义的发展推向新境界。

　　顺便值得一提的是，原本在马克思列宁时代号召全世界无产阶级联合
起来推翻资产阶级的国际主义，其在当今各国平等相待、合作共赢的内
在要求和边界底线背景下，也具有了其在当代的明确准则。即从理想信
念上讲，21 世纪的国际主义应该表现为对由在资本全球扩张背景下生成
的"人类命运共同体"的高度关注。从实践操作层面来讲，则是在为同处
人类命运共同体的国家和民族（不分种族国别肤色制度）提供最为基本的
人道主义援助的同时，也通过自身的社会主义实践，为世界范围内的国家
和民族提供克服化解资本悖论、实现人类美好生活的可资借鉴的典范。此
外，就目前而言，包括中国在内的新兴国家，既没有必要与美国为代表垄
断资本陷入霸权之争的修昔底德陷阱，同时也不可能对现有的国际秩序规
则进行根本性革命。相反，我们必须在"认识全球化的政治经济学逻辑，
充分利用自身的政治制度优势"的过程中，"在时机上保持历史耐心，在

①　习近平：《中国发展新起点　全球增长新蓝图》，《人民日报》2016 年 9 月 4 日。

力度上保持分寸感"，既不要因一时一事或一城一池得失而自乱方阵，同时也要"避免盲目向'左'转或向'右'转"[1] 的极端情况发生，这也是对我们在统筹好国内国际两大关系中保持战略定力的应有之义。

第三，世界社会主义要在 21 世纪走向复兴，必须在文化方面促进和而不同、兼收并蓄的文明交流。随着资本逻辑的全球扩张，西方发达资本主义国家建立在形而上学基础上的"普世价值"也随之渗透到全球各个角落，一旦发展中及落后国家接受了发达资本主义国家主导的"普世价值"观，那么整个民族及其国家都将被资本所控制、所宰割。当今亚非拉一些国家仍旧处于战火和分裂状态，人民仍在水深火热之中徘徊。习近平总书记提出的人类命运共同体构想，倡导和而不同、兼收并蓄的文明观，坚持文明的多样性，而非将世界文明都转变为一种文明模式，这是社会主义中国立足于世界历史发展潮流的基础上，对未来文明发展的全面把握。可以说，人类命运共同体构想建立在世界各国人民的共同价值立场之上，其尊重人类文明的多样性、丰富性和差异性，致力于为各民族、各文明之间的交流搭建纽带和桥梁，为解决文明冲突提供理论和实践基础。正如文明没有高低优劣之分，而只有地域和特色差别那样，对 21 世纪世界社会主义的发展而言，其必然也建立在文明多样性的基础之上，是各民族、各种文明将本国实际情况和马克思主义理论、科学社会主义的基本原则相结合的过程。而人类命运共同体就是 21 世纪世界社会主义发展的"共同价值"，符合世界各国马克思主义政党的价值诉求。对中国而言，就是在此过程中通过学术研讨、文化交流以及网络媒体等各种渠道和平台，将蕴含在中国

---

[1]　蔡昉：《全球化的政治经济学及中国策略》，《世界经济与政治》2016 年第 11 期。

传统文化精髓中的天下观、和合文化，以及作为这些思想在新时代集中表现的人类命运共同体思想，用明确区别于资本逻辑的表达方式呈现出来。

当然，这一要求的有效实施，无疑要求具有社会主义定向的综合国力作为前提保障。笔者以为，这其中最为核心的关键，就是要求我们在全面深化改革扩大开放的过程中，通过创新发展实现自身从全球产业链中低端向中高端的跃升，并不断提升国家治理能力和治理体系的现代化水平。只有这样，我们才能在真正把握全球公共物品供给在物质层面（如联合国会费），制度层面的组织、机制、规范（如联合国等国际组织、上海合作组织、亚投行等），以及引领人类发展的理念与价值层面（如可持续发展、人类命运共同体）等综合要求[1]的过程中，通过不断开发系列优质公共物品，来更为有效地克服"全球和地区层次上因国际公共产品有效供给短缺所导致的比比皆是的国际治理失灵"[2]现象，进而增强各位对这一价值理念的认同。也正是从这个意义上来讲，我们在新时代促进和而不同、兼收并蓄的文明交流过程，也是我们在基本实现现代化进而走向全面实现现代化过程，以及全面提升全球公共物品供给能力的历史过程。

第四，世界社会主义要在 21 世纪走向复兴，必须在安全方面营造公正道义、共建共享的安全格局。资本主义国家依靠血腥的原始积累、海外殖民和战争侵略来维护自身利益的同时，也日益造成世界局部地区动荡不安和烽火不断的发展局面。习近平总书记通过研判资本扩张带来的风险挑

---

[1] 关于全球公共物品所应具有内涵的表述，参见蔡拓：《中国参与全球治理的新问题与新关切》，《学术界》2016 年第 9 期。

[2] 刘雨辰：《从参与者到倡导者：中国供给国际公共产品的身份变迁》，《太平洋学报》2015 年第 9 期。

战，高屋建瓴地提出整体国家安全观，并在构建人类命运共同体的倡议和实践过程中再度阐释了共建共享的全球安全格局。习近平总书记提出的全球安全观，对应对动荡不安的国际经济发展局势、消除资本主义军事霸权对他国武装干涉的企图方面起到了重要影响，这是超越资本主义殖民思维、冷战思维而构建的符合在 21 世纪世界社会主义发展的全球安全观。全新的安全观要求在把握资本主义发展的最新趋势并创造有利于世界社会主义复兴的有利环境，在历史与现实、理论与实践中维护好国家和民族的利益，同时也为形塑公正道义、安全共享的发展环境创造条件。

当然，结合我们已经经历的两次世界大战的经验教训，以及在以和平发展时代系列"没有硝烟的战争"乃至局部战争的时刻伴随，我们在认知到捍卫这种世界秩序的政治军事基础，绝不能靠类似通过军事结盟制造"保护国"与"假想敌"间的国际对立来维系的同时，也要认知到必须适应世界新军事革命发展趋势和国家安全的需求，"统筹推进传统安全领域和新型安全领域军事斗争准备"并按照"有效塑造态势、管控危机、遏制战争、打赢战争"[①] 的战略要求，来真正担负起这个伟大时代所赋予的使命任务。

我们坚信，一个以满足各当事国人民共同需要而非国际资本霸权利益为根本动力，以各国人民在深入交往过程中逐渐形成的"共同价值"而非强加于世界各国的所谓"普世价值"为精神基础，以平等协商互利共赢中来增进各国人民普遍联系而非那种不平等的国际产业链和金融霸权的国际

---

① 习近平：《在中国共产党第十九次全国代表大会上的报告》，人民出版社 2017 年版，第 54 页。

金融链为经济基础，以共商共建共享的全球治理体制而非发达国家的军事
霸权为政治军事基础的人类命运共同体，必将在攻坚克难中实现。

三、世界社会主义走向复兴的可能样态

21世纪国际垄断资本主义阶段上的矛盾问题和当今时代在复兴社会
主义征程上取得的显著成效，意味着21世纪必将是社会主义在世界范围
内走向复兴的世纪。对此，我们非常有必要在结合当代资本全球积累结构
总体特征及其未来导向的基础上，逻辑地探讨21世纪社会主义在世界范
围内走向复兴的可能样态。当然，在进一步讨论这个问题之前，下述两点
是必须明确的。首先，我们并未幻想设计一套走向社会主义的通用路径或
者设定走向社会主义的具体样态，因为在将来某个特定的时刻社会主义是
什么、应该做什么，完全取决于人们将不得不在其中活动的那个既定的历
史环境。"如果一个方程式的已知各项中不包含解这个方程式的因素，那
我们就无法解这个方程式。"[1] 其次，我们在当下民族国家和世界历史进程
复合存在的背景下必须明确，21世纪社会主义在世界范围内的复兴，其
绝非单一样态而肯定是多元复数。以民族国家为载体，综合地域特色、历
史因素，并内在地嵌入社会主义价值追求，可能会在很大程度上成为不同
国家和民族践行社会主义本质要求的主要样态。就此而言，本节所探讨的
世界社会主义走向复兴的可能样态，主要是依照"两个决不会"理论并参
考当前资本全球积累结构的总体特征，逻辑地探析主要资本主义国家、第
三世界国家及地区、传统社会主义国家在走向社会主义征程中的相关可能

---

[1] 《马克思恩格斯文集》第10卷，人民出版社2009年版，第458页。

性。对当代中国而言，我们则主要探讨社会主义在世界范围内走向复兴的过程中，不断走向深入发展的中国特色社会主义可能呈现的基本样态。

（一）主要发达资本主义国家走向社会主义的可能样态

在马克思的预设中，社会主义社会必须建立在资本主义商品经济充分发展的基础上。只有充分占有资本主义创造的一切优秀文明成果，更高形态的社会主义和共产主义才有可能。鉴于当代发达资本主义国家呈现出的新情况新问题，我们有必要在逻辑与历史相一致的前提下来展望其走向社会主义的相关可能性。

第一，发达资本主义国家内部孕育和形成的社会主义因素，是推动发达资本主义国家走向社会主义的现实依据。马克思、恩格斯从来不否认资本主义社会内会产生社会主义因素的看法，同样也不止一次强调过资本主义创造了自身的掘墓人的观点。在《〈黑格尔法哲学批判〉导言》中，马克思就曾指出市民社会孕育出了无产阶级这一否定资本主义统治的主体力量。在《共产党宣言》和《资本论》中，也曾指出资本内在否定性带来的矛盾必然导致资本主义社会的灭亡。可见，正如"工人阶级不是要实现什么理想，而只是要解放那些由旧的正在崩溃的资产阶级社会本身孕育着的新社会因素"[1]那般，社会主义的诞生并不是人为设计的结果，而是资本主义自身矛盾运动和自我扬弃的必然结果。这也意味着，越是发达的资本主义国家，其内部蕴藏的社会主义因素就越多，离走向社会主义的距离也越近。资本主义每一危机矛盾后的调节发展，都构成了走向社会主义的必

---

[1] 《马克思恩格斯选集》第 3 卷，人民出版社 1995 年版，第 60 页。

要一环。

如此看来，从物质条件上讲，主要资本主义国家生产力的快速发展为向社会主义的过渡奠定了坚实的物质基础。发达资本主义国家引领的第一、二、三次科技革命，为建立社会主义和共产主义奠定了宝贵的物质条件，进而使得社会主义在 21 世纪的发达资本主义国家内部复兴具备有了高度发达的社会化物质条件。从与这一物质条件相匹配的社会运行和经济结构来看，二战结束后，主要资本主义国家纷纷开始采纳凯恩斯的宏观经济理论来调控经济社会发展。尽管 20 世纪 80 年代后的各个资本主义国家逐步过渡到新自由主义阶段，但主权国家对经济领域的干预并没有被取消，当前反而呈现出加强的态势。在当今主要资本主义国家内部的"政府—资本—劳动"这一关系结构中，劳动这一变量开始越发成为左右经济社会发展的关键变量。从职工持股和资本社会化方面看，很多资本主义国家已经由以往那种由单个资本家独占公司股份的做法，转变到将股份多元化和资本社会化的发展模式。经济社会化在发达资本主义国家内部已拥有了较好的发展态势。据资料显示，法国参加合作社的人占人口总数的 50%，日本占 17%，意大利占 8%，丹麦合作社的产值在国内生产总值中已占 24%，美国近 2000 个谷物合作社控制了国内谷物销售量的 60%。[①]这表明，资本主义内部的社会化因素正在不断扬弃自身，从而在经济结构上不断打开通往新世界的大门。

此外，从社会福利保障上看，尽管发达资本主义国家是为了缓和劳资冲突进而确保资本绝对获利才建构起了社会福利制度，但就福利制度保障

---

① 胡连生：《当代资本主义社会中的社会主义因素》，《求索》2004 年第 3 期。

本身而言，却是旨在克服资本扩张悖论的社会主义的内在要求。在《共产党宣言》中，马克思恩格斯曾强调无产阶级在夺取政权后要征收高额累进税和义务教育。这在现实的发达资本主义国家已经成为现实。还有医疗保险、失业保障、养老保险、教育补贴、最低工资限额、低收入补贴等化解劳资对立的系列举措，也都在主要资本主义国家成为现实，这些都是发达资本主义国家内部的社会主义因素的充分体现。从走向社会主义的主体条件上来讲，2008 年国际金融危机以来，发达资本主义国家内部的工人对资产阶级政府日益表现出不满，并爆发了诸如美国占领华尔街、法国黄背心运动等等，这表明资本主义内部的工人阶级的意识正在觉醒。

第二，发达资本主义国家内部存在的系统性危机，将是其走向社会主义的根本原因。也就是说，发达资本主义国家以一种内在矛盾不可调和的危机样态走向社会主义。当然，发达资本主义国家内部存在的危机是系统的、杂多的，这些危机大体包括人的发展危机、生态危机、经济危机等等。值得一提的是，无论这些危机以怎样的形式表现出来，其产生的根源都有规律可循。这种根源就是资本主义生产资料私有制和社会化大生产之间的矛盾，而造成这种矛盾的开关机制就是资本的运动逻辑。资本的运动是有逻辑可循的，这种逻辑就是持续性的追求剩余价值。为了实现剩余价值增殖的最大化，资本不断将工人阶级、自然界和整个市民社会纳入资本增殖的逻辑中，进而造成人的发展片面化和畸形化、自然生态环境的恶化和整个社会生产的无序化。为了缓和这些危机，资本主义国家不断推动资本的世界扩张，将矛盾危机转移到全球各地，以缓解自身矛盾。但正如资本主义越是发展，就越是产生出自己的对立面那样，当今国际垄断资本主义阶段上表现出的中心国家与外围国家的矛盾激化，抑或是主要资本主义国家内部的民粹主义浪潮，从根本上来讲，就是这种做法必然造成资本主义危机在国际和国内全面爆发的综合反映。

就此而言，发达资本主义国家内部基于资本内在否定性而来的矛盾危机，将是其迈向社会主义的关键因素。就目前的情况来看，最为乐观的一种过渡样态，就是在当代主要资本主义国家由右翼民粹主义驱动的逆全球化过程中，其所推行的系列逆全球化举措，以及这一举措的背后试图通过甩锅来对冲国内制度成本的核心诉求，因为遭到世界范围内诸多新兴国家的有效抵制而不能得逞。在这种不能再像以往那样可以从边缘外围地带获取巨大受益来对冲自身制度成本的情况下，基于主要资本主义国家日益成熟的"政府—资本—劳动"结构，以及由此形成的经济政治现状，必将倒逼主要资本主义国家对导致问题根源的资本主义制度的根本性变革，来使得整个社会共同体延续发展下去。具而言之，就是不再以满足以资本为本的运行架构，而是以人民为本的历史性转向，来有效满足本国广大人民对美好生活的向往和追求。这一时刻的到来，必将意味着主要资本主义国家内部的资本主义私有制已逐渐被扬弃，旨在满足广大人民需要而非需求的社会主义政治经济学也将由此开启。

需要指出的是，正如社会主义不是一种应然的状态，而是一个不断消灭现存状况的现实运动过程那样。无论是上述这种最为乐观的过渡样态，抑或是其他更为曲折复杂的样态，都绝不是靠道德说教或情感共鸣就能实现。这种可能性必须建基在能够克服扩张悖论的现实力量的存在。这既与外围新兴国家在抗衡主要资本主义国家过程中的实力增强紧密相关，同样也与主要资本主义国家内部左翼政党力量能否上升为一股现实的、自觉、有力的领导力量密切关联。而就实现这种可能样态所采取的策略举措而言，则必须根据各个国家的具体情况而定。

（二）第三世界国家和民族走向社会主义的可能样态

这里所指的第三世界国家和民族，主要是指冷战时期北大西洋公约组织的成员国和华沙条约组织的成员国之外的亚洲、非洲、拉丁美洲以及其他地区的一些发展中国家。这些国家数目多，土地辽阔，拥有极为丰富的资源，是重要的战略要地。历史上，第三世界国家长期遭受帝国主义和殖民主义的侵略、压迫和剥削，经济上大多比较落后。尽管自二战结束以来，它们中的大多数国家已宣告独立，但仍然受到帝国主义特别是超级大国的经济渗透、政治控制和军事威胁，要实现彻底的政治独立和经济独立，任务依然非常严峻。

这里需要特别指出的是，自 20 世纪 70 年代以降的 30 年里，在本国经济发展取得长足进步的背景下，有近 100 个第三世界国家和民族在席卷全球的民主化浪潮即如亨廷顿所言的"第三波民主化"中，实现了从非民主政体向民主政体的转型。但问题在于，在资本全球不对称积累结构的总体框架下，主要资本主义国家这种建立在私有制以及"政府—资本—劳动"结构上的民主政体，其之所以得到国内民众的广泛支持，归根到底，还是因为广大民众能通过这一政体获得较好的生存发展权利。但维系这一政体所需要的巨大成本，则主要通过从广大第三世界国家和民族获取超额剩余价值来实现。这也使得自"第三波民主化"以来，世界各国的民主政体会在 21 世纪初以来出现下述两大矛盾景观。具而言之，就是面对需要坚持物质基础维系的民主政体，主要资本主义国家能够通过从外围获取超额剩余价值来有效巩固自己的民主政体，并历经起伏而不衰。与此形成鲜明对比的，则是绝大多数第三世界国家和民族的民主政体出现了"政治腐败非常严重、社会抗议和阶级冲突日益激烈、国家债台高筑、经济发展停滞、当权者攫取并行使宪法的巨大权力"等乱象，民主政体只是在形式上得到了保留。造成这种反差的根本原因，还是在于主要资本主义国家能够从中心与外围、支配与依附的框架中获取"支付民主政体所需要的经济成本"，而"如果它们所得的份额不足以满足民主政体所需的经济成本，那么欧美国家同样会出现民主政体的衰败，甚至存在民主崩溃的可能性"①。

　　因此，在当前国际垄断资本主义矛盾危机日益展现且日益影响到广大第三世界国家并造成其不可持续发展的现实背景下，非常有必要探讨这些国家和民族在 21 世纪走向社会主义的可能样态。这不仅涉及这些国家和民族在全球资本不对称积累格局下的出路和前景，而且这些国家和民族向社会主义的过渡并日益走向富强，必将会有效压缩主要资本主义国家的全球获利空间，因此也是推动主要资本主义国家在面对转移制度成本的窘境时尽快走上新文明类型的关键变量。总的来看，随着资本全球不对称积累结构下这些国家和民族难以获得持续有效的发展且矛盾危机不断凸显，随着这种状况被这些国家和民族的民众日益广泛深刻的认知，随着马克思主义政党和左翼力量在这些地区的恢复发展，这些在现代化道路上已经有了初步尝试，且对既有的现代化类型有了初步比较的国家和民族，很可能会在充分吸取正反两方面经验教训并结合本国国情的基础上，陆续走上旨在克服资本扩张悖论、有效实现最广大人民对美好生活向往与追求的新型现

---

① 汪仕凯：《资本主义工业化、生产剩余国际分配与政治转型》，《世界经济与政治》2019年第 4 期。

代化道路。

第一，就新型现代化道路的类型选择而言，在资本全球不对称积累结构下探索出来的中国经验中国智慧，无疑值得第三世界国家和民族参考借鉴。 之所以这么讲，乃是对同样作为第三世界国家的中国而言，其近现代以来的发展进程确实与当前的第三世界国家和民族有许多相似之处。首先，对于在落后挨打境遇下被迫卷入世界体系的近代中国而言，在选择社会主义道路之前，也曾尝试通过资本主义道路，来实现民富国强的目标。但正如当下广大第三世界国家在当下所深切感受到的那样，这条道路被证明在事实上行不通。习近平总书记曾指出："1911 年，孙中山先生领导的辛亥革命，推翻了统治中国几千年的君主专制制度。旧的制度推翻了，中国向何处去？中国人苦苦寻找适合中国国情的道路。君主立宪制、复辟帝制、议会制、多党制、总统制都想过了、试过了，结果都行不通。最后，中国选择了社会主义道路。"[①] 其次，即使是走上了社会主义定向的现代化道路后，由于没有经过经济商品经济和工业化的充分发展，社会主义中国依然也同广大第三世界国家一样，面临着如何在与强大的国际资本力量同存共长的不对称积累格局中，走向独立自主的高水平现代化的难题。对比广大第三世界国家和民族在经历一番探索波折后日益被卷入了资本主义民主化浪潮，但并未就此摆脱被主要资本主义国家压迫与剥夺进而被边缘化窘境，一些国家甚至都无法有效解决基本温饱问题或处于战乱动荡的低水平或中低水平发展困境而言，社会主义中国则在既没有囿于先走一步的苏联模式，也没有在面对波折困境裹步不前的过程中，很好地通过对内改

---

① 《习近平在布鲁日欧洲学院的演讲》，《人民日报》2014 年 4 月 2 日。

革、对外开放，走出了一条既始终坚持科学社会主义基本原则，又能有效
克服现实社会主义遭遇的既想加快发展又想保持自身独立性的悖论式难
题，进而不断开拓科学社会主义新境界的新路。

这条新路，不仅使得当代中国取得了消除绝对贫困和全面建成小康社
会的伟大成就，而且其人口规模巨大的现代化、全体人民共同富裕的现代
化、物质文明和精神文明相协调的现代化、人与自然和谐共生的现代化、
走和平发展道路的现代化五大特征，在当前"新自由主义全球猖獗和疯狂
地播种仇恨、灾难、荒谬并引发巨大危机"并必然导致"社会主义之火在
第三世界重新燃起"① 的背景下，无疑对既想加快发展又想保持自身独立
性的第三世界国家具有借鉴意义。

需要指出的是，在这一过程中，对于第三世界国家中极少数尚未建立
现代民主政体，同时又保留了传统公有制的国家和民族（如非洲的一些部
落酋长国）而言，随着这些国家和民族左翼力量的兴起，特别是在世界范
围内社会主义复兴步伐加快的背景下，则很有可能不经过现代商品经济的
充分发展，就通过马克思、恩格斯当初所预设的、即在周边国家和民族陆
续进入到社会主义或社会主义在世界范围内广泛实践的背景下，通过搭便
车的方式直接引入已经被资本文明证明了是正确的生产和管理经验。以此，
直接跨越资本主义的"卡夫丁峡谷"，进入到社会主义。当然，这些国家和
民族彼时所采取的社会主义实践方式，则要根据当时境遇下社会主义实践
的一般原则样态来决定。按照乐观的估计，在社会主义已经在世界范围内
实现复兴的背景下，它们既可以选择由主要资本主义国家过渡而来的社会

---

① 卫建林：《世界资本主义危机和第三世界发展问题》，《国外理论动态》2011 年第 12 期。

主义发展样态，也可选择广大第三世界国家和民族进入到社会主义后的某种发展样态，还可在兼收并蓄中选择适合自己的社会主义发展样态。

第二，就过渡到新型现代化道路的方式而言，和平过渡为主斗争方式为辅可能会是一种基本样态。 之所以作出这个预判，乃是考虑到大多数第三世界国家和民族已经在第三波浪潮下陆续建立起了现代民主政体，现代国家的一些基本知识概念以及现代国家的一些基本治理法则日益成为人们的共识，再加之资本化全球化市场化背景下形成的各种力量相互交织，各种思潮相互碰撞的生产交往样态，以及在此过程中生成的克服矛盾而是消灭矛盾、合作共赢而是不零和博弈、相互交流而不是封闭僵化、如何发展地更好一点更快一点才是王道等方面的综合背景下，和以往那种同样也是在问题倒逼式背景下生成的社会变革跃升，很有可能会在当前数字化、智能化时代以和平过渡的方式展现出来。

具而言之，就是在当前国际垄断资本主义阶段上出现的主要资本主义国家对第三世界国家的剥削、掠夺和压榨，确实已让这些国家内部产生大量的无产阶级和极端贫困人口。并且事实也已经证明，在主要资本主义国家运行通畅的"政府—资本—劳动"结构，在这些第三世界国家和民族因为缺乏必要的物质基础而难以维系，这一点不仅为广大学者所揭示，同样也在数字化媒介化时代被广大第三世界国家的民众所越发清晰地看到。因此，在这些国家的民主政体已然存在，社会主义的主体条件也已经充分具备，近现代以来的两种不同现代化道路的优劣性也日益明显的背景下，如果这些国家的共产党和左翼力量能够抓住时机并赢得广大下层民众的支持，那是极有可能通过现有的民主政体走上执政道路，进而利用现代国家治理体系的规则来全面推进以人民为本而非以资本为本的现代化道路的。

当然，这一过程中，也不排除某些第三世界国家和民族的社会主义力量在实现自己意志的过程中，因为和平方式不畅，而不得已通过革命暴力方式来夺取国家机器进而实现过渡转型的样态。

（三）传统社会主义国家走向社会主义的可能样态

就传统社会主义国家（非现存的社会主义国家）而言，其原本就建立过社会主义制度，只是没有克服国际国内的压力，没有做到真正意义上的守正创新，才会违背世界历史的发展潮流并放弃社会主义制度，从通向自由王国的道路中转变到必然王国的统治之中。当然，由于社会转型变革在根本上遵从"两个决不会"理论，因此，我们认为当前国际垄断资本积累结构下出现的矛盾危机，以及其对包括传统社会主义国家在内的广大第三世界国家带来的不可持续发展的现实威胁，将是传统社会主义国家在兜了一圈后仍会走上社会主义道路的根本原因。鉴于我们之前已对第三世界国家和民族过渡到社会主义的两种可能方式作了探讨，而且我们认为这两种情况，同样适用于处于资本全球不对称积累格局中的传统社会主义国家。因此，我们在本节主要根据这些国家曾经有过实体意义上的社会主义实践经历这个特例，来逻辑概要地分析一下，有哪些原因会促进传统社会主义国家在"反身而诚，乐莫大焉"的过程中重新走上社会主义。

综合来看，传统社会主义国家通过认清苏联模式的历史地位，通过吸取正反两方面经验教训来把握马克思主义精神实质，进而推动马克思主义本国化时代化，将是促使其重新走向社会主义的重要因素。

反思苏东剧变的来龙去脉，可以发现传统社会主义国家走上所谓的"改旗易帜"的邪路，原因是多方面的。从内因看，就是斯大林模式带来的弊端且自身未能在守正创新中找到克服化解现实社会主义遭遇的悖论式难题的有效方式。我们知道，传统社会主义国家尽管在斯大林模式下取得了社会主义建设的巨大成就，而且这种模式对后发国家搞现代化建设确实也是一种最有效的模式，它帮助东方落后国家在短期内建立了初步独立的、能与强大的国际资本相抗衡的现代工业和国防体系。但不可否认的是，这种只能作为过渡而非常态手段来运用的模式，其负面影响也是明显的。在这种负面因素影响下，使得以苏联为首的社会主义国家开始了对社会主义道路的改革探索。但改革并非失败的根本原因，回过头来看，改革过程中没有做到始终坚持马克思主义、始终坚持马克思主义政党的领导、始终坚持社会主义制度和发展方向、始终坚持在科学社会主义基本原则的前提下结合党情国情世情不断守正创新，才是造成世界社会主义运动遭遇巨大挫折的根本原因。

事实上，能够佐证传统社会主义国家在上述这些方面的事例是非常多的。例如，南斯拉夫就不顾具体的时代条件，把马克思、恩格斯基于一定历史条件提出来的"自治社会主义"运用到南斯拉夫的社会主义实践中，结果导致"国家干预经济职能的弱化和南共内部组织的涣散，使得'多中心的国家主义'、分权主义、地方本位主义、分裂主义活跃，异族利己主义严重"①。又如，阿尔巴尼亚也不顾自身发展的实际情况，贸然提出并实行阶级斗争是推动社会发展的动力的观念，实践中完全仿照苏联模式对党内开展清洗活动，采取闭关锁国的政策，完全成为斯大林路线的拥护者，

---

① 黄福寿、陆勇：《东欧社会主义发展观嬗变的历史逻辑及其启示》，《江西财经大学学报》2012 年第 6 期。

而忽略对自身实际情况的反思，最终成为欧洲最穷的国家之一。再如，戈尔巴乔夫执政期间，就将改革的中心放置在了政治体制方面，提出了人道的、民主的社会主义改革目标。在社会生活中推行公开性、民主性的原则，放弃马克思主义的指导地位，将共产党转变为人道的、民主的社会主义政党，放弃共产党的一党执政地位，倡导实行多党制，采取西方政治制度对政治体制进行改革，放弃阶级斗争原则，改变社会主义的发展方向，背离社会主义发展轨道，最终走向了资本主义制度。对东欧国家而言，它们在冷战期间完全依从于苏联的发展道路，在社会主义建设上就是苏联模式的"翻版"，在看到苏联模式的弊病并受到苏联改革的鼓动后，从 20 世纪 40 年代到 80 年代先后开启了三次重大的改革探索。这三次改革对于摆脱斯大林体制的束缚、激发生产积极性和探索符合本国建设的社会主义道路具有积极意义，但囿于它们并未从根本上突破这种体制的症结，只是对苏联模式进行小修小补，从而为苏东剧变埋下了种子。20 世纪 80 年代末 90 年代初苏联解体和东欧剧变后，这些国家纷纷放弃了马克思主义的指导地位和共产党的执政地位，走上了资本主义道路，从而使世界社会主义实践遭遇了巨大挫折。当然，这一过程中西方资本主义国家长期推行的和平演变政策及其对东方社会主义国家极具诱惑性的发展成就和生产生活方式，也在很大程度上动摇了传统社会主义国家对马克思主义和科学社会主义的信心。

但通过苏东剧变后国际垄断资本主义在世界范围内的大肆扩张及其引发的矛盾悖论，再对比当代中国在克服现实社会主义遭遇的悖论式难题中对科学社会主义的守正创新及其取得的巨大成就来看，我们发现传统社会主义国家的失败，绝不意味着这十月革命以来的社会主义实践成就被彻底清零，绝不意味着马克思主义、科学社会主义以及整个世界社会主义运动的失败。我们最多只能说，这是具有苏联特质的斯大林社会主义模式的失败；是东方落后国家在走向社会主义现代化征程中没有很好地处理好封闭与开放、斗争与发展问题的失败；是没有在社会主义总体定向地基础上面对上述问题适时改革相应的体制机制，升级完善国家治理能力和治理体系现代化上的失败。相反，我们决不能将其归结为始终以人民为中心、坚持实事求是与时俱进的马克思主义理论和科学社会主义的失败。

可见，对传统社会主义国家而言，只有始终做到坚持马克思主义、坚持马克思主义政党的领导、坚定社会主义制度和发展方向，坚持马克思主义基本原理同他们国家的具体国情相结合，才有可能走向社会主义并发扬光大社会主义。可以说，如果传统社会主义国家的广大民众在自我反思和对比借鉴中对这样的认知变得越来越清晰，那么也就意味着在本国共产党或其他左翼政党的领导下，传统社会主义国家意识到此前对斯大林社会主义模式改革的不彻底性和局限性，意味着他们找到了对苏联模式进行深入改革的有效路径，意味着他们在偏离正确社会主义改革轨道后又重新抓住了现实社会主义实践所应遵循的基本规律。因此，这一时刻的到来，将使得这些国家和民族重新走上社会主义道路的可能性大大增强。

（四）中国特色社会主义在 21 世纪深入发展的应有样态

在中国共产党带领广大中国人民践行社会主义的过程中，始终秉承社会主义价值观灵魂，始终敢于直面时代挑战进行伟大斗争，始终结合具体境遇生成新思想引领伟大实践，这使得社会主义在中国共产党人的守正创新中不断取得一个个新的伟大飞跃。特别是在深入推进改革开放的进程中，面对全球化市场化资本化的总体境遇以及由此出现的系列矛盾挑战，以习近平同志为核心的党中央对内通过继续深化改革促进国家治理能力和治理体系现代化，全面探寻新时期更加有效克服资本扩张悖论、实现经济社会发展正义、满足广大人民对美好生活向往追求实现地破解之道；对外则通过分析研判全球政治经济学的运行规律、矛盾弊端、内在限度和发展趋势，全面深度参与全球治理体系并适时推动变革，在"共商共建共享"中推动构建人类命运共同体。这也使得我们在这个从来没有像现在这样接近于《资本论》模型框架的世界体系中，既真切地感受了中国共产党为什么能、中国特色社会主义为什么好、马克思主义为什么行的事实依据所在；同样，也真切地感受到了成功走出的中国式现代化道路以及由此创造的人类文明新形态对复兴社会主义的重大意义。可以说，随着我们对新时代坚持和发展什么样的中国特色社会主义、怎样坚持和发展中国特色社会主义，建设什么样的社会主义现代化强国、怎样建设社会主义现代化强国，建设什么样的长期执政的马克思主义政党、怎样建设长期执政的马克思主义政党等重大时代课题全面深入系统的把握，同样，中国特色社会主义在 21 世纪深入发展的过程中，必将呈现出如下几种样态。

第一，中国特色社会主义在 21 世纪深入发展，必将意味着中华民族伟大复兴的中国梦的真正实现。资本全球不对称积累结构以及由此形成的社会主义在世界范围内现实展开的历史境遇，已经预示着现实的中社会主义理论实践，必然是科学社会主义基本原则同某个具体国家和民族的具体情况相结合的过程。也就是说，现实中的社会主义实践更多是在某个国家和民族的范围内实践的。因此，一个国家和民族走向独立富强的过程，必然也是社会主义在这些国家和民族不断走向深入的过程。二者相互依存，不可分割。我们可以清晰地看到，一部中国共产党的百年奋斗史，就是作为历史实践主体的中国共产党百年来在始终秉承社会主义原理方法、价值立场和目标导向的过程中，领导中国人民在不同历史时期进行革命、建设、改革、新时代发展中深入推进中华民族伟大复兴的发展史。正如习近平总书记强调的那样："中国共产党一经诞生，就把为中国人民谋幸福、为中华民族谋复兴确立为自己的初心使命。一百年来，中国共产党团结带领中国人民进行的一切奋斗、一切牺牲、一切创造，归结起来就是一个主题：实现中华民族伟大复兴。"① 在当代中国讲好中国共产党为什么能的故事，其实就是要把中国共产党在坚持社会主义定向过程中推动中华民族伟大复兴的实践历程以及其蕴含的精神品格全面系统地展现出来。只有中华民族伟大复兴的中国梦实现了，我们才能说一种能够与强大的国际资本力量相抗衡的新文明类型得到了全面实现；才能说自 1840 年以来西强东弱的历史格局开始发生了彻底改变；才能说主要资本主义国家在面对全球资本积累结构的重大变动中，会加快倒逼自身向新文明类型过渡的步伐。相反，对于坚持社会主义道路的当代中国而言，如果没有中华民族伟大复兴梦的实现，社会主义在中国的深入发展及其推动世界社会主义的复兴也就失去了核心内涵。因此，中国特色社会主义在 21 世纪深入发展的过程，必然也必须是中华民族伟大复兴的中国梦真正实现的过程，同样也是社会主义不断在世界范围内走向复兴的过程。

第二，中国特色社会主义在 21 世纪深入发展，必然意味着富强民主

---

① 习近平：《在庆祝中国共产党成立 100 周年大会上的讲话》，人民出版社 2021 年版，第 3 页。

文明和谐美丽的社会主义现代化强国的真正实现。可以这么说，中华民族伟大复兴和现代化强国的双重飞跃，是同一历史进程的两个不同维度，同时也是科学社会主义在新时代深入发展的典型表征。它们既是中国共产党为什么能，社会主义为什么好，马克思主义为什么行的底色和底气，同时也是坚持把马克思主义基本原理同中国具体实际相结合、同中华优秀传统文化相结合形成的当代马克思主义和 21 世纪马克思主义对世界社会主义的重大贡献。在党的十九大报告中，习近平总书记明确指出，从 2020 年到 2035 年，我们要在全面建成小康社会的基础上在奋斗十五年，基本实现社会主义现代化。到那时，我国在经济、科技、创新型国家方面将取得巨大成就，人民的政治权利、法治国家、法治政府、法治社会、国家治理体系和治理能力现代化将基本实现，国家文化软实力、社会精神文明建设、中华文化的世界影响将大幅提高，贫富差距、城乡差距、收入差距将显著缩小，全体人民的收入大幅增加并朝着共同富裕迈出坚实的步伐，生态环境根本好转、美丽中国目标基本实现。同时，从 2035 年到 21 世纪中叶，在基本实现现代化的基础上，再奋斗十五年，把我国建成富强民主文明和谐美丽的社会主义现代化强国。到那时，我国物质文明、政治文明、精神文明、社会文明、生态文明将全面提升，实现国家治理体系和治理能力现代化，成为综合国力和国际影响力领先的国家，全体人民共同富裕基本实现，我国人民将享有更加幸福安康的生活，中华民族将以更加昂扬的姿态屹立于世界民族之林。[1] 当然，这一"推动物质文明、政治文明、精

---

[1] 习近平：《决胜全面建成小康社会 夺取新时代中国特色社会主义伟大胜利》，《人民日报》2017 年 10 月 28 日。

神文明、社会文明、生态文明协调发展，创造了中国式现代化新道路，创造了人类文明新形态"①的伟大实践及其深入发展，"绝不是轻轻松松、敲锣打鼓就能实现的，前进道路上仍然存在可以预料和难以预料的各种风险挑战"。我们一定要不为任何风险所惧，不为任何干扰所惑，决不在根本性问题上出现颠覆性错误，以咬定青山不放松的执着奋力实现既定目标，以行百里者半九十的清醒不懈推进中华民族伟大复兴，建成社会主义现代化强国。

第三，中国特色社会主义在 21 世纪深入发展，必然意味着人类命运共同体构想在世界范围内得到了广泛认同和实践。习近平总书记指出，和平、和睦、和谐是中华民族 5000 多年来一直追求和传承的理念，中华民族的血液中没有侵略他人、称王称霸的基因；并指出，在新时代的伟大征程中，我们一定要继续高举和平、发展、合作、共赢旗帜，奉行独立自主的和平外交政策，坚持走和平发展道路，推动建设新型国际关系，弘扬和平、发展、公平、正义、民主、自由的全人类共同价值，坚持合作、不搞对抗，坚持开放、不搞封闭，坚持互利共赢、不搞零和博弈，反对霸权主义和强权政治，推动历史车轮向着光明的目标前进。②可以说，这既是中华民族世代传承的理念，也是新时代中国特色社会主义在面对当今全球和平赤字、发展赤字、治理赤字困境过程中，倡议推动构建人类命运共同体的核心诉求。正如之前所指出的那样，对于始终坚持马克思主义为指导、始终坚持走社会主义道路的当代中国而言，为中国人民谋幸福、为中华民

---

①② 习近平：《在庆祝中国共产党成立 100 周年大会上的讲话》，《人民日报》2021 年 7 月 2 日。

族谋复兴，这是旨在克服资本扩张悖论、追求经济社会发展正义的中国特色社会主义政治经济学在国内向度上的典型展现。但面对资本全球不对称积累结构在当代国际垄断资本主义阶段上凸显的矛盾问题，探索建立共商共建共享的全球治理体系和治理规则，才能更加有利包括广大中国人民在内的全球绝大多数人民对美好生活的向往和追求。因此，推动构建人类命运共同体的伟大构想，不仅是世界上那些既想加快发展同时又想保持自身独立性的广国家和地区的迫切需求，是 21 世纪在世界范围内深入践行社会主义内在要求的鲜活展现，也是中国特色社会主义政治经济学在国内成功实践的经验智慧对 21 世纪社会主义的巨大贡献。正是从这个意义上来讲，中国特色社会主义在 21 世纪深入发展的过程，必然也是人类命运共同体伟大构想在世界各国得到广泛认同并被深入实践的过程。社会主义在世界范围内的伟大复兴，也直接与这一伟大构想在世界各国得到认同并被实践的深入和广度成正比例关系。

我们坚信，随着当代国际垄断资本主义不可持续发展的现实威胁正得以日益清晰地彰显，随着"各国之间的联系从来没有像今天这样紧密，世界人民对美好生活的向往从来没有像今天这样强烈，人类战胜困难的手段从来没有像今天这样丰富"[1] 的历史时刻的来临，能够"更好反映国际格局的变化，更加平衡地反映大多数国家特别是新兴市场国家和发展中国家的意愿和利益"[2] 的共商共建共享的全球治理体制，一定会在社会主义复兴的过程中得到实现。

---

[1] 《习近平谈治国理政》第 2 卷，外文出版社 2017 年版，第 508 页。
[2] 《习近平总书记系列重要讲话系列读本》，人民出版社 2016 年版，第 274—275 页。

参 考 文 献

一、经典著作类

[1]《马克思恩格斯文集》第 1—10 卷，人民出版社 2009 年版。

[2]《列宁选集》第 2—4 卷，人民出版社 1995 年版。

[3]《列宁专题文集（论资本主义）》，人民出版社 2009 年版。

[4]《邓小平文选》第 2 卷，人民出版社 1994 年版。

[5]《毛泽东文集》第 6、8 卷，人民出版社 1999 年版。

[6]《毛泽东选集》第 1—4 卷，人民出版社 1991 年版。

[7]《邓小平文选》第 1—3 卷，人民出版社 1993、1994 年版。

[8] 中共中央文献研究室：《邓小平思想年谱（1975—1997）》，中央文献出版社 1998 年版。

[9] 中共中央党史研究室：《中国共产党历史》第二卷（1949—1978）上、下册，中共党史出版社 2011 年版。

[10]《江泽民文选》第 1—3 卷，人民出版社 2006 年版。

[11]《胡锦涛文选》第 1—3 卷，人民出版社 2016 年版。

[12]《习近平谈治国理政》第 1—3 卷，人民出版社 2014、2017、2020 年版。

[13] 习近平：《在庆祝中国共产党成立 100 周年大会上的讲话》，人民出版社 2021 年版。

[14]《中共中央关于党的百年奋斗重大成就和历史经验的决议》，《人民日报》2021 年 11 月 17 日。

二、国内专著类

[1] 鲁品越：《资本论与当代世界》，学习出版社 2019 年版。

［2］ 姜辉等：《当代世界社会主义通论》，中国社会科学出版社 2020 年版。

［3］《国际共产主义运动史》编写组：《国际共产主义运动史》，人民出版社 2012 年版。

［4］ 杜康传、李景治：《国际共产主义运动概论》，中国人民大学出版社 2002 年版。

［5］ 王斯德、钱洪主编：《世界当代史》(1945—2000)(第三版)，高等教育出版社 2008 年版。

［6］ 沈斐：《资本内在否定性：新方法与新典型》，天津人民出版社 2016 年版。

［7］ 李雪阳：《列宁帝国主义论与当代垄断资本主义》，广东人民出版社 2018 年版。

［8］ 孟捷：《历史唯物主义论与马克思主义经济学》，社会科学文献出版社 2016 年版。

［9］ 李琮：《当代资本主义阶段性发展与世界剧变》，社会科学文献出版社 2013 年版。

［10］ 姜辉：《21 世纪世界社会主义运动的新特点》，社会科学文献出版社 2016 年版。

［11］ 何秉孟、李干：《新自由主义评述》，社会科学文献出版社 2012 年版。

［12］ 曹义恒、曹荣湘主编：《后帝国主义》，中央编译出版社 2007 年版。

［13］ 肖枫主编：《社会主义向何处去》，当代世界出版社 1999 年版。

［14］ 崔桂田、蒋锐等：《拉丁美洲社会主义及左翼社会运动》，山东人民出版社 2013 年版。

［15］ 徐世澄：《当代拉丁美洲的社会主义思潮与实践》，社会科学文献出版社 2012 年版。

［16］ 李周：《法国共产党的"新共产主义"理论与实践》，中国社会科学出版社 2006 年版。

［17］ 邢文增：《新帝国主义：理论、现实与发展趋势》，中国社会科学文献出版社 2014 年版。

［18］ 童晋：《西方国家工人阶级意识问题研究》，中国社会科学出版社 2016 年版。

［19］ 徐崇温：《当代外国主要思潮流派的社会主义观》，中共中央党校出版社 2007 年版。

［20］ 李周：《法国共产党的"新共产主义"理论与实践》，中国社会科学出版社 2006 年版。

［21］ 王立胜：《中国式现代化道路与人类文明新形态》，江西高校出版社 2022 年版。

三、国外译著类

［1］［美］托马斯·弗里德曼：《世界是平的》，东方出版社 2006 年版。

［2］［美］大卫·哈维：《希望的空间》，南京大学出版社 2005 年版。

［3］［美］道格拉斯·多德："资本主义经济学批评史"，熊婴、陶李译，江苏人民出版社 2008 年版。

［4］［美］大卫·哈维：《新自由主义简史》，王钦译，上海译文出版社 2010 年版。

［5］［美］迈克尔·哈特、［意］安东尼奥·奈格里：《帝国—全球化的政治秩序》，江苏

人民出版社 2005 年版。

［6］［美］威廉·I.罗宾逊:《全球资本主义论》,高明秀译,社会科学文献出版社 2009
年版。

［7］［英］艾瑞克·霍布斯鲍姆:《极端的年代:1914—1991》,郑明萱译,中信出版社
2014 年版。

［8］［比利时］欧内斯特·曼德尔:《革命的马克思主义与 20 世纪社会现实》,颜岩译,
中国人民大学出版社 2013 年版。

［9］［美］威廉·曼彻斯特:《光荣与梦想:1932—1972 年美国社会实录》,朱协译,海
南出版社 2004 年版。

［10］［美］罗伯特·布伦纳:《繁荣与泡沫:全球视角中的美国经济》,王生升译,经济
科学出版社 2003 年版。

［11］［美］约瑟夫·斯蒂格利兹:《不平等的代价》,机械工业出版社 2019 年版。

［12］［埃及］萨米尔·阿明:《多极世界与第五国际》,沈雁南、彭姝祎译,社会科学文
献出版社 2014 年版。

［13］［埃及］萨米尔·阿明:《全球化时代的资本主义——对当代社会的管理》,丁开杰
等译,李智校,中国人民大学出版社 2013 年版。

［14］［巴西］特奥托尼奥·多斯桑托斯:《帝国主义与依附》,杨衍永等译,社会科学文
献出版社 1999 年版。

［15］［爱尔兰］特伦斯·麦克哈特等:《当代资本主义及其危机:21 世纪积累的社会结
构理论》,童珊译,中国社会科学出版社 2014 年版。

［16］［美］乔万尼·阿瑞吉:《亚当·斯密在北京——21 世纪的谱系》,路爱国、黄平、
许安结译,社会科学文献出版社 2009 年版。

［17］［美］伊曼纽尔·沃勒斯坦:《现代世界体系》第 1—4 卷,郭方等译,社会科学文
献出版社 2013 年版。

［18］［英］马丁·雅克:《当中国统治世界》,中信出版社 2010 年版。

［19］［美］伯格斯坦等:《账簿中国:美国智库透视中国崛起》,中国发展出版社 2008
年版。

［20］［美］伊曼纽尔·沃勒斯坦等:《资本主义还有未来吗?》,徐曦白译,社会科学文献
出版社 2014 年版。

［21］［德］乌尔里希·贝克:《没有劳动的资本主义》,转引自张世鹏:《二十世纪末西欧
资本主义》,中国国际广播出版社 2002 年版。

［22］［美］丹·席勒：《数字资本主义》，杨立平译，江西人民出版社 2001 年版。

［23］［日］森健、日户浩之：《数字资本主义》，野村综研（大连）科技有限公司译，复旦大学出版社 2020 年版。

［24］［美］丹·希勒：《数字化衰退：信息技术与经济危机》，吴畅畅译，中国传媒大学出版社 2017 年版。

［25］［美］赫伯特·席勒：《大众传播与美利坚帝国》，刘晓红译，上海世纪出版集团 2006 年版。

［26］［英］汤林森：《文化帝国主义》，上海人民出版社 1999 年版。

［27］［美］阿尔文·托夫勒：《权力的转移》，黄锦桂译，中信出版社 2018 年版。

［28］［匈］卡尔·波兰尼著：《巨变：当代政治与经济的起源》，黄树民译，社会科学文献出版社 2013 年版。

［29］［法］托马斯·皮凯蒂：《21 世纪资本论》，巴曙松、陈剑、余江等译，中信出版社 2014 年版。

［30］［古］卡斯特罗：《全球化与现代资本主义》，社会科学文献出版社 2000 年版。

［31］［美］大卫·哈维：《资本社会的 17 个矛盾及其终结》，许瑞宋译，中信出版集团 2016 年版。

［32］［美］菲利普·克莱顿等：《有机马克思主义——生态灾难与资本主义的替代选择》，孟献丽、于桂凤、张丽霞译，人民出版社 2015 年版。

［33］［美］约翰·罗默：《社会主义的未来》，余文烈等译，重庆出版社 1997 年版。

［34］［英］戴维·赫尔德等：《全球大变革：全球化时代的政治、经济与文化》，杨雪东等译，社会科学文献出版社 2001 年版。

四、期刊论文类

［1］ 张雄：《构建当代中国马克思主义政治经济学的哲学思考》，《马克思主义与现实》2016 年第 3 期。

［2］ 韩庆祥：《构建 21 世纪马克思主义论纲——21 世纪马克思主义何以可能？》，《江海学刊》2022 年第 2 期。

［3］ 鲁品越：《社会主义诞生条件的分离与中国特色社会主义基本特征》，《马克思主义研究》2013 年第 8 期。

［4］ 张雄：《金融化世界与精神世界的二律背反》，《中国社会科学》2016 年第 1 期。

［5］ 马拥军：《新时代世界社会主义运动的生机与活力》，《学术前沿》2019 年第 9 期。

［6］ 吕薇洲：《资本主义国家共产党关于社会主义实现形式的论争》，《马克思主义研究》2014 年第 11 期。

［7］ 谭晓军：《百年历程：日本共产党的发展困境及启示》，《马克思主义与现实》2021 年第 4 期。

［8］ 陈爱茹：《裂变与分化：俄罗斯社会阶级阶层的演变》，《国外社会科学》2015 年第 6 期。

［9］ 周穗明：《西方右翼民粹主义政治思潮述评》，《国外理论动态》2017 年第 7 期。

［10］ 于海青：《联合左翼中的西班牙共产党：发展演进、理论战略与前景》，《马克思主义研究》2013 年第 12 期。

［11］ 袁群、王恩明：《尼泊尔共产主义运动中的派系政治》，《当代世界社会主义问题》2020 年第 2 期。

［12］ 王静：《菲律宾共产党及左翼社会主义运动——重塑菲美、菲中关系的潜在力量》，《世界社会主义研究》2017 年第 8 期。

［13］ 李玉洁：《百年再启程：南非共产党对社会主义的新探索》，《世界社会主义研究》2021 年第 12 期。

［14］ 许丰：《委内瑞拉"21 世纪社会主义"论析》，《当代世界与社会主义》2018 年第 4 期。

［15］ 许鹏、陈弘：《交流与交锋：俄罗斯联邦共产党的斗争实践与生存定位》，《社会主义研究》2021 年第 3 期。

［16］ 李紫莹：《新时期拉美地区共产党的发展状况与理论探索》，《马克思主义研究》2018 年第 9 期。

［17］ 鲁品越：《改革开放的内在逻辑及其发展阶段》，《马克思主义研究》2007 年第 9 期。

［18］ 韩庆祥：《中国特色社会主义新时代的理论阐释》，《中国社会科学》2018 年第 1 期。

［19］ 李巍、李玙译：《解析美国对华为的"战争"——跨国供应链的政治经济学》，《当代亚太》2021 年第 1 期。

［20］ 刘皓琰：《数字帝国主义是如何进行掠夺的？》，《马克思主义研究》2020 年第 11 期。

［21］ 赵常庆：《新帝国主义的特点与发展趋势》，《马克思主义研究》2013 年第 4 期。

［22］ 张小平：《当代文化帝国主义的新特征及批判》，《马克思主义研究》2019 年第 9 期。

［23］ 汪仕凯：《在国际团结与民族国家之间》，《世界经济与政治》2017 年第 11 期。

［24］ 汪仕凯：《资本主义工业化、生产剩余国际分配与政治转型》，《世界经济与政治》

2019 年第 4 期。

[25] 宋朝龙:《西方金融资本帝国民粹化趋势下社会主义运动的复苏》,《学术前沿》2022 年第 2 期。

[26] 杨军:《当代西方右翼民粹主义的危害及应对分析》,《国外理论动态》2017 年第 12 期。

[27] 高放:《拉美共运特点和拉美发展前景》,《拉丁美洲研究》2002 年第 3 期。

[28] 蔡昉:《全球化的政治经济学及中国策略》,《世界经济与政治》2016 年第 11 期。

[29] 蔡拓:《中国参与全球治理的新问题与新关切》,《学术界》2016 年第 9 期。

[30] 胡连生:《当代资本主义社会中的社会主义因素》,《求索》2004 年第 3 期。

[31] 卫建林:《世界资本主义危机和第三世界发展问题》,《国外理论动态》2011 年第 12 期。

[32] 范春燕:《一种新的共产主义? ——当代西方左翼学者论"共产主义观念"》,《马克思主义研究》2014 年第 5 期。

[33] 高歌:《中东欧国家政治舞台上的左翼政党》,《中国社会科学报》2015 年 6 月 24 日。

[34] 程光德、侯文清:《21 世纪非洲社会主义运动总体特征及其发展趋势》,《社会主义研究》2021 年第 5 期。

[35] 轩传树:《发达国家共产党的活动空间及其局限》,《当代世界与社会主义》2019 年第 3 期。

[36] 刘春元:《希腊共产党对马克思恩格斯社会主义革命理论的继承与发展》,《马克思主义研究》2022 年第 2 期。

[37] 李凯旋:《意大利共产党百年社会主义探索:历史嬗变与现实挑战》,《马克思主义与现实》2021 年第 6 期。

[38] 罗皓文等:《当代经济全球化:崩溃抑或重生? ——一个马克思主义的分析》,《世界经济研究》2021 年第 10 期。

[39] 沈斐:《人类命运共同体:世界福利社会的一个建设方案》,《毛泽东邓小平理论研究》2020 年第 1 期。

[40] 孙来斌:《人类命运共同体视域下的"两制共处"问题》,《马克思主义与现实》2022 年第 2 期。

[41] 周绍东、初传凯:《数字资本主义研究综述》,《世界社会主义研究》2021 年第 12 期。

[42] 蓝江:《从帝国到数字帝国主义》,《求是学刊》2019 年第 2 期。

[43] [德] 阿尔布莱希特·冯·卢克:《没有阶级的阶级斗争》,李莉娜译,《国外理论动

态》2014 年第 4 期。

［44］［俄］阿列克谢·格奥尔吉耶维奇·莱温松：《对 20 世纪 90 年代初改革的社会评价》，陈爱茹译，《观察与思考》2014 年第 11 期。

［45］［法］弗雷德里克·博卡拉：《对当前资本主义危机的马克思主义分析》，赵超译，《国外理论动态》2014 年第 3 期。

［46］［加］格雷格·阿尔博：《资本、危机和国家经济政策：新自由主义的退出？》，金建闫、月梅编译，《当代世界与社会主义》2013 年第 3 期。

［47］［美］阿里夫·德里克：《"中国模式"理念：一个批判性分析》，朱贵昌译，《国外理论动态》2011 年第 7 期。

［48］［美］劳伦·朗格曼：《作为身份认同的全球正义：为一个更美好的世界而动员》，欧阳英、王禾译，《国外理论动态》2014 年第 4 期。

［49］［美］萨伦·史密斯：《资本主义危机再次打开工人运动的大门》，冯浩译，《马克思主义研究》2011 年第 12 期。

［50］［英］比尔·布莱克沃特：《资本主义危机和社会民主主义危机：对话约翰·贝拉米·福斯特》，韩红军译，《国外理论动态》2013 年第 11 期。

［51］［英］简·哈迪、约瑟夫·库拉纳：《新自由主义与英国工人阶级》，张番红、刘生琰译，《国外理论动态》2014 年第 6 期。

后 记

本书是"社会主义发展史丛书"之《社会主义何以能复兴》的最终研究成果。围绕"21世纪社会主义何以能复兴"这一核心主题，课题组历经两年，按照逻辑与历史、理论与实践相一致的基本要求，着重从复兴有基因、时代有呼唤、复兴有展现、现实有挑战、复兴要自觉五个方面，综合阐述了旨在克服资本扩张悖论、追求经济社会发展正义的社会主义何以能在21世纪走向复兴的系列理论和现实问题。课题组成员华东理工大学马克思主义学院教师胡博成博士、同济大学马克思主义学院博士研究生高海波为这一研究付出了许多心力。书稿的框架构思和内容表达，也得到了学界前辈及同仁的热心指导和批评指正，在此一并表示衷心感谢！

需要指出的是，社会主义何以能够复兴这一主题，涉及内容相当广泛。这其中，需要我们讲清楚作为目标的社会主义在世界范围内展开的基本依据及其遭遇的巨大波折的根源，讲清楚国际垄断资本主义阶段上资本主义的矛盾危机和特征趋势，讲清楚不同国家地区在面对国际垄断资本主义矛盾危机中对社会主义理论的新探索新实践，讲清楚中国共产党在守正创新中推动社会主义在 21 世纪走向复兴的实践历程；同时，还需要在上述基础上进一步就社会主义在世界范围内走向复兴面临的现实挑战、总体要求及不同类型国家和地区走向社会主义的可能样态等问题进行阐述。因此，对于这样一个体系庞大且涉及内容极为丰富的书稿写作，需要作如下两点特别说明。

首先，在研究方法和思路上，本书主要将马克思、恩格斯创立的科学社会主义原理方法、价值立场和目标导向看成基本常量，将当代世界历史进程中的社会生产和再生产样态看成基本变量，结合上述常量和变量的辩证关系，全面反思社会主义走向复兴的现实依据、典型表现、现实挑战及应有自觉。

其次，考虑到本研究所涉及的内容极为广泛，因此，在综合考虑篇幅限制和原始资料收集难度等因素后，主要进行了两方面的处理。一是叙述方式上，在争取做到分析框架和主线脉络清晰的前提下，对世界范围内不同国家和地区的社会主义探索实践和发展导向进行粗线条宏观性地梳理和概括分析。二是在不同国家和地区在关涉社会主义探索的史实性内容的获取上，主要采取参考既有研究成果并加以归纳整合的办法来解决。比如第一章第三节中关于二战结束后社会主义在不同国家和地区具体样态的内容，第二章第二、三、四节中关于 21 世纪初以来不同类型国家和地区关涉社会主义的系列新探索，第四章第二、三节中关于当下国际垄断资本主义阶段上不同类型国家和地区在复兴社会主义征程上面临的矛盾挑战等史实性表述，重点参考了《当代世界社会主义通论》(姜辉等，中国社会科学出版社 2020 年版)《国际共产主义运动史》(《国际共产主义运动史》编写组，人民出版社 2012 年版)《世界当代史》(1945—2000)(王斯德、钱洪主编，高等教育出版社 2008 年版) 中的相关内容，在此予以说明并表示特别感谢！

本书的撰写与出版得到了上海市哲学社会科学规划专项（ 2016FZX002 ）的支持。由于本书研究主题关涉到当代资本主义特征趋势和 21 世纪社会主义如何走向复兴这一宏大问题，鉴于能力水平有限，难免存在疏漏和不足之处，恳请学界同仁和广大读者批评指正！

作者

2022 年 7 月

图书在版编目(CIP)数据

社会主义何以能复兴/邱卫东著. —上海:上海
人民出版社,2022
(社会主义发展史研究系列丛书/解超主编)
ISBN 978-7-208-17874-8

Ⅰ.①社… Ⅱ.①邱… Ⅲ.①社会主义建设-研究
Ⅳ.①F112.5

中国版本图书馆 CIP 数据核字(2022)第 196172 号

责任编辑 郭敬文
封面设计 零创意文化

社会主义发展史研究系列丛书

社会主义何以能复兴
邱卫东 著

出　　版　上海人民出版社
　　　　　(201101　上海市闵行区号景路 159 弄 C 座)
发　　行　上海人民出版社发行中心
印　　刷　上海商务联西印刷有限公司
开　　本　720×1000　1/16
印　　张　19.5
插　　页　3
字　　数　226,000
版　　次　2022 年 12 月第 1 版
印　　次　2022 年 12 月第 1 次印刷
ISBN 978-7-208-17874-8/D·3992
定　　价　80.00 元